中国阿拉伯关系史

تاريخ العلاقات الصينية العربية

著 / تأليف

郭应德　قوه ينغ ده

译 / ترجمة

张甲民　تشانغ جيا مين

北京大学出版社
PEKING UNIVERSITY PRESS

图书在版编目(CIP)数据

中国阿拉伯关系史：汉文、阿拉伯文/郭应德著；张甲民译. —北京：北京大学出版社，2015.10

ISBN 978-7-301-26338-9

Ⅰ.①中… Ⅱ.①郭… ②张… Ⅲ.①中外关系－国际关系史－阿拉伯半岛地区－汉语、阿拉伯语 Ⅳ.①D829.371

中国版本图书馆CIP数据核字(2015)第238954号

书　　名	中国阿拉伯关系史 ZHONGGUO ALABO GUANXISHI
著作责任者	郭应德　著　张甲民　译
责任编辑	李　哲　严　悦
标准书号	ISBN 978-7-301-26338-9
出版发行	北京大学出版社
地　　址	北京市海淀区成府路205号　100871
网　　址	http://www.pup.cn　新浪微博:@北京大学出版社
电子信箱	pkupress_yan@qq.com
电　　话	邮购部 62752015　发行部 62750672　编辑部 62754382
印　刷　者	北京虎彩文化传播有限公司
经　销　者	新华书店
	650毫米×980毫米　16开本　18.5印张　195千字 2015年10月第1版　2023年7月第2次印刷
定　　价	69.00元

未经许可，不得以任何方式复制或抄袭本书之部分或全部内容。
版权所有，侵权必究
举报电话：010-62752024　电子信箱：fd@pup.pku.edu.cn
图书如有印装质量问题，请与出版部联系，电话：010-62756370

"北京大学卡布斯苏丹阿拉伯研究讲席"
资助项目

تم طباعة هذا الكتاب بدعم من
كرسي السلطان قابوس للدراسات العربية في جامعة بكين

كلمة المؤلف

إن كلا من الصينيين الذين يعيشون في آسيا ، والعرب الذين يعيشون في غربيها ، أمة عظيمة تتميز بتاريخ عريق وحضارة مشرقة. وقد توثقت الاتصالات بين هاتين الأمتين منذ فجر التاريخ ، برغم ما يفصل بينهما من مسافات شاسعة تتلاحق فيها السلاسل الجبلية والامتدادات المائية اللامتناهية. وإنا إذ نستعيد ذكريات ما قد نشأ بين الصين والعرب منذ ألفي عام من أواصر الصداقة ، ونستعرض ما نحن عليه اليوم من علاقات ودية ، ليغمرنا إحساس عارم بالفرح والسعادة. لقد سبق لعدد من مبعوثي أسرة هان الغربية (٢٠٦ق.م - ٢٥م) أن وصلوا عبر طريق الحرير إلى أرض "التازيان"[1] في القرن الأول قبل الميلاد ، وذلك بعد أن ذللوا ما لا يحصى من المخاطر التي كانت تحف بهم في السفر. وعبر الجهود الشاقة التي بذلها الكثير من رسل الصداقة من الطرفين الصيني والعربي على امتداد ألفي عام ، أقام أبناء شعبينا علاقات وثيقة في السياسة والشؤون الحربية والاقتصاد والدين والثقافة وغيرها من المجالات ،فسجلوا من خلال ذلك صفحات باهرة في سجلّ الاتصالات الودية بين الأمم من جهة ، ومن جهة أخرى قدموا إسهامات بارزة في تقدم حضارة البشرية جمعاء.

إننا إذ نخلد ذكرى الأجداد الذين بنوا جسرا من الصداقة بين الصين والعرب وشقوا طريقا للصداقة الصينية العربية ، لنذكر جميلهم بامتنان عظيم ، آملين من صميم قلوبنا أن تشهد هذه الصداقة تطورا أوسع وأعمق على أرضية جديدة.

① يقصد باللفظة لفظة العرب - ملاحظة المترجم.

作者的话

中国人民和阿拉伯人民都是具有悠久历史并创造灿烂文化的伟大民族。中国位于亚洲东部,阿拉伯远在亚洲西南。关山迢递,重洋浩渺,但是双方之间很早就有了密切的交往。缅怀两千年来建立起来的中阿友谊,再看今天的中阿关系,溯源话旧,倍觉亲切。

早在公元前1世纪,西汉(前206—25)的使者便沿着丝绸之路,克服无数艰难险阻,到达阿拉伯古部落地界。经过中阿友好使者一千多年的艰苦努力,中国人民和阿拉伯人民建立了密切的政治、军事、经济、宗教和文化等方面的关系,书写了民族间友好交往的光辉篇章,同时也为世界文明的发展做出了杰出的贡献。

先辈为我们建立了一座座中阿友谊的桥梁,开辟了一条条中阿友好之路。我们感念他们,并衷心祝愿中国人民和阿拉伯人民之间的友谊在新的基础上得到更加广泛深入的发展。

الفهرس

كلمة المؤلف / ٢

الباب الأول خطوط المواصلات بين الصين وبلاد العرب في العصور التاريخية القديمة / ٢

١ - الخطوط البرية الرئيسية / ٢

٢ - الخطوط البحرية الرئيسية / ٨

٣ - الخطوط الأخرى / ١٨

الباب الثاني الاتصالات الودية بين الصين وبلاد العرب / ٢٢

١ - العلاقات الودية بين الصين وبلاد العرب قبل أسرة تانغ / ٢٢

أقدم الاتصالات الصينية العربية / ٢٢

وصول قان ينغ إلى "تياوتشي" / ٢٤

معرفة الصين عن العرب / ٢٨

٢ - المرحلة الجديدة التي شهدتها العلاقات الصينية العربية في عهد أسرة تانغ (٦١٨ - ٩٠٧) / ٣٠

الظروف التاريخية التي نمت فيها العلاقات الصينية العربية في شتى المجالات / ٣٠

رسل العرب إلى الصين / ٣٢

التعاملات الشعبية / ٣٤

عرض حربي و((مذكرات في ديار الغربة)) / ٤٤

٣ - التطور المستمر للعلاقات الودية بين الصين وبلاد العرب في عهد أسرة سونغ (٩٦٠ - ١٢٧٩) وعهد أسرة لياو (٩٠٧ - ١١٢٥) / ٤٨

目　录

作者的话 / 3

第一章　古代中阿交往的路线 / 3

一、陆路主要路线 / 3

二、海路主要路线 / 9

三、其他路线 / 19

第二章　中国和阿拉伯之间的友好往来 / 23

一、唐以前的中阿友好关系 / 23

中阿之间的最早交往 / 23

甘英到条支 / 25

中国对阿拉伯的认识 / 29

二、唐代(618—907)中阿关系进入一个新阶段 / 31

中阿友好关系全面发展的历史条件 / 31

阿拉伯遣使中国 / 33

民间交往 / 35

军事插曲和《经行记》/ 45

三、宋(960—1279)、辽(907—1125)时代中阿友好关系继续发展 / 49

5

اهتمام أسرة سونغ برسل العرب ووصول الشيخ (Wuxi Huluhua) (موس مروح؟) إلى الصين / 50

المصاهرة بين داشي ولياو / 54

((دليل ما وراء الجبال الجنوبية)) و((سجلات البلدان الأجنبية)) ومؤلف الإدريسي في الجغرافيا / 56

4 - التطور الجديد للعلاقات الصينية العربية في عهد أسرة يوان (1206-1368) / 60

انتشار المسلمين في أنحاء الصين في عهد أسرة يوان / 60

شمس الدين واختيار الدين / 62

الزيارات التي قام بها الرحالة الصيني وانغ دا يوان والرحالة العربي ابن بطوطة / 66

5 - ازدهار وتدهور الاتصالات الودية بين الصين وبلاد العرب في عهد أسرة مينغ (1368 - 1644) / 72

كثرة الاتصالات البحرية والبرية بين الصين وبلاد العرب في مطلع عهد أسرة مينغ / 72

إبحار تشنغ خه إلى المحيط الهندي والاتصالات الودية بين الصين والبلاد العرب / 76

ثلاثة مراجع حول قيمة الاتصالات الودية بين الصين والبلدان العربية وخريطة تشنغ خه الملاحية / 88

الباب الثالث   العلاقات الاقتصادية بين الصين وبلاد العرب / 96

1 - العلاقات الاقتصادية الصينية العربية قبل عهد أسرة تانغ / 96

دور الوساطة الذي قام به التجار العرب / 96

احتمال وجود تبادل اقتصادي مباشر بين الصين والبلدان العربية / 102

2 - السياسة الخارجية المنفتحة وازدهار التجارة الصينية العربية في عهد أسرة تانغ / 104

تقديم الهدايا تحت شعار دفع الجزية والإتاوة ومنح الهبات والتجارة الحرة / 106

宋朝优遇阿拉伯使者和无西忽卢华老人来华 / 51

大食与辽联姻 / 55

《岭外代答》《诸蕃志》和伊德里斯的地理书 / 57

四、元代(1206—1368)，中阿交往更加密切 / 61

元时回回遍天下 / 61

赡思丁和也黑迭儿丁 / 63

中阿旅行家汪大渊和伊本·白图泰的互访 / 67

五、明代(1368—1644)，中阿友好交往由盛而衰 / 73

明初中阿海陆交往频繁 / 73

郑和下西洋与中阿友好往来 / 77

有关中阿友好往来的三部宝贵史籍和《郑和航海图》/ 89

第三章 中国和阿拉伯之间的经济关系 / 97

一、唐以前的中阿经济关系 / 97

阿拉伯中间商的作用 / 97

中阿直接经济交往的可能性 / 103

二、唐代开明的对外政策和中阿贸易的兴盛 / 105

贡赐与自由交易 / 107

سياسة حكومة تانغ في حماية التجار العرب / ١١٠
تحول كانتون ويانغتشو إلى ميناءين دوليين / ١١٢
سفن تانغ تجوب البحر العربي / ١١٨

٣ - ازدهار التجارة الصينية فيما وراء البحار والتجار العرب الذين نشطوا في تجارتهم في الصين / ١٢٢
السفن التجارية الصينية على سواحل البلاد العربية وسواحل شرقي أفريقيا / ١٢٤
سياسة التجارة الخارجية في عهد أسرة سونغ والتجار العرب القادمون إلى الصين / ١٢٦

٤ - الوحدة الكبرى التي حققتها أسرة يوان والتبادلات الاقتصادية بين الصين وبلاد العرب / ١٤٠
وصول البضائع الصينية إلى بلاد العرب / ١٤٠
استقدام أسرة يوان التجار الأجانب وازدهار الزيتون وكانتون / ١٤٤

٥ - تحريم التجارة البحرية مع البلدان الأجنبية وأثر ذلك في العلاقات الاقتصادية / ١٥٢
الصورة الشرعية الوحيدة للتجارة التي قام بها العرب في الصين ما يسمى بالتجارة تحت شعار تقديم الجزية والإتاوة / ١٥٢
وصول أسطول تشنغ خه إلى البلدان العربية بهدف التجارة / ١٥٦

الباب الرابع   دخول الإسلام إلى الصين / ١٦٢

١ - مشكلة التحديد الزمني لدخول الإسلام إلى الصين / ١٦٨
رواية كاي هوانغ من عهد أسرة سوي / ١٦٨
رواية وو ده من عهد أسرة تانغ / ١٧٠
رواية تشن قوان من عهد أسرة تانغ / ١٧٠
رواية العام الثاني من فترة يونغ هوي من عهد أسرة تانغ / ١٧٢

٢ - ((مذكرات في ديار الغربة)) أول المصادر الصينية التي تتناول أصول الإسلام / ١٧٤

  唐朝政府保护阿拉伯商人 / 111

  扬州、广州成为国际港口 / 113

  唐船驰骋阿拉伯海 / 119

三、中国海湾贸易空前发展与活跃在中国的阿拉伯商人 / 123

  中国商船远航阿拉伯和东非海岸 / 125

  宋朝的外贸政策与来华阿拉伯商人 / 127

四、元朝的大一统与中阿经济交流 / 141

  中国商品远销阿拉伯 / 141

  元朝招来阿拉伯等地外商与泉州、广州港的兴盛 / 145

五、海禁政策下的中阿经济关系 / 153

  朝贡——阿拉伯商人来华贸易的唯一合法形式 / 153

  郑和船队到阿拉伯互市 / 157

第四章　伊斯兰教传入中国 / 163

一、伊斯兰教传入中国的时间问题 / 169

  隋开皇说 / 169

  唐武德说 / 171

  唐贞观说 / 171

  唐永徽二年说 / 173

二、最早记述伊斯兰教教义的中国文献《经行记》 / 175

٣ ـ تطور الإسلام في الصين / ١٨٠

هجرة المسلمين إلى الصين في عهد أسرة تانغ والمرحلة الأولى لنشر الإسلام في الصين / ١٨٠

تطور الإسلام في عهد أسرة سونغ وظهور عدد هائل من المساجد / ١٨٤

أوج التطور الذي بلغه الإسلام في عهد أسرة يوان / ١٩٢

بداية اصطباغ الإسلام بالألوان الصينية في عهد أسرة مينغ / ٢٠٠

٤ ـ قدوم كبار أئمة المسلمين العرب إلى الصين / ٢٠٨

٥ ـ نشر الإسلام في شينجيانغ / ٢١٨

نشر الإسلام لدى قومية الويغور / ٢١٨

نشر الإسلام لدى قومية القازاق / ٢٢٤

الباب الخامس   التبادل الحضاري بين الصين والبلدان العربية / ٢٣٠

١ ـ إسهامات الحضارة العربية في الحضارة الصينية / ٢٣٠

علم الفلك والرياضيات / ٢٣٠

الطب والصيدلة / ٢٣٨

طريقة تكرير السكر / ٢٤٠

الفنون / ٢٤٢

اللغة / ٢٥٠

٢ ـ إسهامات الحضارة الصينية في الحضارة العربية / ٢٥٢

الحرير وفن نسجه / ٢٥٤

الأواني الخزفية وصناعة الخزف الصيني / ٢٦٠

الفنون / ٢٦٨

الطب والصيدلة / ٢٧٠

الورق والطباعة والبوصلة والبارود / ٢٧٢

جدول زمني للتاريخ الصيني / ٢٨٠

أهم المصادر الصينية / ٢٨١

三、伊斯兰教的发展 / 181
  唐代穆斯林来华与伊斯兰教的初传 / 181
  宋代伊斯兰教的发展与清真寺的大量建立 / 185
  元代伊斯兰教空前兴盛 / 193
  明代具有中国特色的伊斯兰教形成 / 201

四、阿拉伯伊斯兰大师来华 / 209

五、伊斯兰教在新疆的传播 / 219
  伊斯兰教在维吾尔族中的传播 / 219
  伊斯兰教在哈萨克族中的传播 / 225

第五章 中国和阿拉伯之间的文化交流 / 231

一、阿拉伯文化对中国文化的贡献 / 231
  天文学和数学 / 231
  医药学 / 239
  制糖法 / 241
  艺术 / 243
  语言文字 / 251

二、中国文化对阿拉伯文化的贡献 / 253
  丝绸及丝织技术 / 255
  瓷器及造瓷技术 / 261
  艺术 / 269
  医药学 / 271
  造纸、印刷术、指南针和火药 / 273

تاريخ العلاقات الصينية العربية

الباب الأول خطوط المواصلات بين الصين وبلاد العرب في العصور التاريخية القديمة

ورد في السجلات التاريخية الصينية والأجنبية أن خطوط مواصلات برية وبحرية قد ربطت بين الصين وبلاد العرب منذ القديم، وقد ورد ذكر تفصيلي لخطوط المواصلات هذه في كتاب ((مواصلات الصين الإمبراطورية مع البلدان الأخرى)) الذي ألفه جيا دان (٧٣٠ - ٨٠٥) رئيس الوزراء في فترة تشن يوان (٧٨٥ - ٨٠٥) من عهد الإمبراطور ده تسونغ في أسرة تانغ، ثم أعيد ذكر ذلك شاهدا في ((كتاب تانغ الجديد - سجل الجغرافيا))، ثم ورد بعد أكثر من نصف قرن ذكر لخطوط المواصلات الصينية العربية في كتاب ((المسالك والممالك)) الذي ألفه ابن خرداذبة (زهاء ٨٢٠ - ٩١٢) مدير البريد والاستعلامات في عمالة الجبال من الإمبراطورية العربية في العهد العباسي، وقد اتفقت هذه المعلومات على وجه العموم مع ما في ((مواصلات الصين الإمبراطورية مع البلدان الأخرى)).

١ - الخطوط البرية الرئيسية

طريق الحرير هو الاسم الجامع لخطوط المواصلات البرية، وأهمها كما يلي:

١) خط كان ينطلق من تشانغآن (شيآن حاليا) عبر ليانغتشو (ووي) الواقعة في ممر خشي، وقانتشو (تشانغيه) وسوتشو(جيوتشيوان) وآنسي حتى يصل إلى دونهوانغ حيث يتفرع إلى الخط الشمالي والخط الجنوبي. أما الخط الشمالي فكان يجتاز الصحراء من دونهوانغ، ويتقدم مع السفوح الجنوبية من جبال تيانشان، فيمر بما يقع على امتدادها

第一章 古代中阿交往的路线

古代中国和阿拉伯的交通路线分陆海两路，中外史籍对此都有记述。唐德宗贞元年间（785—805），宰相贾耽（730—805）著《皇华四达记》，对中阿陆海交通路线记述较详，《新唐书·地理志》中曾有引用。半个多世纪后，阿拉伯阿拔斯朝吉巴勒省邮政和情报局长伊本·胡尔达兹贝（约820—912）完成的《道程及郡国志》一书，关于中阿陆海交通路线的记载与《皇华四达记》大体一致。

一、陆路主要路线

陆路统称"丝绸之路"，路线有多条，主要如下：
（一）自长安（西安）经河西走廊的凉州（武威）、甘州（张掖）、肃州（酒泉）和安西至敦煌。在此分为北南两路；北路从敦煌穿过沙漠，沿天山南麓经吐鲁番、焉耆、龟兹（库车）到喀

من توربان ويانتشي وتشوتسي (كوتشار) حتى يصل إلى كاشغر. أما الخط الجنوبي فكان يبدأ من دونهوانغ، ويتقدم مع السفوح الشمالية من جبال ألتن وجبال كونلون حيث يمر من شانشان (روتشيانغ) ويويتيان (ختيان حاليا) وشاتشه حتى كاشغر أيضا. وكانت دونهوانغ التي تقع عند ملتقى خطوط المواصلات بين الصين والغرب، تعتبر همزة مواصلات بين الصين وآسيا الوسطى وغربي آسيا وأوربا، ومركزا للتبادلات الحضارية بين الصين والغرب. أما كاشغر التي تحتل الموقع الاستراتيجي من طريق الحرير، فقد كانت تعتبر البوابة الغربية من الصين، كما كانت تعرف بدرة طريق الحرير لما فيها من واحات وارفة الظلال غنية بشتى الإنتاجات.

٢) خط كان يمتد من كاشغر باتجاه الغرب متفرعا إلى خطين آخرين يدخل أحدهما في فرغانة عبر فجاج تيريك - دافن (Davan Pass-Terek)، ثم يمر بسمرقند وبخارى حتى مرو (مدينة ماري بتركمانستان حاليا)، والآخر يجتاز هضبة البامير ويخرج من قلعة البرج الحجري (Stone Tower) ويمر ببكترا حتى مرو أيضا. وقد كانت كل من سمرقند وبخارى مدينة معروفة على طريق الحرير. أما سمرقند فهي ما ذكر في ((كتاب وي)) باسم مدينة شيوانجين، وما ذكر في ((كتاب تانغ الجديد - سجل المناطق الغربية))، وفي ((أخبار المناطق الغربية من تانغ الكبرى)) باسم مدينة ساموجيان، وهي أيضا سمرقند التي ذكرت في ((تاريخ مينغ)). أما بخارى فهي مدينة بوهوه التي وردت في ((كتاب تانغ الجديد - سجل المناطق الغربية))، وبوهه التي وردت في ((أخبار المناطق الغربية من تانغ الكبرى)). أما مرو فمدينة قديمة تدعى "مولو" في كل من ((كتاب هان الأخيرة - سجل المناطق الغربية)) و((سجل بلاد التازيان)) من كتابي تانغ الجديد والقديم، كما أنها تسمى "ماليوو" في ((تاريخ يوان)). أما مرو فقد كانت ملتقى عدة فروع من طريق الحرير، الأمر الذي جعل منها مركزا هاما في خط خراسان من طريق الحرير. أما بكترا فهي ما ذكر في ((الأخبار التاريخية)) باسم المدينة الزرقاء، وما ذكر في ((تاريخ يوان)) باسم "بلخ".

٣) خط كان ينطلق من مرو ويمرّ بـ(Hecatompylos) عاصمة الأسرة الأرساكسية (٢٤٧ق.م - ٢٣٦م)، الواقعة في إيران الحالية، وبـ"أكباتان" (همدان حاليا)

什。南路从敦煌沿阿尔金山和昆仑山北麓经鄯善(若羌)、于阗(今和田)、莎车到喀什。敦煌绾毂中西交通,为古代中国通往中亚、西亚和欧洲之咽喉,中西文化交流之枢纽。喀什居丝绸之路要冲,乃中国西陲之锁钥。境内绿洲葱郁,物产丰富,有"丝路明珠"之称。

(二)从喀什西进,又分两路。一路通过特拉克-达文山口进入费尔干纳,然后经撒马尔罕、布哈拉到莫夫(今土库曼共和国之马里)。另一路越帕米尔,出石塔要塞到巴克特拉,再至莫夫。撒马尔罕和布哈拉均为丝绸之路的名城,撒马尔罕即《魏书》之悉万斤,《新唐书·西域传》之萨末鞬,《大唐西域记》之飒秣建,《明史》之撒马尔罕。布哈拉,《新唐书·西域传》作布豁,《大唐西域记》作捕喝。莫夫为著名古城,《后汉书·西域传》及新旧唐书《大食传》均作木鹿,《元史》名麻里兀。多条丝绸之路支线聚集莫夫,莫夫由是成为丝绸之路呼罗珊大道上的重镇。巴克特拉即《史记》之蓝氏城,《元史》之巴里黑。

(三)从莫夫通过伊朗的希卡东普络斯(前247—前226,古安息王朝都城)和埃克巴塔那(今哈马丹),到底格里斯河

حتى ينتهي إلى سلوقية وطيشفون وكانتا مدينتين على شاطئ دجلة. وطيشفون هذه قد سبق لها أن كانت عاصمة ساسان (٢٢٦ - ٦٥١)، والسلوقية القريبة منها كانت مبنية على الطراز الإغريقي، وقد سبق للعرب أن سموهما باسم "المدائن".

٤) كانت هناك عدة طرق تمتد من سلوقية - طيشفون صوب سوريا وآسيا الصغرى ومصر حتى تنتهي إلى أوربا.

ذكرنا فيما سلف أربعة خطوط، أولها ورابعها كانا خطين محفوفين بالمخاطر أكثر من الخطين الآخرين، إذ اتفق أن رافقتهما تقلبات سياسية عديدة. أما الثاني فقد كان مشمولا أولا ضمن منطقة نفوذ يوتشي (Yuehchih) التي سبق لها أن أنشأت الدولة القوشانية (Kushan)، ثم ضمن نفوذ (Haytal) ثانيا، فيما بين أواسط القرن الثاني قبل الميلاد وأواسط القرن السادس الميلادي، ما عدا فترة ما بين ٥٦٣م و٥٦٧م حيث احتل الأتراك هذا الخط، لذلك اعتبر هذا الخط مسيرة تجارية استتب فيها الأمن والاستقرار على الوجه التقريبي. أما الخط الثالث فقد كان معظمه يقع في إيران الحالية، فسيطرت عليه الأسرة الأرساكسية والساسانيون، ثم تحكم به العرب بعد عام٦٥١م[1].

قد سبق للأمة الصينية بما فيها الأقليات أن باشرت تعاملات اقتصادية وثقافية مع الأمم القاطنة في آسيا الوسطى وغربي آسيا قبل أسرة هان (٢٠٦ ق.م - ٢٢٠م). ولما دخلت الصين في عهد أسرة هان الغربية (٢٠٦ ق.م - ٢٥م)، بدأت الاتصالات بينها وبين المناطق الغربية تنشط أكثر فأكثر، حيث كانت القوافل تتتابع وتتعاقب على مدى الأنظار. والفضل العظيم في هذا النشاط كله يعود إلى تشانغ تشيان الذي شق الطريق إلى المناطق الغربية، إذ رحل إلى المناطق الغربية بصفته مبعوثا إمبراطوريا مرتين، الأولى في العام الثاني من فترة جيان يوان من عهد الإمبراطور وودي من أسرة هان (١٣٩ ق.م)، الثانية في فترة شوسي من عهد الإمبراطور نفسه (١١٩ ق.م)، وخط سفره هو ما سبق ذكره على الوجه التقريبي من الخطوط الممتدة بين تشانغآن و مرو، وقد سجل هو ومرافقوه مآثر مشرقة مع مرور الأيام، إذ إنهم أول من رحلوا عن الصين بصفة رسمية

---

① راجع يوسف نيدهام ف.ر.س ((تاريخ العلوم والحضارة في الصين)) جـ ١ ص ١٨١-١٨٢، المعلومات الخاصة بأحوال خطوط المواصلات المعنية.

沿岸的塞琉西亚-泰西封。泰西封曾是波斯萨珊王朝（226—651）的首都，附近的塞琉西亚为一希腊化城市，阿拉伯人统称这两座城市为麦达因，意为“诸城”。

（四）从塞琉西亚-泰西封有多条道路通向叙利亚、小亚细亚和埃及，并进而远至欧洲。

以上四段路中，第一段和第四段政治形势多变，最为艰险。第二段从公元前2世纪中叶到公元6世纪中叶，先后属于大月氏（曾建贵霜王朝）和哌哒的势力范围。563—567年间被突厥占领。就贸易来说，这段路情况还算稳定。第三段主要在伊朗境内，由安息王朝和萨珊王朝统治，651年后成为阿拉伯人的辖地。①

中国各族人民，在汉朝（前206—220）以前就与中亚和西亚有经济文化往来。西汉（前206—25）以后，中西交通日益繁盛，使者相望于道，络绎不绝。中西交通出现这种兴旺景况，张骞“凿空”西域起了极为重要的作用。汉武帝建元二年（前139）和元狩四年（前119），张骞两次出使西域。张骞及其副使所经路线，大致就是上述从长安到莫夫的路线。张骞等人的功绩，就在于他们以汉使的官方身份，第一次实地勘察

① 有关各段路程的情况，可参看李约瑟：《中国科学技术史》（Joseph Needham F.R.S. *Science and Civilization in China*, Cambridge, 1954），第一卷，第181—182页。

إلى تلك المناطق حيث قاموا بالاستطلاع الميداني وربطوا بين خطوط المواصلات بجهودهم المستمرة، الأمر الذي مكنهم من إقامة الخط الرئيسي للمواصلات بين شينجيانغ وغربي آسيا عبر أواسطها والتعرف بعمق على أحوال البلدان التي تقع على امتداد هذا الخط، وبهذا أقاموا وعززوا روابط الصداقة بين أسرة هان وأبناء آسيا الوسطى ومن بينهم أبناء الأمة العربية، ودفعوا عجلة التبادلات الاقتصادية والثقافية بين الشرق والغرب إلى الأمام، بينما وثقوا الصلات بين أبناء أواسط بلاد الصين وأبناء الأقليات القاطنة في المناطق الغربية. إن رحلة تشانغ تشيان لتحمل مغزى بالغ الأهمية في تاريخ المواصلات بين الصين والغرب من جهة، وفي تاريخ العلاقات الصينية العربية من جهة أخرى.

٢ - الخطوط البحرية الرئيسية

١) أهم خط من خطوط الملاحة بين الصين والغرب كان ينطلق من كانتون وتشيوانتشو ويانغتشو وهانغتشو ومينغتشو (نينغبو حاليا) وغيرها من موانئ التجارة الخارجية، فيدخل في البحر الجنوبي باتجاه الجنوب على امتداد الشاطئ الشرقي من فيتنام، ثم يمر بتشامبا (Champa) ونها ترانج (Nha Trang) وفان رانغ (Phan Rang) إلى جزيرة كون داو(Con Dao)، ثم يستمر باتجاه الجنوب، فيخرج من مضيق ملقه، ويجتاز جزائر نكوبار (Nicobar) إلى سري لانكا التي يواجهها الجزء الجنوبي من شبه جزيرة الهند من وراء البحر.

ومن ثم يمتد باستمرار باتجاه الشمال الغربي إلى قالون (Quilon) التي تقع على الشاطئ الجنوبي الغربي من شبه جزيرة الهند، ثم يتجه شمالا مع شاطئها الغربي ويمر ببرواتش (Broach) نحو دايبول (Daibul) الواقعة على مصب نهر السند حيث يمتد غربا ويجتاز مضيق هرمز حتى يصل إلى الأبلّة التي تقع على مصب شط العرب، حيث يصعد في دجلة شمالا، فيصل إلى البصرة وينتهي إلى بغداد.

٢) وخط كان يمتد من شط العرب باتجاه الجنوب فيصل إلى صحار الواقعة على

并进一步沟通了从新疆经中亚到达西亚的交通要道,深入了解了沿线国家的情况,加强了中原和西域少数民族的联系,建立和发展了汉朝同中亚和包括阿拉伯部族在内的西亚各国的友好关系,促进了东西方的经济文化交流。张骞"凿空",在中西交通史和中阿关系史上具有重要意义。

二、海路主要路线

（一）中阿海上交通路线主要从广州、泉州、扬州、杭州和明州（宁波）等对外贸易港口起航,入南海,沿越南东海岸南行,经占婆岛、芽庄、藩郎至昆仑岛。南航,出马六甲海峡,过尼科巴群岛至斯里兰卡,隔海即南印度。

从斯里兰卡西北航,至印度半岛西南岸之奎隆。由此沿半岛西岸北上,经布罗奇至印度河口之提勃儿。西航,经霍尔木兹海峡至阿拉伯河之俄波拉。从俄波拉溯幼发拉底河北上,可至巴士拉。再西北行即抵巴格达。

（二）从阿拉伯河南航至阿曼之苏哈尔。由苏哈尔沿阿

شاطئ عمان، حيث يمتد باستمرار باتجاه الجنوب مع الشاطئ الشرقي من جزيرة العرب حتى عدن التي تقع على الطرف الجنوبي من الجزيرة.

٣) وخط كان يمتد من الشاطئ الجنوبي الغربي من شبه جزيرة الهند صوب عدن مباشرة، ثم يتجه شمالا مع الشاطئ الغربي من الجزيرة حتى يصل إلى سوريا وفلسطين، أو يدخل في البحر الأحمر فيتجه شمالا حتى ينتهي إلى مصر.

إن خطوط المواصلات البحرية بين الصين وبلاد العرب هي طريق البخور، وتسمي طريق الخزف الصيني أو طريق الحرير البحري أيضا.

كانت كانتون وتشيوانتشو وهانغتشو موانئ دولية معروفة لدى العرب. ففي المؤلفات العربية المعنية بذلك كانت كانتون تدعى مدينة خانفو (Khanfu) وتشيوانتشو تدعى مدينة الزيتون (Zaytun)، وهانغتشو مدينة قوين ساي (Quin Say) أو خين زي (Khin Zai) أو خان زي (Khan Zai).

وجزيرة تشامبو هي جبل سانف فلو (Sanf-flaw) الذي ذكره جيا دان في كتابه ((طرق كانتون إلى بلاد ما وراء البحار))[1] أو الصنف الذي ذكره المسعودي أبو حسن على بن حسين (؟ - ٩٥٧) في كتابه ((مروج الذهب ومعادن الجوهر)). أما فان رانغ فقد دعيت (Bentuolangzhou) في ((طرق كانتون إلى بلاد ما وراء البحار))، كما دعيت (Pandunrga) في ((سجل البلدان)) بقلم تشاو رو كوه. أما جزيرة كون داو فدعيت جبل (Kundrang) في ((طرق كانتون إلى بلاد ما وراء البحار))، وكاردان (Kardang) في ((مروج الذهب ومعادن الجوهر)). أما سري لانكا فهي دولة الأسد التي وردت في ((طرق كانتون إلى بلاد ما وراء البحار))، وسرنديب التي وردت في ذهن العرب أيضا. أما قالون فهي دولة (Male) التي وردت في ((طرق كانتون إلى بلاد ما وراء البحار))، ودولة (Kaulam) التي عاصرت أسرة سونغ، و(Xiaojunan) التي وردت في ((طرق كانتون إلى بلاد ما وراء البحار))، و(Julan) التي وردت في تاريخ يوان، وكولام ملي (Kulam-mali) التي وردت في ((أخبار

① راجع ((كتاب تانغ الجديد - سجلات الجغرافيا))، جـ ٧.

拉伯半岛东海岸南航,至半岛南端之亚丁。

(三)从印度半岛西南海岸直航亚丁。由此或沿半岛西海岸北上至叙利亚、巴勒斯坦等地,或入红海北航至埃及。

中阿海上交通路线即"香料之路",也叫"瓷器之路"或"海上丝绸之路"。

广州、泉州、杭州等国际港口为阿拉伯人所熟知。阿拉伯有关著作把广州叫做 Khanfu,把泉州叫做 Zaytun,把杭州叫做 Quinsay, Khinzai 或 Khanzai。

占婆岛即贾耽《广州通海夷道》①之占不劳山,麦斯欧迪(? —957)《黄金草原》之 al-sanf。藩郎,《广州通海夷道》称奔陀浪州,赵汝适《诸番志》叫宾童龙。昆仑岛,《广州通海夷道》作军突弄山,《黄金草原》作 Kardang,斯里兰卡《广州通海夷道》叫狮子国,阿拉伯人称 Sarandīb。奎隆即《广州通海夷道》之没来国,宋之故临,《岛夷志略》之小呾喃,元史之俱

---

① 《新唐书·地理志》七。

الصين والهند))[1]، والتي كانت السفن الصينية تصل إليها من حين لآخر كما ذكر في هذا الكتاب. أما برواتش فهي بمثابة دولة (Bayi) في ((طرق كانتون إلى بلاد ما وراء البحار)). أما دايبول فهي دولة (Tiyi) التي ذكرت في ((طرق كانتون إلى بلاد ما وراء البحار)) والتي سماها العرب "الدايبول" بزيادة أداة التعريف. أما الفرات والأبلة والبصرة وبغداد فقد وردت هذه الأسماء كل على حدة في ((طرق كانتون إلى بلاد ما وراء البحار)) كنهر (Felile)، ودولة (Wula) ودولة (Muluo) و(Fuda).

وصحار هي ما ذكر بـ(Mezoen) في ((طرق كانتون إلى بلاد ما وراء البحار))، وعدن كانت معروفة بـ(Eudaemon) وقد أفاد الإدريسي الجغرافي (١١٠٠ - ١١٦٦) في الكتاب الذي سجل فيه أحوال العالم تحت عنوان ((نزهة المشتاق في اختراق الآفاق))، بأن السفن الصينية كانت تصل إلى عدن من وقت إلى آخر.

كان البحر الأحمر يعتبر أهم طريق في المواصلات البحرية بين الشرق والغرب، إذ كان هناك طريق تجاري يصل بين شاطئه الغربي وميناء الإسكندرية، ومصر هي ما ذكر بـ(Wusili) في مؤلف دوان تشنغ شي الأديب الصيني في عهد تانغ تحت عنوان ((تتمة المتفرقات في يويانغ))، وكذلك في ((دليل ما وراء الجبال الجنوبية)) بقلم تشو تشيو في الأديب الصيني في عهد أسرة سونغ، وكذلك في كتاب آخر باللغة الصينية تحت عنوان ((سجلات البلدان))، كما كانت تدعى (Micur) في عهد أسرة يوان، و(Micur) أو (Misr) في ((تاريخ مينغ - سجلات المناطق الغربية)). وكل هذه الألفاظ الواردة في المصادر الصينية إنما جاءت ترجمة صوتية لـ"مصر" هذه اللفظة العربية.

كانت المياه اللامتناهية التي تفصل بين الصين وبلاد العرب، مقسمة من الغرب إلى الشرق إلى سبعة أبحر في المصادر العربية التاريخية، هي بحر فارس (الخليج الفارسي وخليج عمان حاليا)، وبحر لاروي (Larwi – البحر العربي)، وبحر هاركند (Harkand- خليج البنغال وبحر أندمن حاليا)، وبحر كلهبار (Kalahbar- بحر الملقه حاليا)، وبحر كوند رانغ (Kundrang) أو بحر كاردانغ (Kardang- الجزء الجنوبي

[1] ((أخبار الصين والهند)) الطبعة الصينية، ترجمة مو قن لاي وون جيانغ وهوانغ تشوه، تحقيق ناجون، دار الصين ببكين عام ١٩٨٣ .

蓝。《中国印度见闻录》[1]称奎隆为Kulam-malī，并谓唐时中国大船常至此地。布罗奇相当于《广州通海夷道》之拔飓国。提勃儿，《广州通海夷道》叫提飓国，阿拉伯人叫al-Daybul。幼发拉底河、俄波拉、巴士拉和巴格达，《广州通海夷道》分别作弗利剌河、乌剌国、末罗国和缚达。

苏哈尔，《广州通海夷道》作没巽。亚丁在罗马时代以尤达蒙闻名。地理学家伊德利斯（1100—1166）在其《云游者的娱乐》这本世界地理志中，提到中国商船常到亚丁。

红海为东西海上交通要道，西岸有商路通亚历山大港。埃及，唐段成式《西阳杂俎续集》作勿斯离，宋周去非《岭外代答》亦作勿斯离，《诸蕃志》作勿斯里，元时称密昔儿，《明史·西域传》叫米昔儿或密思儿。以上不同译名均系阿文misr的对音。

阿拉伯史籍把中阿之间的浩淼大洋分为七个海。这七个海由西向东依次为波斯海（当今波斯湾和阿曼湾）、拉尔海（阿拉伯海）、哈尔肯德海（当今孟加拉湾和安达曼海）、克拉赫巴尔海（马六甲海峡）、军徒弄海或卡尔薮海（当今暹罗湾

① 《中国印度见闻录》（*Akhbar al Sīn w-al-Hind*），穆根来，汶江、黄绰汉译，纳忠校，北京：中华书局，1983年。

من خليج سيام والجزء الشمالي من بحر جاوه)، وبحر تشامبو أي الصنف (al-ṣanf) أو سانف فلو (Sanf-fulaw) وهو الجزء الغربي من بحر الصين الجنوبي، وبحر سنغ (Sang , al-Zang) وهو الجزء الشرقي من بحر الصين الجنوبي)[①]. كانت الرحلة من بلاد العرب إلى الصين عبر الأبحر السبعة تستغرق مدة طويلة من الزمن، وقد أفاد ((طرق كانتون إلى بلاد ما وراء البحار)) أنها كانت حوالي تسعين يوما (بالقياس إلى الرياح المؤاتية). وتسعون يوما يقصد بها مدة الإبحار فقط. وإذا أضيفت إليها أيام الرسو فإن الرحلة ذهابا أو إيابا كانت تستغرق نحو سنة، أما ذهابا وإيابا فكانت تستغرق نحو ستنين[②].

إن العرب والصين كلتيهما من الأمم التي أسهمت في فتح خطوط المواصلات البحرية بين الشرق والغرب وشاركت في نمائها وازدهارها.

وقد سبق للعرب أن اشتهروا بخبرتهم في الملاحة في وقت مبكر من العصور التاريخيُة، إذ إن القحطانيين أوشكوا أن يحتكروا التجارة في المحيط الهندي، وأن الهيمنة العربية في البحار قد بدأت من القرن الرابع قبل الميلاد وامتدت إلى النصف الثاني من القرن الأول قبل الميلاد، حتى تعرضت لتحديات البطالسة اليونانيي الأصل في مصر (٣٠٥ ق.م - ٣٠ ق.م). ولما حل الروم محل البطالسة عام ٣٠ ق.م، استغلوا الرياح الموسمية ليبحروا إلى الشاطئ الغربي من شبه جزيرة الهند مباشرة، ففازوا بالتفوق البحري وألحق بالعرب نكسات في التجارة البحرية[③]. ولكن لما أقبل القرن الثالث، عاد العرب ينشطون في عرض البحار، وقد احتلوا هم والأحباش مركز الصدارة في التجارة ما بين المحيط الهندي والبحر الأحمر في الفترة ما بين أوائل القرن الثالث والقرن السابع، بينما حققت الهند التفوق المطلق[④] ما بين المحيط الهادي والمحيط الهندي، غير

① راجع ((مروج الذهب ومعادن الجوهر)) للمسعودي طبعة مصر ١٩٤٨ جـ ١ ص ١٤٩- ١٥٤ .

② راجع ((الطرق البحرية إلى البلدان الأجنبية)) في ((دليل ما وراء الجبال الجنوبية)) بقلم تشو تشيوفي، جـ ٣، ويفيد ((أخبار الصين والهند)) أن الرحلة البحرية بين مسقط وكانتون كانت تستغرق نحو ١٢٠ يوما؛ وراجع ((المسالك والممالك)) لابن خرداذبة ص ٥٩- ٧١ .

③ ((تاريخ العرب)) بقلم ب. ك. هيتي طبعة نيويورك ١٩٧٤ ص ٥٨- ٥٩.

④ هودسن: ((أوربا والصين)).

南部及爪哇海北部）、占婆海或占不劳海（南海西部）和涨海（南海东部）。①从阿拉伯渡过七海航行到中国，费时较长，《广州通海夷道》记述约需90天（以顺风为准）。90天仅指航行时间而言，如加上停靠日数，单程约需1年，往返约需两年。②

阿拉伯、中国和其他有关国家人民，为东西海上交通的开辟和发展，为中阿海上交往的繁荣和兴盛，都做出了贡献。阿拉伯人很早便以善于航海闻名，南阿拉伯人在很长时间内，几乎垄断了印度洋上的贸易。公元前4世纪到公元前1世纪下半叶，阿拉伯人的海上霸权，受到埃及希腊托勒密王朝（前305—前30）的严重挑战。公元前30年罗马人取代托勒密王朝后，利用季风从红海直航印度半岛西海岸，建立海上优势，阿拉伯人的航海事业受挫。③三世纪初，阿拉伯人复又活跃海上。从公元3世纪初到7世纪初，阿拉伯人和埃塞俄比亚人在印度洋和红海之间的贸易中，占领先地位；印度人在太平洋和印度洋之间的贸易中，占绝对优势。④公元

---

① 参看麦斯欧迪：《黄金草原》(al-Mas'ūdi: *Murūj al-Dhahab wa M'ādin al-Jawhar*, Egypt, 1948)，第1卷，第149—154页。
② 周去非：《岭外代答》卷三，《航海外夷》。《中国印度见闻录》记马斯卡特(Muscat)到广州的航行时间为120天左右。参看伊本·胡尔达兹贝：《道程及郡国志》(Ibn Khurdādhbah: *al-Masālik w-al-Mamālik*, Leyden, 1889)，第59—71页。
③ 希提：《阿拉伯通史》(P.K.Hitti: *History of the Arabs*, New York, 1974)，第58-59页。
④ 赫德森：《欧洲和中国》(Hudson: *Europe and China: A Survey of their Relations from the Earliest Times to 1800*, Boston, 1961)，第113页。

أن العرب عادوا يستبدون بالتجارة فيما بين القرن السابع والقرن التاسع. وبالرغم من أن مركز العرب في الملاحة بالمحيط الهندي هبط إلى حد معين، غير أنهم ظلوا محتفظين بقوة عظيمة فيه.

أما أهل الصين فقد سبق لهم في أقدم العصور التاريخية أن بدأوا النشاطات البحرية فيما بين الجزر على امتداد شواطئها، وصار لهم علم بالرياح الموسمية في القرن الثالث قبل الميلاد①، وبلغوا مستوى عاليا جدا في صناعة السفن بعهد هان الغربية، بحيث أن ارتفاع سفينة البرج من عهد الإمبراطور وو دي بلغ بضعة عشر تشانغ (تشانغ يساوي ثلاثة أمتار وثلث متر)، والغرف في سفينة يونتشانغ كانت تناظر الغرف في القصور. وقد أفاد ((كتاب هان الغربية - سجلات الجغرافيا)) أن السفن الصينية وصلت إلى شبه جزيرة الهند، وأن رسل هان وصلوا إلى الدولة تشنغ بو (هي سري لانكا بالاستناد إلى بحث الأستاذ الصيني سو جي تشنغ). وفي عصر الممالك الثلاث (٢٢٠ - ٢٨٠) خطت الصين خطوة واسعة في الملاحة. وفي عهد تانغ (٦١٨ - ٩٠٧)، شهدت الصين تطورا وازدهارا في المهارات الملاحية حتى إن السفن التجارية الصينية كانت تقطع مسيرات طويلة جدا وتصل إلى كثير من الموانئ العربية. وفي أواخر عهد تانغ بدأ التجار العرب يركبون السفن الصينية بدل السفن الأخرى②. وفي عهد سونغ (٩٦٠ - ١٢٧٩) تمكنت السفن الصينية من الوصول إلى أفريقيا. وبدأ الصينيون يستعملون البوصلة في أواخر القرن الحادي عشر على أقل تقدير، فأحدثوا بذلك قفزة نوعية في فن الإبحار. وفي عهد يوان (١٢٠٦ - ١٣٦٨) شهدت الصين تطورا مستمرا في المواصلات البحرية. وفي عهد سونغ الجنوبية (١١٢٧ - ١٢٧٩) وعهد يوان أيضا، كان الأوربيون كثيرا ما يركبون السفن الصينية، وأخذوا عنها انطباعات حميدة③. وقد شملت ((أنظمة يوان)) في مادتها الثانية والعشرين حول رسو السفن في الموانئ الصينية نصوصا خاصة بالتجار الأجانب الذين ركبوا السفن الصينية،

① تشانغ شون: ((المواصلات الصينية البحرية في الزمن القديم))، دار الشؤون التجارية، بكين عام ١٩٨٦، ص ٩.

② كتاب كوابارا زيتسوزو باليابانية تحت عنوان ((الدراسات في بوشوكن)) ترجمة تشن يوي تشينغ، دار الصين ١٩٢٩، ص ٩٣.

③ ((تاريخ العلوم والحضارة في الصين))، جـ ١ ص ١٧٩ ملاحظة (٨).

7—9世纪,阿拉伯人再度称霸海上。以后,阿拉伯人在印度洋的航海地位有所削弱,但仍拥有强大势力。

早在原始时代中国人就开始了沿海岛屿之间的海上活动。公元前3世纪以前,已认识和利用季风。①西汉时期,中国造船技术达到相当高的水平,武帝时所造楼船高10余丈,所造豫章大舡上有宫室。《汉书·地理志》载,中国船航行至印度半岛,汉使到了已程不国(据苏继庼先生考证,即斯里兰卡)。三国时代(220—280),中国航海事业前进了一大步。唐代(618—907)航海技术发达,中国商船远航阿拉伯各地。唐代末叶以后,阿拉伯商人都改乘中国船。②宋代(960—1279),中国船到达了非洲。至迟11世纪末叶即已使用指南针,这标志着中国的航海技术发生了质的飞跃。元代(1206—1368),海上交通继续发展。南宋(1127—1279)及元,欧洲人常乘中国船,中国船给他们留下了深刻的印象。③《元典章》二十二市舶条有外国商人乘中国船的具体规定,可

---

① 章巽:《我国与古代的海上交通》,北京:商务印书馆,1986年,第9页。
② 桑原骘藏:《蒲寿庚考》,陈裕菁译,北京:中华书局,1929年,第93页。
③《中国科学技术史》,第一卷,第179页,注⑧。

مما دل على كثرة التجار الأجانب بين ركاب السفن الصينية. ويؤكد ذلك أن الأمر استدعى وضع لوائح قانونية خاصة بشأن التجار الأجانب. وفي مطلع عهد مينغ (١٣٦٨ - ١٦٤٤) شهدت الصين نشاطا وازدهارا في الملاحة، فكان أسطول تشنغ خه الضخم يجوب المحيط الهندي ويصل إلى مختلف البلدان في آسيا وأفريقيا، مثيرا إعجاب العالم أجمع. ويمكن القول أن الأساطيل البحرية الصينية قد سبق لها أن كانت أعظم الأساطيل في العالم، لكن لم يمض وقت طويل على نزول تشنغ خه إلى المحيط الهندي حتى أفلت شمس الصين في المواصلات البحرية نتيجة لسياسة التحريم البحري التي طبقتها سلطة مينغ. وفي مطلع القرن السادس عشر بدأ الاستعمار الغربي يزحف نحو الشرق، فتسبب في انقطاع الاتصالات البحرية بين الصين وبلاد العرب.

٣ - الخطوط الأخرى

١) خط كان ينطلق من شرقي لياونينغ، فيجتاز مروج منغوليا الداخلية، ويمر بالسفوح الشمالية من جبال تيانشان ممتدا نحو آسيا الوسطى وغربي آسيا.

٢) خط كان يمتد من لانتشو، ويمر برواق خشي فيصل إلى هامي، ثم يمتد باتجاه الغرب والسفوح الشمالية من جبال تيانشان، ويخرج من وادي نهر إيلي، ويمر ببحيرة إسيك كول (Issyk Kul) فيصل إلى طشقند وسمرقند ومرو.

٣) خط كان ينطلق من لانتشو، ويمر بتشينغهاي أو سيتشوان فيدخل في التبت حيث يمتد إلى باتنا (Patna) وموترا (Muttra)، ثم يمر بكابول حتى ينتهي إلى مرو.

٤) خط ينطلق من باوشان الواقعة في غربي يوننان باتجاه الجنوب مع نهر سالوين (Salween) حتى يصل إلى مولمين (Moulmein) حيث ينتهي إلى ما وراء البحار.

٥) خط كان ينطلق من لاسا ويمر بغانغتوك (Gangtok) حتى يصل إلى نهر الغانج (Ganges River)، حيث يتجه شرقا مع هذا النهر فينتهي إلى ما وراء البحار.

٦) خط كان يمتد من بكترا إلى كابول، ثم يمتد إلى نهر الغانج، ثم يتجه جنوبا مع

见乘坐中国船的外国商人很多，必须用条例来加以管理。明代（1368—1644）初期，航海事业兴盛，庞大的郑和船队驰骋印度洋，远至亚非各国，实为旷世盛举。可以说，从12世纪到15世纪中叶，中国海上船队是世界上最伟大的船队。郑和下西洋后不久，由于明朝政府奉行海禁政策，海上交通遂告衰落。16世纪初叶，西方殖民主义东侵，中阿海上交往中断。

三、其他路线

（一）自辽东穿越内蒙古草原，经新疆天山北麓通往中亚和西亚。

（二）由兰州经河西走廊到哈密，沿天山北麓西行，出伊犁河谷，经伊塞克湖至塔什干、撒马尔罕和莫夫。

（三）由兰州经青海或四川入西藏。由西藏至印度之巴特那和马土腊，再经喀布尔到莫夫。

（四）从云南西部保山沿萨尔温江南下，至毛淡棉出海。

（五）从拉萨经甘托克到恒河，沿恒河东行出海。

（六）从巴克特拉至喀布尔，再到印度河，然后沿印度河

هذا النهر حتى مصبه حيث ينتهي إلى ما وراء البحار.

كان الخطان الثاني والثالث يلتقيان في مرو في طريق الحرير الذي تقدم ذكره في الفصل الأول، وكل من الخط الرابع والخامس والسادس عندما ينتهي إلى البحر يصل إلى طريق البخور الذي تقدم ذكره في الفصل الثاني.

وطريق الحرير وطريق البخور كلاهما يمثل ما أنشأته الأمم المختلفة معا من مشاريع عظيمة للمواصلات. وكان كل منهما يعتبر طريقا هاما يربط بين الصين والبلاد العرب من جهة، ويمثل شريانا رئيسيا في الاتصالات بين الشرق والغرب من جهة أخرى، فاحتل بذلك مركزا عظيم الأهمية في تاريخ التبادلات الاقتصادية والحضارية بين الصين وبلاد العرب من جهة وبين الشرق والغرب من جهة أخرى، إذ كان يربط بين منابع الحضارات الرئيسية والمناطق الاقتصادية الهامة في العالم، فساعد على تطور الاقتصاد والحضارة وتبادلهما بين هذه المناطق وزاد من التفاهم والصداقة بين الأمم.

南下出海。

（二）、（三）两条线到莫夫后，即与第一节谈到的丝绸之路连接。（四）、（五）、（六）三条线出海后即与第二节谈到的香料之路连接。

丝绸之路和香料之路是各国人民共同创造的伟大交通工程。这两条线路是古代中阿交通的要道，也是古代东西交通的两大动脉。丝绸之路和香料之路沟通了世界主要文化发源地和世界重要经济区域，促进了这些地区经济文化的发展和交流，增进了各族人民的相互了解和友谊，在中阿和东西经济文化史上占有极其重要的地位。

الباب الثاني   الاتصالات الودية بين الصين وبلاد العرب

١ - العلاقات الودية بين الصين وبلاد العرب قبل أسرة تانغ

أقدم الاتصالات الصينية العربية

يمكن أن يرجع تاريخ العلاقات الودية بين الصين والعرب إلى ما قبل ألفي عام، فقد ورد في ((كتاب هان الغربية - سيرة تشانغ تشيان)) أن أسرة هان أوفدت بعد عودة تشانغ تشيان من رحلته إلى المناطق الغربية مزيدا من الرسل في زيارات لأنشي، ويانتساي، وليتشيان، وتياوتشي وشندو (الهند). وقد وصلت البعثات إلى بضع عشرة بعثة، وعدد أعضاء كل منها يتراوح بين مائة شخص ومئات الأشخاص يحملون صفة تجار ومبعوثين في آن واحد. أما آنشي، فقد سبق للصينيين في التاريخ أن قصدوا بها الأرساكسية إحدى الأسر الحاكمة في تاريخ فارس. وأما تياوتشي فكانت تعني بلاد العرب عند الصينيين في العصور القديمة وقد سموها هذه التسمية نقلا عن الفرس، إذ كانوا يدعون العربي "تازي" والعرب "تازيان"[1]. والذي ذكر في ((كتاب هان الغربية - سيرة تشانغ تشيان)) عن إيفاد هان الغربية رسلها إلى تياوتشي يعتبر أقدم معلومات تاريخية حتى الآن عن إيفاد الصين رسلها إلى بلاد العرب.

---

① تياوتشي لفظة جاءت ترجمة صوتية للفظة "تاجيك" أو "تازي"، وكلتاهما ترجع إلى لفظة "طيّ"، وهي القبيلة التي هاجرت من اليمن إلى شمالي الجزيرة. يرى بعض العلماء أن تياوتشي لفظة إملائية محرفة عن "Antiochia" وترجمة مختصرة لـ"Andiochia" التي يقصد بها بلاد ما بين النهرين.

第二章　中国和阿拉伯之间的友好往来

一、唐以前的中阿友好关系

中阿之间的最早交往

中阿友好关系可以追溯到两千年以前。《汉书·张骞传》载，张骞通西域后不久，汉朝越发多派使节到安息、奄蔡、犛靬、条支、身毒等国访问。派遣的使节有时每年多达十余批，人数少则百余人，多则数百人。他们既是使节，也是商队。安息为古波斯人建立之王朝。古波斯人称阿拉伯为条支，中国把阿拉伯叫做条支乃沿袭古波斯人的称法。[①]《汉书·张骞传》谈到的西汉遣使条支，是迄今为止中国使者前往阿拉伯的最早记载。

① 条支是Tajik或Tazi的译音。Tazi来自Ta-jik，Tajik来自Tayyi'。Tayyi'为北阿拉伯一个大部落的名称。有的学者认为，条支泛指美索不达来亚。

وفي فترة شين مانغ (٩ - ٢٣) توقفت الاتصالات بين الصين والغرب نتيجة للاضطرابات التي سرت في المناطق الغربية، غير أنها عادت إلى ما كانت عليه من الهدوء، وعادت الطرق فيها سالكة كما كانت، بعد أن بذلت مجهودات شاقة في عهد أسرة هان الشرقية (٢٥ - ٢٢٠)، حيث سجل بان تشاو مآثر سامية متوالية، إذ صد غزو قبيلة الهون عن المناطق الغربية وصان الوحدة بينها وبين وادي النهر الأصفر، وحفظ أمن طريق الحرير داخل حدودها، فساعد على التبادلات الصينية العربية. وفي العام السادس من فترة يونغ يوان في عهد الإمبراطور خه دي (٩٤م) هزم بان تشاو دولة يانتشي، "فقدمت خمسون دولة ونيف للصين رهائنها اعترافا لها بالسيادة. وكانت من بين تلك الدول دولتا تياوتشي وآنشي المطلتان على المحيط والبحار، وهذا ما يدل على أن بلاد ما وراء أربعين ألف لي (لي الواحد = ٥ر٠ كيلومتر) كانت ترسل إلى الصين هداياها تحت شعار دفع الجزية والإتاوة"[1]. وهذا أول ما ذكر عن التعاملات الصينية العربية في مصادر تاريخ الصين.

وصول قان ينغ إلى "تياوتشي"

ومن أجل إقامة علاقات بين الصين وداتشين، وهي الدولة الرومانية كما كان يسميها الصينيون، أوفد بان تشاو مفوض الصين العسكري في المناطق الغربية تابعه قان ينغ رسولا إلى داتشين، فوصل إلى أرض تياوتشي في العام التاسع من فترة يونغ يوان في عهد الإمبراطور خه دي (٩٧م). "ولما كان مواجها للبحر (الخليج الفارسي) وأراد أن يعبره، قال له المراكبية في الشطر الغربي من آنشي 'إن البحر واسع شاسع، قد يعبره المرء خلال ثلاثة أشهر إن كانت الرياح مؤاتية، وقد يعبره خلال عامين إن فاتته، لذا يجهز كل من يعبره مؤونة تكفيه ثلاثة أعوام. والذي يركبه كثيرا ما يعاني لوعة الحنين، وحوادث الغرق فيه ليست قليلة'. حين سمع قان ينغ ذلك توقف عما أراد"[2]. ومما يؤسف له أن المراكبية الأرساكسيين لم يطلعوا قان ينغ على وجود طريق بري يصل بين سوريا

---

① ((كتاب هان الأخيرة - سجل المناطق الغربية)).

② نفس المصدر السابق.

新莽时期(9—23)西域怨叛,中西交通中断。东汉(25—220)经艰苦努力,西域复通。班超在抗击匈奴侵犯西域,维护西域和中原统一,保障丝路畅通,促进中阿交往等方面屡建奇功,后世称颂。和帝永元六年(94),班超击破焉耆,"于是五十余国悉纳质内属,其条支,安息诸国,至于海滨,四万里外,皆重译贡献。"① 这是见诸我国史籍的阿拉伯和中国修好的第一次记述。

甘英到条支

为建立中国和大秦之间的交通,和帝永元九年(97),都护班超派遣甘英出使大秦,到了条支。甘英"临大海(波斯湾)欲渡,而安息西界船人谓英曰:'海水广大,往来者逢善风,三月乃得度,若还迟风,亦有二岁者,故入海人皆赍三岁粮。海中善使人思土恋慕,数有死亡者'。英闻之乃止。"② 可惜,由于安息船人没有告诉甘英,至叙利亚和罗马的近路是

---

① 《后汉书·西域传》。
② 《后汉书·西域传》。

والدولة الرومانية وهو أقرب طريق يجتاز الصحراء ويمر بأرض ما بين النهرين، إنما أكدوا على أن الطريق البحري يستغرق أوقاتا طويلة وتحف به المخاطر، فصرفوه عن نيته في مواصلة الرحلة. ولولا ذلك لسبق للصين وبلاد العرب أن شهدتا مزيدا من التعاملات، وعرفت الصين عن غربي آسيا وأوربا المزيد في ذلك الزمن التاريخي. وقد ورد في ((كتاب هان الغربية - سجل المناطق الغربية)) أن الدولة الرومانية كثيرا ما كانت ترغب في إيفاد الرسل إلى هان، غير أن آنشي رغبت في أن تتاجر مع الدولة الرومانية بالحرير الذي جاءت به من الصين. وكما ورد في ((لمحة عن أسرة وي)) للأديب الصيني يوي هوان أن الدولة الرومانية "كثيرا ما كانت ترغب في إيفاد الرسل إلى الصين، ولكنها لم تتمكن من الوصول إليها عبر آنشي، إذ كانت لها مصلحة خاصة في هذه التجارة"①. لذلك يمكن التصور أن أهل آنشي أي الأرساكسيين تعمدوا أن يخفوا عن قان ينغ حقيقة الطريق البري المؤدي إلى سوريا والدولة الرومانية مخافة أن يتصل الصينيون بالقبائل العربية في سوريا والدولة الرمانية مباشرة، فيكتشفوا تحكمهم بالتجارة بين الصين والعرب من جهة، وبالتجارة بين الصين والدولة الرومانية من جهة أخرى، الأمر الذي كان من شأنه أن يفقدهم مكانتهم الاحتكارية في ميدان التجارة، وعندها لن يستطيعوا الاستمرار في جني ما اعتادوا أن يجنوه من المنافع. وكان موقف آنشي هذا يعتبر أحد العوامل الهامة التي دفعت الصين والدولة الرومانية إلى فتح طريق الحرير الثاني - طريق الحرير البحري.

وربما قدم بعض المبعوثين من تياوتشي إلى الصين في زيارات رسمية بعد أن وصل المبعوث الصيني قان ينغ إلى أرضها بثلاث وعشرين سنة. فقد أفاد ((سجل الاستدراكات)) أنه في العام الأول من فترة يونغ نينغ من عهد الإمبراطور آن دي من أسرة هان (١٢٠م) "جاء المبعوثون من تياوتشي أي بلاد العرب، ليقدموا هدايا نادرة، كان منها طير يسمى قيقا يبلغ ارتفاعه سبعة تشيات (تشي وحدة طول تعادل ثلث متر) ويفهم ما يقوله الإنسان"②.

① راجع الملاحظات في جزء ٣٠ من ((سجل أسرة وي)) من ((تاريخ الممالك الثلاث)).

② وانغ جيا: ((سجل الاستدراكات)) جـ ٦.

横过沙漠或经过美索不达米亚的陆路，而只是强调海路既费时，又危险，以致甘英“闻之乃止”。否则，中国和阿拉伯必会有更多交往，对西亚乃至欧洲也会有更多的认识。《后汉书·西域传》记载，大秦王“常欲通使于汉，而安息欲以汉缯綵与之交市，故遮阂不得达。”又鱼豢《魏略》说，大秦“常欲通使于中国，而安息图其利，不能得过。”[①]由此可以设想，安息人是有意不告诉甘英去叙利亚和罗马的陆路。安息人害怕中国直接与叙利亚的阿拉伯部落和罗马接触会暴露他们控制中国和阿拉伯以及中国和大秦贸易的情况，从而使他们失去在商业上的垄断地位，而不能再图其利。安息的“遮阂”是促使中国和大秦去开辟海上丝绸之路的重要因素。

甘英到条支后23年，条支的使臣可能来过中国。《拾遗记》记载，汉安帝永宁元年（120年），“条支国来贡异端，有鸟名鳿鹊，形高七尺，解人语。”[②]

① 见《三国志》《魏志》部分卷三十注。

② 王嘉：《拾遗记》，卷六。

أما الاتصالات الاقتصادية التي جرت بين الصين وبلاد العرب في فترة ما بعد هان الغربية وهان الشرقية وقبل تانغ، فستأتي تفاصيلها في الباب الثالث.

معرفة الصين عن العرب

بفضل طريق الحرير وتبادل الرسل زادت الصين معرفتها عن العرب تدريجيا. فقد ورد في ((الأخبار التاريخية - سجل داوان)) أن "تياوتشي دولة تقع غرب آنشي بعدة آلاف من الليات، وتطل على البحر الغربي حيث يميل الجو إلى الرطوبة صيفا. وتمارس الزراعة ولا سيما الأرز. وفيها طيور ضخمة بيضها كبير، واحدته كالإبريق. وسكانها كثيرون، وغالبا ما يحكمهم شيوخ. وآنشي تخضع لسيادتها باعتبارها دولة أجنبية." وقد جاء هذا الوصف الوجيز عن موقع تياوتشي ومناخها ومنتجاتها وأحوالها السياسية، متفقا مع الحقيقة على وجه العموم. ويرجح أن هذه المعلومات أخذت مما أطلع عليه تشانغ تشيان في المناطق الغربية عندما بعث إليها رسولا. ولما دخلت الصين في عهد هان الشرقية، جمعت مزيدا من المعلومات عن بلاد العرب. فقد ورد في ((كتاب هان الأخيرة - سجل المناطق الغربية)) وصف يقول "إن دولة تياوتشي مدينة تقع فوق الجبل، يبلغ طول محيطها أربعين لي ونيف، وتطل على البحر الغربي، فتحيطها الشواطئ الملتوية مغلقة عليها المرور من ثلاث جهات جنوبا وشرقا وشمالا، إنما بقيت زاوية الشمال الغربي منها متصلة بالبر، وجوها يميل إلى الرطوبة. وفيها من الحيوانات الأسد ووحيد القرن والجمل ذو السنام والطاووس وطائر ضخم بيضه كبير كالإبريق. والمرء ينطلق منها على ظهر الخيل باتجاه الشمال، ثم يتحول نحو الشرق، فيصل خلال ستين يوما أو أكثر إلى آنشي التي تخضع لحكم تياوتشي. فهناك يرابط كبار القواد من تياوتشي ليفرضوا المراقبة على مدنها". و"الدولة تياوتشي مدينة تقع فوق الجبل" أي أن عاصمتها تقع فوق الجبل. وربما تكون هذه المدينة هي مدينة (Charax-Spasinu) التي كانت تقع عند ملتقى دجلة والفرات وكارون، والتي بناها الإسكندر، ثم أعاد بناءها أنطيوخوس الرابع أحد الأباطرة السلوقيين عام ١٦٦ ق.م، فأطلق عليها اسم أنطيوخوس. ثم حدث أن احتلها (Spasinu) شيخ أحد القبائل العربية، فسميت بـ(Charax-Spasinu). وما لبثت

两汉以后至唐以前,中国和阿拉伯还存在着一定的经济关系,详见第三章。

中国对阿拉伯的认识

丝路的畅通,使节的互访,使中国逐步增加了对阿拉伯的认识。

《史记·大宛传》:"条支在安息西数千里,临西海,暑湿,耕田,田稻。有大鸟卵如瓮。人众甚多。往往有小君长,而安息役属之以为外国。"这段有关条支地理位置、气候、物产及政治情况的简单记述,大体符合实际。材料很可能是张骞出使西域时了解到的。东汉时期,中国对阿拉伯有了进一步的了解。《后汉书·西域传》对阿拉伯作了如下的描述:"条支国,城在山上,周回四十余里,临西海。海水曲环其南及东北,三面路绝,唯西北隅通陆道。其地暑湿。出师子、犀牛、封牛、孔雀、大雀。大雀其卵如瓮。转北而东,复马行六十余日至安息。后役属条支,为置大将,监领诸小城焉。""条支国,城在山上"可以理解为条支国有城或其京城在山上,这个城的名字和条支并无必然联系。《后汉书》所说条支国的城市,可能就是伊拉克幼发拉底河、底格里斯河和卡伦河汇合入海处的卡拉塞-斯帕希努城。这个城原是亚历山大修建的希腊城市,前166年,塞琉西王朝的皇帝安提阿克四世重建,取名安提阿克。前140年为阿拉伯酋长斯帕希努占领,故称卡拉塞-斯帕希努。不久,该城成为安息辖地。卡拉塞-斯帕

بعد ذلك أن خضعت لحكم الأرساكسية. وقد سبق لها أن كانت ميناء دوليا له اتصالات تجارية وثيقة بتدمر في سوريا وبالهند①.

٢ - المرحلة الجديدة التي شهدتها العلاقات الصينية العربية في عهد أسرة تانغ (٦١٨ ـ ٩٠٧)

الظروف التاريخية التي نمت فيها العلاقات الصينية العربية في شتى المجالات

في عام ٦٣١ أنهى النبي محمد حالة الانقسام في جزيرة العرب، وأنشأ سلطة وحد فيها بين الدين والسياسة. وفي أواسط القرن الثامن تمكنت الإمبراطورية العربية من مد سلطانها إلى ما وراء النهر في آسيا الوسطى② حتى تاخمت حدود الشمال الغربي من إمبراطورية تانغ، إذ كانت كل من إمبراطورية تانغ والإمبراطورية العربية تشهد حضارة مزدهرة وقوة متدفقة واقتصادا متطورا. وكانت كلتاهما تنتهج سياسة انفتاحية على الخارج، وترغب في تعزيز العلاقات الودية فيما بينهما.

وكانت الإمبراطورية العربية تمتد في آسيا وأفريقيا وأوربا، وتتحكم بعقد المواصلات العالمية، وتصهر الحضارات الشرقية والغربية في بوتقة واحدة، وتنظر بإعجاب إلى الصين التي تقع في الشرق والتي تتميز بحضارتها القديمة وتاريخها العريق. وقد قال الخليفة العباسي المنصور عندما اتخذ بغداد عاصمة له عام ٧٦٢ : "هذه دجلة ليس بيننا وبين الصين شيء يأتينا فيها كل ما في البحر"③.

وكانت إمبراطورية تانغ تتحصن بقوة جبارة في آسيا، وتتعامل مع من يقدم إلى الصين من كل حدب وصوب، بحيث "كان حي المغتربين في تشانغآن يغص بالقاطنين في فترة تشن قوان (٦٢٧ - ٦٥٥) وفترة كاي يوان (٧١٣ - ٧٤٢)④، وكانت الحكومة

① راجع ج. ف. هوراني ((ملاحة العرب في المحيط الهندي في العصور القديمة وأوائل القرون الوسطى)) ص ١٣-١٥. رجح هوراني أن (Charax-Spasinu) هي المكان الذي وصل إليه قان ينغ حيث اعترضه البحر، ففكر في عبوره.

② أي مناطق ما وراء نهر سرداريا ونهر أموداريا.

③ الطبري: ((تاريخ الرسل والملوك)) ليدن ١٩٦٤، جـ ١٠ ص ٢٧٢.

④ ((كتاب تانغ القديم - سجلات الإمارات الغربية)).

希努是个国际贸易港口，与叙利亚的帕尔米拉和印度都有密切的商业关系。[1]

二、唐代(618—907)中阿关系进入一个新阶段

中阿友好关系全面发展的历史条件

631年，穆罕默德结束阿拉伯半岛的分裂局面，创建了政教合一的政权。8世纪中叶，阿拉伯帝国的势力扩展至中亚河外地区[2]，与唐帝国的西北边境接壤。当时，唐帝国和阿拉伯帝国经济繁荣，文化发达，国力雄厚。这两个大帝国都奉行开明的对外政策，双方都有发展友好关系的愿望。阿拉伯帝国横跨亚、非、欧三洲，据世界交通之枢纽，冶东西文化于一炉，向往东方的文明古国中国。阿拔斯朝哈里发曼苏尔于762年定都巴格达时说："我们有底格里斯河使我们接触到像中国那样遥远的土地。"[3]大唐帝国雄踞东亚，豁达恢宏。"贞观开元，藁街充斥。"[4]帝国政府礼遇阿拉伯等地来华使节和

① 参看胡拉尼：《古代和中世纪早期阿拉伯人在印度洋的航行》(Hourani.G.F:*Arab Seafaring in the Indian Ocean in Ancient and Early Medieval Times*, Princeton, 1951)，第13—15页。胡拉尼认为，甘英可能就是在卡拉塞—斯帕希努临大海欲渡的。

② 即锡尔河和阿母河之间的地区。

③ 秦伯里：《历代先知和帝王史》(al-Ṭabari: *Ta'rikh al-Rusul w-al-Mulūk*, Leyden, 1964)，第10卷，第272页。

④《旧唐书·西戎传》。

الإمبراطورية تعامل من يأتي إلى الصين من بلاد العرب والبلدان الأخرى من رسل وتجار معاملة حسنة، وتقابل ما يعتنقونه من ديانات بالاحترام التام.

وبينما كانت الصين دولة متقدمة في الملاحة البحرية في عهد أسرة تانغ لضخامة سفنها ومتانتها ومهارة بحاريها، كانت بلاد العرب معروفة في العالم بصناعة السفن، إذ كانت لا تستخدم المسامير الحديدية في السفن، إنما كانت تستخدم حبالا من ألياف النخيل لتثبيت أخشاب السفن، وكان بحاروها يبحرون في سفنهم إلى أرجاء الدنيا مستعينين فقط بالشراع المثلث الكبير والبوصلة البسيطة.

هذه العوامل التي تقدم ذكرها هيأت لنمو الصداقة الصينية العربية ظروفا سياسية صالحة وقوة مادية غزيرة، فدفعت عجلة التبادلات الودية بين الصين وبلاد العرب إلى الأمام، وسارت بالعلاقات الصينية العربية إلى مرحلة جديدة من التطور الشامل.

رسل العرب إلى الصين

ورد في المصادر التاريخية الصينية أن "سلطان داشي" أرسل مبعوثا إلى الصين بهدية من الدرر واللآلئ في السنة الأولى من فترة تشن قوان (٦٢٧ - ٧٤٩) من عهد تاي تسونغ من أسرة تانغ[①]، ولعله كان أول مبعوث رسمي من بلاد العرب إلى الصين. وكان النبي محمد يعرف عن الصين ويهتم بها، إذ قال: "اطلبوا العلم ولو في الصين"، فكان من الطبيعي أن يوفد من يوفده إلى الصين لإقامة اتصالات طيبة بين الطرفين حالما ثبت قدميه في مكة المكرمة. وفي الوقت نفسه كان الإمبراطور تاي تسونغ من أسرة تانغ الذي يقدر الأمة العربية هو الآخر حريصا على إقامة علاقات ودية بين الصين وبلاد العرب. وقيل إنه قد سبق له أن اعتذر في أدب عن قبول طلب ملك فارس إرسال إمدادات إليه لمقاومة العرب[②].

أخذت الاتصالات بين الصين وبلاد العرب تزداد وتتكثف بعد عهد تاي تسونغ.

① نيوسو: ((الأحداث الهامة))، راجع ((مجموعة النوادر))، جـ٢٠٤ .

② تشانغ شينغ لانغ: ((مجموعة المصادر التاريخية حول الاتصالات بين الصين والغرب))، جـ٣ الطبعة القديمة، ((الاتصالات بين الصين وبلاد العرب في العصور القديمة)) ص ١٨.

商人，尊重他们的宗教信仰。

唐代航海事业发达，唐朝海船巨大而又坚固，船员技术熟练。阿拉伯人早就以造船闻名于世。他们造船，不用铁钉，只用棕榈绳固定船板。使用巨大的三角帆和简单的导航器，便可航行各地。

以上这些因素为中阿友谊的发展，提供了良好的政治条件，雄厚的物质力量，而大大促进了中阿之间的友好往来，使中阿关系进入一个新的、全面的发展时期。

阿拉伯遣使中国

中文史料有唐太宗（627—649）贞观初年大食王通好贡珠的记载。[①]穆罕默德说过："学问，远在中国亦当求之。"穆罕默德了解并向慕中国。他在麦地那站稳脚跟后，立即派人到中国修好，自是合乎情理的事。唐太宗也很推崇阿拉伯人民，珍视阿拉伯和中国的友好关系。据说波斯国王曾要求唐朝派兵援助波斯抵抗阿拉伯人，被唐太宗婉言谢绝。[②]

太宗以后，中阿交往频繁。唐高宗永徽二年（651年），大

① 牛肃：《纪闻》，见《太平广记》，四十二卷。

② 张星烺：《中西交通史料汇编》旧版，第三册，《古代中国与阿拉伯之交通》，第18页。

وفي العام الثاني من فترة يونغ هوي (٦٥١) من عهد قاو تسونغ في أسرة تانغ، أوفد (Damimumuni) سلطان "داشي" رسولا إلى الصين، فقال الرجل "إن دولتهم قد مضى على وجودها أربعة وثلاثون عاما، تعاقب عليها خلالها ثلاثة حكام"①. ولفظة "داشي" هنا هي ترجمة صوتية للفظة "التازيان" أي العرب، و"سلطان داشي" هو عثمان بن عفان ثالث الخلفاء الراشدين (٦٤٤ - ٦٥٦)، أما (Damimumuni) فهي اللفظة التي تمثل لقبه، والتي حرفت صوتيا عن لفظ "أمير المؤمنين".

وجاء في المصادر التاريخية الصينية أن بلاد العرب أوفدت إلى الصين في عهد تانغ سبعا وثلاثين بعثة بدءا من عهد عثمان بن عفان، ومرورا بعهد الدولة الأموية (٦٦١ - ٧٥٠) التي سمتها الصين "التازيان البيض" وعهد الدولة العباسية التي سمتها "التازيان السود". وكان بين هذه البعثات تجار يقدمون الصين بهدف التجارة تحت اسم "مهمة رسمية". وكان الرسل منهم يأتون الصين ويهدون الحكومة الصينية ما يجلبونه من بلادهم من كافور بورنيو والفهود والخيول العربية الشهيرة وغيرها، فتحسن الحكومة الصينية معاملتهم، وتغدق عليهم الهدايا. وفي العام التاسع والعشرين من فترة كاي يوان (٧٤١) منحت السلطة الصينية (HeSa) (حسن؟) الذي جاء الصين بصفة مبعوث التازيان البيض أي الدولة الأموية لقب قائد الحرس الأيسر، وخلعت عليه الرداء البنفسجي مع الحزام المطعم بالذهب②. وفي العام الثاني عشر من فترة تيان باو (٧٥٣) وصل إلى الصين خمسة وعشرون مبعوثا من التازيان السود، فمنح بلاط تانغ كلا منهم لقب "تشونغ لانغ" وخلع عليه الرداء البنفسجي والحزام المطعم بالذهب، وأعطاه كيس سمك. وبالرغم من أن المصادر التاريخية لم تذكر شيئا عن إيفاد بعثات من الصين إلى بلاد العرب، إلا أن ذلك قد تم على الأرجح.

التعاملات الشعبية

وفي عهد تانغ وصل كثير من العرب إلى الصين بعد أن تجشموا مشقات السفر

---

① ((كتاب تانغ القديم - سجل "داشي")).
② ((مختارات المصادر)) جـ ٩٧٥.

食王噉密莫末腻遣使中国,“自云有国已三十四年,历三主矣。”[1]大食即阿拉伯,也是Tazi的译音。这个大食王就是阿拉伯四大哈里发的第三任哈里发奥斯曼(‘Uthmān,644—656)。噉密莫末腻是他的尊号,为Amīr al- mu’minīn之讹音,意为“信徒之君”。

有唐一代,从第三任哈里发到中国称之为白衣大食的倭马亚朝(661—750)和中国称之为黑衣大食的阿拔斯朝(750—1258),阿拉伯遣使中国见諸于中国史籍的,达37次。其中可能有假使节之名,行贸易之实的商人。来华阿拉伯使节,把当地特产如龙脑香、豹子和阿拉伯名马等送给中国政府,中国政府对他们一律以礼相待,馈赠优厚。开元二十九年(741),白衣大食首领和萨来朝,授左金吾卫将军,赐紫袍金钿带。[2]天宝十二年(753),黑衣大食使节25人来到中国,唐“并授中郎将,赐紫袍、金带、鱼袋。”[3]中国遣使阿拉伯,史无记载,估计也是有的。

民间交往

唐代,很多阿拉伯人来到中国,他们翻越崇山峻岭,战胜

①《旧唐书·大食传》。
②《册府元龟》,卷九七五。
③《册府元龟》,卷九七五。

في اجتياز الجبال الشاهقة وركوب البحار الهائجة، فربطوا بين بلادهم وبلاد الصين النائية عنها، وأسهموا في إقامة الروابط الودية وتنميتها. وكان العرب يظهرون من وقت لآخر في مختلف الموانئ الدولية بالصين حينذاك مثل الزيتون ويانغتشو وكانتون وهونغتشو (نانشانغ حاليا)، وفي عاصمتها تشانغآن، وربما في سيتشوان ويوننان وجزيرة هاينان وغيرها من الأماكن أيضا. وكان معظمهم تجارا. وفي أواسط القرن الثامن جاء التاجر أبو عبيدة الإباضي في مركب شراعي إلى الصين في زيارة ودية لها، ثم عاد بما ابتاعه من عود الند. وبعد ذلك جاء إلى الصين ربان عربي يدعى (Abharah). ويرى العمانيون أن أبا عبيدة هو السندباد البحري الذي ذكر في ((ألف ليلة وليلة))، والذي ركب البحر سبع مرات، ولم يصل إلى الصين إلا في المرة الأخيرة. واحتفالا بالذكرى السنوية العاشرة لإعلان سلطنة عمان، وتخليدا لذكرى السندباد البحري رسول الصداقة الذي ارتحل من بلده إلى الصين، وإحياء للمشاعر الودية التي ربطت بين أبناء الشعب الصيني وأبناء الشعب العربي، قاد الربان الايطالي تيم سافرين سفينة صحار ذات الساريتين والأشرعة الثلاثة على النمط القديم، وأبحر من مسقط في عمان في رحلة بحرية بتأييد الحكومة العمانية وتمويله، سالكا نفس خط الملاحة القديم. وبعد أن استغرق ٢١٦ يوما، وقطع أكثر من ٥ آلاف ميل بحري، وصل إلى قوانغتشو (كانتون) في اليوم التاسع والعشرين من يونيو ١٩٨١، فقابله أبناء الشعب الصيني في قوانغتشو باستقبال حار. وقضى في الصين أياما سعيدة، وقد قال للصحفيين الصينيين: "لقد قمت بهذه الرحلة تأكيدا على ما كان بين بلدينا من اتصالات عريقة، وما سينشأ بينهما من علاقات جديدة. وقيادة سفينة من ميناء عربي إلى الصين كما كان يتم في الماضي لهو أمر يحمل مغزى تاريخيا عظيما."① وأضاف يقول: "ومن مقاصدنا أيضا أن نربط عمان بالصين مرة ثانية عبر خط الملاحة القديم"②. وقد عبر بذلك عن الرغبة المشتركة لدى أبناء الشعبين الصيني والعربي في إذكاء روح السلف المتمثل في حب

① لي تشنغ: ((رحلة إلى الصين والخط البحري الذي فتحه السندباد البحري في (ألف ليلة وليلة)))، ((جريدة الشعب اليومية)) ٥ فبراير ١٩٨١ .

② نفس المصدر السابق.

狂风恶浪，把阿拉伯和遥远的中国联结起来，为发展中阿友好关系做出了贡献。当时的国际港口泉州、扬州和广州，以及洪州(南昌)和首都长安，都有阿拉伯人。川滇及海南岛也可能有阿拉伯人。来华阿拉伯人中，商人居多。8世纪中叶，一位伊巴迪派的阿曼商人艾卜·奥贝德，驾驶木帆船来中国友好访问，买了沉香回国。以后，又有个叫阿布哈拉的船长，航行到中国。阿曼人认为，艾卜·奥贝德就是《一千零一夜》中的航海家辛伯达。辛伯达曾七次航海旅行，最后一次到了中国。为了庆祝阿曼国庆10周年，为了纪念这位友好使者远航中国，重温古代阿拉伯人民同中国人民的友谊，在阿曼政府的支持和资助下，船长蒂姆·塞弗林驾驶阿曼苏丹国"苏哈尔"号仿古双桅三帆船，从马斯喀特起航，沿古代航线，历时216天，行程5千多海里，于1981年6月29日抵达广州，受到广州人民的热烈欢迎，并在中国度过了十分愉快的日子。塞弗林船长对中国记者说："这次航行是我们两国间悠久联系和新的交往的象征。驾驶同过去阿拉伯世界开往中国的航船一样的船只进行这么一次航行，具有历史意义。"[①]他又说："我们的目的也为了通过古航道再次把中国和阿曼联结起来。"[②]塞弗林船长的话，道出了中国人民和阿拉伯人民的共

① 李政:《沿着〈一千零一夜〉辛伯达开辟的航道驶向中国》,《人民日报》,1981年2月5日。

② 同上。

الاستطلاع، وفي تعزيز الروابط الودية التقليدية.

لقد لعب التجار العرب الذين قدموا إلى الصين في عهد تانغ دورا هاما في تعميق التفاهم بين الصين وبلاد العرب وتنمية روابط الصداقة بين الشعبين الصيني والعربي، إذ شهدت بلاد العرب عام ٨٥١ كتابا بعنوان ((سلسلة التواريخ)) الذي تم تأليفه على أساس ما رواه بعض التجار العرب بعد عودتهم من رحلاتهم التجارية في الصين. ومن ثم قام أبو زيد حسن عام ٩١٦ بمراجعة هذا الكتاب وتحقيقه، وأدخل عليه إضافات استند فيها إلى ملاحظات بعض الناس، وأخرجه في ثوب قشيب تحت عنوان ((أخبار الصين والهند))[①] الذي أصبح مشهورا فيما بعد. وقد ورد في هذا الكتاب ذكر واف للبحار والجزر فيما بين عمان والصين وللعادات والتقاليد في شتى الأماكن الواقعة بين هذين البلدين؛ وكما تضمن إشادة طيبة ببراعة الصينيين في الرسم ومهارتهم في الحرف اليدوية بحيث "لا تفوقهم أمة في هذه المجالات."[②] وهذا يدل على إعجاب العرب الشديد بخزف الصين وحريرها. وجاء في هذا الكتاب أيضا تعريف بالشاي يقول إن "معظم الدخل المالي لسلطان الصين يرد من ضريبة الملح وضريبة نوع من القش الذي يستخدم في إعداد شراب ساخن، ويباع بسعر غال في المدن، يدعوه الصينيون 'الشاي' وهو قش ذو أوراق أكثر من أوراق البرسيم وأذكى منها رائحة، وفي طعمه شيء من المرارة، وهو يشفي من بعض الأمراض إذا شرب بعد غليه"[③]. كما ورد فيه ذكر دقيق لما كان يتبعه الصينيون من عادات وتقاليد في حياتهم اليومية وفي الأفراح والمآتم، وفي الديانات والمعتقدات، وفي نظام الدعاوي، وفي النظام الإداري، وفي التجارة الخارجية، وفي نظام الضرائب والعملة. وتضمن كذلك ثناء على وفرة المنتجات والعدل في التعامل

---

① قد تم نقل هذا الكتاب إلى الإنجليزية والفرنسية واليابانية والصينية. ولترجمته إلى الصينية طبعتان، إحداهما تحت عنوان ((رحلات سليمان إلى الشرق))، (دار الصين) – الذي نقله ليو بان نونغ وليو شياو هوي عام ١٩٣٧ طبق ترجمته الفرنسية لـ غ. فيراند (G.Ferrand)، والأخرى تحت عنوان ((أخبار الصين والهند)) الذي نقله مو قن لاي وون جيانغ وهوانغ تشاو هان عام ١٩٨٣ طبق الترجمة الفرنسية لـ ((سلسلة التواريخ)) لـ ج. ساوفاغيب (J.Sauvaget) والتي حققها الأستاذ ناصر ناجون وفق طبعته العربية وكذلك بالاستناد إلى الترجمة اليابانية التي قام بها المستشرق فوجيموتو شيوجي لإضافات أبو زيد حسن في ((أخبار الصين والهند)).

② ((أخبار الصين والهند)) الطبعة الصينية ص ١٠١ .

③ ((أخبار الصين والهند)) الطبعة الصينية ص ١٧ .

同心声：发扬前辈的开拓精神，发展传统的友好关系。

唐代来华阿拉伯商人加深中阿双方的相互了解，对增进中阿人民之间的友谊起了重要作用。曾经到过中国、印度等地做生意的阿拉伯商人归国后，别人根据他们的叙述，于851年写成《故事的链子》一书。916年，艾卜·宰德·哈桑审阅了这部书，并据别人的见闻作了补充，这就是著名的《中国印度见闻录》。①见闻录记阿曼到中国之间的海洋和岛屿以及阿曼至中国之间各地风土人情均较详尽。见闻录赞美中国人在绘画、工艺等方面心灵手巧，"没有任何民族能在这些领域超过他们。"②同时十分赞赏中国的瓷器和丝绸。见闻录介绍中国的茶说："国王本人的主要收入是全国的盐税以及泡开水喝的一种干草税。在各个城市里，这种干草叶售价都很高，中国人称这种草叫'茶'。此种干草比苜蓿的叶子还多，也略比它香，稍有苦味，用开水冲喝，治百病。"③见闻录还确切地概述了中国的生活习惯、婚丧习俗、宗教信仰、诉讼程序、地方组织、外贸政策、税收和货币制度。称赞中国物产丰富、买卖公道，中国政府关心阿拉伯等地商人生活并维护他

---

① 已被译成英文、法文、日文和中文。中译本有两个版本，一为1937年刘半农、刘小蕙据费琅法译本译出之《苏莱曼东游记》（中华书局）；一为1983年穆根来、汶江、黄倬汉据索瓦杰法译本《故事的链子》部分（纳忠据阿文本校）和藤本胜次日译本（艾卜·宰德·哈桑的补充部分）译出之《中国印度见闻录》。
② 《中国印度见闻录》，中译本，第101页。
③ 同上书，第17页。

التجاري، وعلى رعاية الحكومة الصينية لحياة التجار الأجانب بما فيهم العرب، وحمايتها لمصالحهم. إن ((أخبار الصين والهند)) يعتبر أول كتاب باللغة العربية حتى الآن في إفادة أحوال الصين والثناء على الصداقة الصينية العربية، لذلك حظي بالإعجاب والتقدير البالغين من أبناء الشعبين العربي والصيني.

وإلى جانب التجار سبق لبعض الشخصيات العربية الصديقة التي أعجبت بالصين وقدرتها أن قدمت إلى بلاد الصين في زيارات خاصة لها. ولعل ابن وهب القريشي يعد مثالا بارزا في ذلك، فقد ارتحل من سيراف إلى الصين بحرا في العام الحادي عشر من فترة شيان تونغ في عهد الإمبراطور يي تسونغ (٨٧٠) من أسرة تانغ. وبدافع الرغبة الشديدة منه في مقابلة إمبراطور الصين سافر من كانتون إلى تشانغآن، وقدم عرائض متلاحقة صرح فيها بأنه من أبناء عشيرة النبي راجيا مقابلة الإمبراطور، فأمر الإمبراطور بتأمين مقر ملائم لإقامته من جهة، وكلف والي كانتون أن يستقصي الأمر من جهة أخرى. ولما أيقن الإمبراطور صحة ما قاله ابن وهب، رتب له مقابلة خاصة، وأثني على النبي محمد وقومه لأنهم أنشأوا دولة قوية، كما طلب منه توضيحا عن الخلافة والإسلام. ولما سأله الإمبراطور عن سبب مجيئه إلى الصين، أجاب بأنه لم يجد بدا من الهروب إلى سيراف بعد الاضطرابات التي وقعت في البصرة، وفي سيراف صادف مركبا يستعد للسفر إلى الصين، فصمم على زيارتها ليشاهد بأم عينيه ما قد سبق أن ترامي إليه عنها من هيبة الإمبراطور وما فيها من الخير والغنى. وقال ابن وهب للإمبراطور إنني على وشك العودة إلى موطني حيث ابن عمي النبي محمد، وإنني سوف أذيع ما شاهدته في بلادكم من الحقائق مثل هيبة جلالتكم وسعة أراضي بلادكم، وسوف أذيع كل ما هو طيب عندكم، وسوف أحكي لقومي مرة بعد مرة عن الحفاوة البالغة والضيافة الكريمة اللتين قوبلت بهما لديكم[1]. سر الإمبراطور بما قال ابن وهب، وأمر بمنحه هدايا قيمة وبإيصاله بخيول البريد الإمبراطوري إلى كانتون، كما أمر والي كانتون بإحاطته بالرعاية التامة والحفاوة البالغة إلى أن يغادر البلاد. ذكر ابن وهب أن

① نفس المصدر السابق ص ١٠٧ .

们的利益。见闻录是迄今我们知道的第一部报道中国情况,称道中阿友谊的阿拉伯文著作,受到阿拉伯人民和中国人民的广泛喜爱和珍视。

唐代,还有向往中国,专程到中国游历的阿拉伯友好人士伊本·瓦哈卜就是一个突出的例子,伊本·瓦哈卜,古莱氏族人,唐懿宗咸通十一年(870)自西拉甫乘船来到中国。他很想见中国皇帝,由广州到了长安。他屡次上书,说他是先知穆罕默德族人,要求谒见皇帝。皇帝命妥善安顿,并嘱广州地方长官查证。当皇帝确信他所言属实后,特别接见了他,称赞穆罕默德和他的人民建立了强盛国家,还询问了有关哈里发和伊斯兰教方面的问题。皇帝问哈瓦卜为什么来中国,他回答说,巴士拉发生了动乱,他不得不逃往西拉甫;在那里恰好碰上一只开往中国的船;而他对中国皇帝的威严,对中国的美好和富足,又早有所闻,所以决意踏上这块土地,亲眼看看。他又说:现在,我就要离开这里返回故国,到自己的王——我的叔伯兄弟——那里去了。我将把亲眼所见的事实,如皇帝陛下的威严、贵国土地的广大等等,传扬出去;把一切美好的东西,传扬出去,把我领受的一切盛情厚意,再三向人们诉说。①皇帝听了很高兴,传谕给哈瓦卜一份豪华的赏赐,并用驿馆的马送他到广州。又命广州总督殷勤相待,给以优遇,直到伊本·瓦哈卜离开为止。伊本·瓦哈卜

---

① 参见《中国印度见闻录》,中译本,第107页。

تشانغآن كانت مدينة عظيمة كثيرة السكان، ويتوسطها شارع واسع يقسمها إلى شطرين، شطر شرقي يشمل المدينة المحرمة وقصور كبار الموظفين والعسكريين وثكنات الحرس الإمبراطوري؛ وشطر غربي تسكنه الرعية والتجار. ولما عاد ابن وهب إلى بلده زاره أبو زيد حسن ودون ما دار بينهما من الأحاديث. وقد بدت أحوال مدينة تشانغآن في حديثه متفقة مع ما ذكر في ((سجل تشانغآن)) بقلم الأديب سونغ مين تشيو في عهد سونغ، ومع ما ذكر أيضا في ((أخبار وانطباعات عن تشانغآن)) بقلم الأديب لي هاو ون في عهد يوان. إن زيارة ابن وهب للصين تعد مثالا طيبا لقوة العلاقات الصينية العربية، فقدوم شخص عادي مثل ابن وهب إلى الصين متحملا مشقات السفر عبر البحار والمحيطات لدليل أكيد على المودة الكبيرة التي كان العرب يكنونها للصين.

وفي العصور التاريخية التي قدم العرب فيها إلى الصين حدث أن توجه عدد من الصينيين إلى بلاد العرب واستقروا فيها. فقد شاهد دو هوان في الكوفة "من الصينيين نساجي حرير وصياغا ورسامين، منهم الرسامان فان شو وليو تسي اللذان ينتسبان إلى جينغ تشاو، والنساجان له هوان وليوي لي اللذان ينتسبان إلى خه دونغ"①. وهؤلاء الصناع الفنيون الذين عملوا بجد ونشاط على نقل الفنون والمهارات إلى بلاد العرب هم كذلك رسل التبادلات الحضارية والثقافية بين الصين وبلاد العرب. وجدير بالذكر أنه سبق لأحد الصينيين أن أقام عاما كاملا في بيت الرازي (٨٦٥ - ٩٢٥) عالم الطب الشهير، حيث أتقن اللغة العربية تحدثا وكتابة بعد أن تعلمها مدة خمسة أشهر، وقبل مغادرته دون بطريقة الاختزال ما قرأه عليه الرازي وتلاميذه من مؤلفات غارلين (١٢٩ - ١٩٩) علامة الطب الإغريقي، وقد بلغ ما كتبه هذا الصيني من مؤلفات غارلين ستة عشر جزءا. ولما راجعها الرازي، أثبت صحتها تماما②.

---

① راجع دو يو: ((موسوعة الأنظمة))، تحقيق وانغ ون جين، طبعة دار الصين، بكين عام ١٩٨٨، جـ ١٩٣، مقتبسات من ((مذكرات في ديار الغربة))، مادة دولة داشي.
② ابن النديم: ((الفهرست)) الطبعة المصرية ص ٢٥، ومؤلفات غارلين لها ترجمة عربية.

说，长安城很大，人口众多，一条宽阔的长街把全城分成两半。皇帝、大臣、禁军等住东区，庶民和商人等住西区。伊本·瓦哈卜回国后，艾卜·宰德·哈桑访问了他，并作了记录。伊本·瓦哈卜谈到的长安情况，与我国宋代宁敏求的《长安志》及元代李好文的《长安志图》所载吻合。伊本·瓦哈卜游历中国，堪称中阿关系史上的一段佳话。一个普通的阿拉伯人，不畏艰险、远涉重洋来中国访问，说明阿拉伯人对中国怀有多么真挚的情谊。

阿拉伯人来华的同时，中国人也有去阿拉伯的。杜环在库法看到"绫绢机杼，金银匠，画匠。汉匠起作画者，京兆人樊淑、刘泚；织络者，河东人乐邳、吕礼。"[①]这些中国画师和丝绸织造、金银制造等方面的技术工人，他们在阿拉伯辛勤劳动，传播技术，不愧是中阿文化交流的使者。值得注意的是，有个中国人在阿拉伯著名医学家拉齐（865—925）家中住了一年，学习了5个月阿拉伯语就能讲话流利，书写熟练。他走的时候，还用速记法记下拉齐及其学生朗诵的古希腊医学家格林（129—199）的16卷著作，经拉齐核对，记得完全正确。[②]

① 杜佑：《通典》卷一九三，大食国条引《经行记》，王文锦等点校，北京：中华书局，1988年。

② 伊本·奈迪木：《书目》（'Ibn al-Nadīm: *al-Fihrist*, Egypt），第25页。格林著作有阿拉伯文译本。

عرض حربي و((مذكرات في ديار الغربة))

حدث بين أسرة تانغ والتازيان السود- الدولة العباسية- اشتباك حربي عظيم عرف بحملة طرّاز في آسيا الوسطى①. وقد جاء في المصادر التاريخية أن سلطان دولة "شي" أي طشقان لم يقدم في العام التاسع من فترة تيان باو (٧٥٠) الهدية التي تقدمها عادة الدولة التابعة للدولة السيدة. فقدم قاو شيان تشي المفوض العسكري لأربعة مراكز في آنسي مذكرة إلى الإمبراطور، طالب فيها بشن حملة تأديبية لهذه الدولة، فأعلن سلطانها (Najuchebishi) الاستسلام إليه. فتظاهر قاو شيان تشي بأنه راغب في أن يتصالح معه. ومن ثم هاجمها على غرة منها، فأسر السلطان وذبح من فيها من شيوخ وضعفاء، وسلب ما لهم من المجوهرات والذهب والجياد. فبكى أهل طشقان حزنا، وهرب منها ولي عهد السلطان، يتظلم إلى البلدان في آسيا الوسطى. "فثارت تلك الأقطار والإمارات، واستعانت خفية ببعض القوات العسكرية من داشي- الدولة العباسية- للهجوم على المراكز الأربعة. ولما بلغ الأمر قاو شيان تشي أرسل قوات خليطة من أبناء هان ومختلف الأقليات، بلغ عددها ٣٠ ألف جندي للهجوم على داشي. وتوغلت هذه القوات في أراضي داشي سبعمائة "لي" حتى وصلت إلى مدينة طراز حيث دامت المعارك بين الطرفين سجالا مدة خمسة أيام، فقلبت وحدة (Gelulu) ظهر المجن، وعاونت قوات داشي على إيقاع قوات تانغ بين فكي كماشة، فلحقت بقاو شيان تشي هزيمة نكراء حيث قتل السواد الأعظم من جنوده، ولم يبق منهم إلا بضعة آلاف②.

نتيجة لخطأ قاو شيان تشي المفوض العسكري الحدودي حدث هذا الاشتباك الحربي الذي أسفر عن مزيد من التدهور لنفوذ أسرة تانغ في آسيا الوسطى، ونمو نفوذ "دولة التازيان السود"، غير أن هذا الاشتباك لم يؤد إلى تردي العلاقات بينهما، إذ أوفدت دولة التازيان السود في العام التالي (٧٥٢) ثلاث بعثات إلى الصين، ثم تبعت هذه

---

① طراز (طلس) كانت مدينة قديمة تقوم مقامها الآن مدينة جمبول في قازخستان الحالية.

② ((استدراك وتكملة موسوعة التاريخ))، جـ ٢١٦. كانت قوات داشي (الدولة العباسية) بقيادة زياد بن صالح، وقد جاء في إحدى الملاحظات عن ((المقدمة العامة لصنف الدفاع الحدودي)) لـ((موسوعة الأنظمة)) ، جزء ١٨٥ أن قوات قاو شيان تشي البالغ عدد جنودها ٧٠ ألف جندي قد قضي عليها برمتها.

军事插曲和《经行记》

唐王朝和黑衣大食在中亚曾发生过一次大的军事冲突——怛逻斯战役。①据史籍记载,天宝九年(750),石国国王无蕃臣礼,安西四镇节度使高仙芝奏请讨伐。其王那俱车鼻施请降,仙芝伪与约和,乘石国不备袭之,虏其国王,杀其老弱,并掠走瑟瑟、黄金、名马等物,石国人伤心痛哭。石国王子逃出,向中亚一些国家诉说。"诸胡皆怒,潜引大食,欲共攻四镇。仙芝闻之,将蕃汉三万众击大食,深入七百余里,至怛逻斯城,相持五日。葛罗禄部众叛,与大食夹攻唐军。仙芝大败,士卒死亡略尽,所余才数千人。"②

这场因唐朝边疆大吏高仙芝对石国处置失当而引起的中阿军事冲突,导致唐朝势力在中亚的进一步衰落和黑衣大食势力在中亚的进一步增长。但这次冲突,并没有使两国关系继续恶化。次年(752),黑衣大食就3次遣使中国。以后,

---

① 怛逻斯,Talas 或 Tarrāz 的译音,旧址在今哈萨克的江布尔城。
②《通鉴》卷二一六。大食兵由齐亚德·伊本·萨列赫统率。《通典》卷一八五《边防类总序》自注说,高仙芝所率7万人,全被消灭。

البعثات وفود أخرى كثيرة، كما دخلت قواتها مع قوات فرغانة وقوات آنسي الأرض الصينية استجابة لدعوة من أسرة تانغ لتساعدها في تهدئة فتنة آن لو شان واستعادة عاصمتيها (العاصمة الغربية تشانغآن والعاصمة الشرقية لويانغ)①، فلعبت دورا مساعدا في مساندة أسرة تانغ على تهدئة الفتن وتعزيز سلطتها الإمبراطورية.

وعلاوة على ذلك أسفرت حملة طراز عن نتيجتين هامتين، إحداهما أن هذا الاشتباك الحربي أدى إلى انتقال صناعة الورق من الصين إلى الغرب (سيرد هذا الموضوع مفصلا في الباب الخامس)، والثانية هي أن الأديب دو هوان تمكن من كتابة ((مذكرات في ديار الغربة)). ودو هوان هو ابن شقيق دو يو الذي ألف ((موسوعة الأنظمة))، وقد كان من أتباع قاو شيان تشي في حملته الحربية عام ٧٥١، فوقع أسيرا في يد العرب، غير أنه عومل برفق، إذ سمح له بأن يجوب بعض الأماكن العربية ويتعرف على ما فيها من العادات والتقاليد. ولما عاد إلى الصين في العام الأول من فترة باو ينغ (٧٦٢)، كتب ((مذكرات في ديار الغربة)) معتمدا على تجاربه الشخصية. لكن هذا الكتاب ضاع، ولا تعرف إلا بعض مضامينه من خلال ((موسوعة الأنظمة)). وقد ورد في هذا الكتاب ذكر للمواقع الجغرافية والمناخ والإنتاج والعادات والتقاليد في كل من داشي ودولة "شان" (الشام) و(Fulin) (الإمبراطورية الرومانية التي كانت أجزاء من أراضيها تقع في آسيا الصغرى) و(Mulin) (بلاد مراكش أو المغرب)②. وورد فيه ذكر دقيق عن الإسلام، وسماه "مذهب داشي". وقد قال في تعريفه لداشي: "مناخها معتدل، وأرضها لا ترى الثلج والجليد"③. و"الجمل فيها صغير الجسم مكتنز اللحم وحيد السنام، والسريع منه يستطيع قطع ألف لي في اليوم"④، و"أن أرضها غنية بإنتاج اللوز والبلح والعنب وغيرها من الفواكه". وذكر فيه أيضا "أن المرأة في دولة داشي طويلة القامة زاهية الثياب هادئة السيماء رشيقة الحركة"، و"المرأة كلما خرجت من البيت

---

① راجع ((كتاب تانغ القديم- سيرة سو تسونغ)) و((مختارات المراجع))، جـ ٩٧٣، و((استدراك وتكملة موسوعة التاريخ)) جـ ٢١٨.
② من الناس من يرى أن (Mulin) هي (Malindi) من كينيا، ومنهم من يرى أنها أثيوبيا.
③ اقتباسات من ((مذكرات في ديار الغربة)) في مادة دولة داشي في جـ ١٩٣ من ((موسوعة الأنظمة)).
④ اقتباسات نفس المصدر السابق.

使节来华，相当频繁。757年，大食兵还应中国请求，与拔汗那、安西兵一道进入中国，助唐平定了安禄山之乱，收复了两京[①]（西京长安和东京洛阳）。大食对唐朝数平叛乱，巩固政权，帮忙不少。

怛逻斯一战产生了两个具有重大意义的影响：一是中国造纸术的西传（在第五章论述），一是杜环写了《经行记》。杜环是《通典》作者杜佑的族子，751年随高仙芝西征被俘。杜环在阿拉伯受到宽待，游历了阿拉伯一些地方，亲见了当地的风土人情。宝应初年（762）归国，据其亲身经历作了《经行记》。该书已散失，只能从《通典》所引看到部分内容。《经行记》记述了大食、苫国（叙利亚）、拂菻（东罗马，部分领土在小亚细亚）、摩邻（摩洛哥或马格里布）[②]等国的地理位置、气候、出产和风俗习惯，对伊斯兰教（书称大食法）的教义和教规言之颇精当。《经行记》介绍大食说，“其气候温，地无冰雪。”[③]骆驼“小而紧，背有孤峰，良者日驰千里。”[④]盛产扁桃、椰枣、葡萄等水果。还说大食士女瑰伟长大，衣裳鲜洁，容止闲丽。

① 参看《旧唐书·肃宗本纪》，《册府元龟》卷九七三，《通鉴》卷二一八。
② 有人认为，摩邻即肯尼亚的马林迪，也有人认为是埃塞俄比亚。
③《通典》卷一九三，大食国条引《经行记》。
④ 同上。

لبست الحجاب"[1]. وذكر في ((مذكرات في ديار الغربة)) "أن دولة 'شان' تقع غرب داشي، وتمتد حدودها آلاف الليات"[2]. و(Mulin) "تقع في الجنوب الغربي من دولة (Saluo)، والمسيرة إليها ألف لي عبر الصحراء الكبرى، وسكانها سود البشرة يعيشون حياة بسيطة، إذ يشح فيها الأرز والقمح والعشب، فتعلف الخيل بالأسماك المجففة، ويتغذى الناس على البلح"[3]. وقد ذكرت الإمبراطورية الرومانية في هذا الكتاب بـ(Fulin)، وورد في ذلك قوله: "إن (Fulin) تقع غرب دولة 'شان' وتبعد عنها عدة آلاف من الليات. وهي تدعى (Daqin) أيضا، حيث أن سكانها شقر البشرة، رجالهم يرتدون الثياب البيضاء، ونساؤهم يرتدين الحرير واللآلئ. وهم يحبون شرب الخمر ويفضلون الخبز، كما أنهم معروفون ببراعتهم في مختلف الأعمال ولا سيما الغزل والنسيج"[4].

ودو هوان هو أول من ساح في أرض العرب من الصينيين في تاريخ الصين القديم. وكتابه ((مذكرات في ديار الغربة)) يعتبر لصدقه وقيمته الكبيرة وثيقة هامة لدراسة التاريخ القديم في غرب آسيا وشمال أفريقيا، وتاريخ العلاقات بين الصين من جهة وبين غرب آسيا وأفريقيا من جهة أخرى. ويمكن اعتبار هذا الكتاب تحفة نادرة في تاريخ العلاقات الصينية العربية لكونه أول كتاب عرف أبناء الشعب الصيني بالبلدان العربية والدين الإسلامي تعريفا واضحا ودقيقا.

٣ ـ التطور المستمر للعلاقات الودية بين الصين وبلاد العرب في عهد أسرة سونغ (٩٦٠ ـ ١٢٧٩) وعهد أسرة لياو (٩٠٧ ـ ١١٢٥)

أوشكت الاتصالات الصينية العربية على التوقف التام نتيجة للاضطرابات

[1] اقتباسات من نفس المصدر السابق.

[2] اقتباسات من ((مذكرات في ديار الغربة)) في مادة دولة داشي في جـ ١٩٣ من ((موسوعة الأنظمة)).

[3] راجع جـ ١٩٣ من ((موسوعة الأنظمة))، اقتباس من ((مذكرات في ديار الغربة))، مادة دولة (Daqin) أي الإمبراطورية الرومانية.

[4] نفس المصدر السابق.

“女子出门，必拥蔽其面。”[1]《经行记》记“苫国在大食西界，周迴数千里。”[2]摩邻“在勃萨罗国西南，渡大碛，行二千里至其国。其人黑，其俗犷，少米麦，无草木，马食干鱼，人食鹘莽。”[3]“拂菻国在苫国西，隔山数千里，亦曰大秦。其人颜色红白，男子悉著素衣，妇人皆服珠锦。好饮酒，尚干饼。多淫巧，善织络。”[4]

杜环是中国古代第一个到阿拉伯地区游历的人。他的《经行记》真实可信，很有价值，是研究西亚、北非古代史和中国与西亚非洲关系史的珍贵文献，它最早把阿拉伯和伊斯兰教确切地介绍给中国人民，堪称中阿关系史上的瑰宝。

三、宋(960—1279)、辽(907—1125)时代中阿友好关系继续发展

唐末及五代(907—960)，由于中国国内政治动荡及其他

①《通典》卷一九三，大食国条引《经行记》。
② 同上。
③《通典》卷一九三，大秦国条引《经行记》。鹘莽即椰枣。
④ 同上。

السياسية داخل الصين في أواخر عهد تانغ وعهد الأسر الخمس (٩٠٧ - ٩٦٠)، وكذلك لأسباب أخرى، ولم تعد إلى مجرى تطورها تدريجيا إلا مع ظهور أسرة سونغ.

اهتمام أسرة سونغ برسل العرب ووصول الشيخ (Wuxi Huluhua) (موسى مروح ؟) إلى الصين

في العام الرابع من فترة تشيان ده في عهد تاي تسو في أسرة سونغ (٩٦٦) أكثر الرهبان من زياراتهم إلى المناطق الغربية، وحملوا معهم خطابات ودية من حكومة سونغ إلى الخليفة العباسي. فلم تلبث الدولة العباسية أن بعثت رسولها إلى الصين في العام الأول من فترة كاي باو (٩٦٨). وقد أثبت الأستاذ تشن يوان (١٨٨٠-١٩٧١) بإحصاءاته الخاصة أن الإمبراطورية العربية أوفدت تسعا وثلاثين بعثة رسمية خلال ٢٨٤ عاما، من العام الثالث من فترة تيان تسان من أسرة لياو (٩٢٤) إلى فترة كاي شي من أسرة سونغ (١٢٠٧)[①]، وكان بعض أعضاء هذه البعثات يوفد من لدن (Kelifu) (أي الخليفة) و(Ami) (لعلها لفظة مختصرة من أمير المؤمنين)، أما سواد أعضائها فكانوا أصحاب سفن أو "زوارا أجانب" أي تجارا. وكانت الحكومة الصينية تعاملهم جميعا معاملة حسنة، وتغدق عليهم الهدايا كما في عهد أسرة تانغ. وفي العام الرابع في فترة كاي باو من أسرة سونغ (٩٧١) قدمت داشي منتجات محلية إلى البلاط الصيني، "فمنح مبعوثها الخاص (Likemu) لقب أمير سلاح 'هواي هوا' ووثيقة الاعتماد الإمبراطوري المكتوب على ورق ملون مذهب من مادة الحرير"[②]. وفي العام الخامس من فترة شي نينغ من عهد شن تسونغ من أسرة سونغ (١٠٧٢) صدر مرسوم إمبراطوري يقول "إننا نعلن منح (Xinyatuoluo) سفير دولة ووشيون (Wuxun) الذي وفد إلى الصين ليقدم الهدايا باسم دولته فرسا أبيض مجهزا بسرج ولجام"[③]. ولفظة

① تشن يوان: ((لمحة عن تاريخ دخول الإسلام إلى الصين)) ضمن ملاحق ((مخطوطات تاريخ الإسلام في الصين)) للأستاذ باي شو يي، دار الشعب بنينغشيا عام ١٩٨٢.

② ((تاريخ أسرة سونغ - سجل داشي)).

③ مادة ٩٢ من باب البلدان الأجنبية ٤ في ((مهمات أسرة سونغ)).

原因，一段时期中阿往来几至完全停顿。宋兴，友好交往又趋频繁。

宋朝优待阿拉伯使者和无西忽卢华老人来华

宋太祖乾德四年（966），僧行勤游西域，带去了宋朝政府给阿拔斯朝国王的友好书信。开宝元年（968），大食即遣使中国。陈垣先生（1880—1971）统计，自辽天赞三年（924）至宋开禧间（1207），凡284年，阿拉伯正式遣使中国见于记载者39次①，其中有诃黎（哈里发）和阿弥（艾米尔，可能是 Amīr al-mu'minīn 之略）派遣的使臣，较多的是"舶主"和"番客"，即商人。政府对来华使节，一如唐朝，给以厚赏优遇。开宝四年（971）大食贡方物，"以其使李诃末为怀化将军，特以金花五色绫纸，写官诰以赐。"②宋神宗熙宁五年（1072），诏"大食勿巡国进奉使辛押陁罗归蕃，特赐白马一匹，鞍辔一副。"③

---

① 陈垣：《回回教入中国史略》，见白寿彝《中国伊斯兰史存稿》附录，银川：宁夏人民出版社，1982年。
② 《宋史·大食传》。
③ 《宋会要辑稿》，蕃夷四之九二。

"ووشيون" جاءت ترجمة صوتية للفظة "Mezoen"، وهي صحار في عمان حاليا. وذلك يدل على أن أسرة سونغ كانت تعامل حكومة داشي المركزية والحكومات المحلية في أقاليم هذه الدولة معاملة ود وصداقة. وقد ورد في المعلومات التاريخية أن الرسل الذين جاءوا لتقديم الهدايا كانوا يحظون بحسن المعاملة من الموظفين الصينيين في كل مكان وصلوا إليه. فكانت تقام لهم، على سبيل المثال، حفلات غناء ورقص عند الاستقبال والتوديع، وتقام على شرفهم الولائم، ويركبون الهوادج ويمتطون الخيول ويقابلون كبار الموظفين في المناطق الإدارية[①].

وفي عهد أسرة سونغ كان عدد العرب الوافدين إلى الصين كثيرا أيضا، ومعظمهم من التجار. وهناك من كان يأتي لمجرد الزيارة. وقد جاء في التقرير الذي قدمه والي كانتون إلى البلاد في العام الخامس من فترة دا تسونغ شيانغ فو من أسرة سونغ (١٠١٢) أن رجلا عربيا في المائة والثلاثين من عمره، يدعى (Wuxihuluhua) (موسى مروح؟)، ادعى أنه جاء الصين في سفينة لدولة قالون (Quilon الميناء الكبير على الشاطئ الجنوبي الغربي لشبه جزيرة الهند)، رغبة في زيارتها، لأنه كان معجبا بهذا البلد العظيم. وقد أبدى الإمبراطور الصيني اهتماما خاصا بهذا الضيف العربي الذي أربت سنه على مائة عام، وأمر بمنحه رداء من القماش المقصب وحزاما فضيا ومنسوجات حريرية وهدايا أخرى تعبيرا عن رعايته وحسن معاملته له.

كانت الصين في عهد أسرة سونغ تعتمد على الطريق البحري في معظم اتصالاتها بالعالم الخارجي، ذلك لأن كلا من دولة لياو ودولة شيشيا حكمت مناطق الشمال الغربي من الصين، ووقفت في وجه حركة المرور في ممر خشي، الأمر الذي جعل التجار الوافدين من الأقطار العربية المتعددة يحتشدون في المناطق الساحلية من جنوب الصين الشرقي، حيث كانت لهم أحياء خاصة. ففي كانتون كان حي الأجانب يقع في الشطر الغربي منها، ويدعى زقاق الأجانب، أو سوق الأجانب، وكان له رئيس ينتخب من التجار الأجانب، ثم تقوم بتعيينه الحكومة الصينية. وكان الجهاز الإداري في حيهم يسمى

① مادة ١٠ من باب الوظائف ٤٤ في ((مهمات أسرة سونغ)).

勿巡是 Mezoen 的译音，即今阿曼之苏哈尔。可见宋朝对大食的中央政府和地方政府都一律友好相待。据载，大食进贡货物还可免沿途商税。贡使可以得到沿途地方官的优待，如妓乐迎送、宴请、乘轿、骑马，以客礼见知州、通判、监司等。①

宋时，来华的阿拉伯人也很多，绝大部分仍是商人。专程到中国访问的亦不乏其人。大中祥符五年(1012)，广州报告，有一个130岁的阿拉伯老人，叫无西忽卢华，自称仰慕中国，乘古逻国(印度半岛西南岸大埠)船来游历。中国皇帝对这位年逾百岁的阿拉伯客人非常重视，下令送给他锦袍、银带和丝织物等礼品，以示关怀和优遇。

宋时，中国西北地区先后为辽和西夏辖地，河西走廊受阻，对外交通主要依靠海路。因此，阿拉伯各地外商多集中于东南沿海一带，他们有自己的聚居区。广州的聚居区在西城，叫做蕃坊或蕃巷，又称蕃市。蕃坊有蕃长，从外商中简选，由中国政府任命。蕃坊的办事机构，叫蕃长司。泉州聚

---

① 《宋会要辑稿》，职官四四之一〇。

رئاسة الأجانب. وكان حي الأجانب في الزيتون يقع على شاطئ نهر جين في جنوبي المدينة ويسمى تشيواننان. ولم يكن هناك ذكر لحي الأجانب في هانغتشو في عهد أسرة سونغ، ولكن من المحتمل جدا أن الأرض الواقعة بين جسر جيانتشياو وزقاق وونجينفانغ في عهد أسرة يوان كانت موقعا من مواقع الأجانب في عهد أسرة سونغ أيضا. وكانت حكومة سونغ، شأنها شأن حكومة تانغ، تحترم ديانات التجار الأجانب وتقاليدهم ولا تتدخل فيها. لذلك تمتع العرب بحرية المعيشة في الصين، فكان زيهم يختلف عن زي الصينيين، وكانوا يأكلون من المواشي التي يذبحونها بأنفسهم، ولا يأكلون لحم الخنزير①. وكانت لهم مساجد يؤدون فيها صلواتهم، ومقابر خاصة لأمواتهم. وتزوج كثير منهم في الصين، واستقروا فيها وتكاثروا. وكان أولئك العرب وغيرهم من الأجانب الذين أقاموا في الصين جيلا بعد جيل يدعون "الأجانب الصيني الولادة" أو "الأجانب من الجيل الخامس".

المصاهرة بين داشي ولياو

في النصف الأول من القرن العاشر بدأت بلاد العرب اتصالاتها الودية بدولة لياو في شمال الصين. ففي العام الثالث من فترة تيان تسان من عهد تاي تسو مؤسس دولة لياو (٩٢٤)، بعثت داشي رسلا محملين بالهدايا إلى لياو. وفي العام التاسع من فترة كاي تاي في عهد شنغ تسونغ من أسرة لياو (١٠٢٠) أوفد أحد السلاطين العرب بعثة من رسله إلى لياو ليقدموا فيلة ومنتجات محلية، ويطلبوا يد أميرة لوليّ عهده. وفي العام التالي أوفد هذا السلطان بعثة ثانية ليكرر الطلب، فمنح الإمبراطور شنغ تسونغ الفتاة كولو ابنة الأمير هوسلي لقب أميرة، وأرسلها إلى بلاد هذا السلطان العربي ليتم زواجها من ذلك الأمير العربي②. وفي فترة الحملة التي شنتها دولة جين على لياو كتب يليداشي سلطان دولة لياو إلى بيلكو سلطان هوي عام ١١٢٣ طالبا منه أن يسمح له بالتوجه إلى

① تشو يو: ((أحاديث من بينغتشو)) جـ ٢.

② ((تاريخ لياو - سيرة شنغ تسونغ)).

居区在城南晋江岸边,称作泉南。杭州聚居区,宋无记载。元时在荐桥至文锦坊之间,这里很可能就是宋时的聚居区。和唐朝政府一样,宋朝政府尊重外商的宗教信仰和风俗习惯,来华阿拉伯人的生活都很自由。他们的衣装与中国人不同,他们自宰牛羊而不食猪肉。①他们有自己的礼拜寺和自己的墓地。他们许多人在中国成了家,繁衍生息,定居不归。所谓"土地蕃客"和"五世蕃客",指的就是世代侨居中国的阿拉伯等地外国人。

大食与辽联姻

10世纪上半叶,阿拉伯与中国北方的辽国开始友好往来。辽太祖天赞三年(924),大食遣使到辽国朝贡。辽圣宗开泰九年(1020),阿拉伯国王遣使辽国,送大象及地方特产,为王子割册求婚。次年,阿拉伯国王又遣使求婚,辽圣宗封王子班郎君胡思里的女儿可老为公主,出嫁到阿拉伯。②金攻辽,1123年辽耶律大石致书回鹘王毕勒哥,要求假道西去

---

① 朱彧:《萍洲可谈》,卷二。
②《辽史·圣宗本纪》。

داشي عبر أراضيه[1].

ولعل غايته من هذه الرحلة هي طلب العون من داشي بعد المصاهرة التي تمت بين الدولتين.

إن مصاهرة تلك الدولة العربية لدولة لياو في شمال الصين، واتصالاتهما الودية مع أسرة سونغ في جنوب الصين، وزيارة الشيخ العربي إلى الصين برغم مشقات السفر، وازدياد عدد التجار والرسل الوافدين من الأقطار العربية إلى الصين، كل هذه مما يدل على التطور الجديد التي شهدته التبادلات الصينية العربية في عهدي سونغ ولياو.

((دليل ما وراء الجبال الجنوبية)) و((سجلات البلدان الأجنبية)) ومؤلف الإدريسي في الجغرافيا

إن ((دليل ما وراء الجبال الجنوبية)) و((سجلات البلدان الأجنبية)) كتابان جيدان يتناولان العادات والتقاليد والطبيعة والإنتاج في الأقطار العربية وغيرها من الأقطار، وقد صدر كل منهما نتيجة للتطور العظيم الذي حققته أسرة سونغ في مجالي الاتصالات البحرية والاتصالات الودية بين الصين والشعوب المختلفة في الأقطار العربية والأقطار الأخرى. إن التعاملات المكثفة بين الصين والأقطار العربية قد أسفرت عن التفاهم المتبادل بينهما. وقد جاء في ((دليل ما وراء الجبال الجنوبية)) ذكر بأن داشي اسم جامع للأقطار المتعددة التي تقع بين بحر داشي الشرقي وبحر داشي الغربي[2]، وأن (Baida) (بغداد) هي عاصمة مشتركة للأقطار المختلفة في بلاد داشي، وأن (Majia) (مكة المكرمة) هي مسقط رأس (Maxiawu) (يقصد به النبي محمد)، وفيها كعبة مربعة الشكل مغطاة بثوب مزركش، ويحج إليها سنويا أقوام من مختلف البلدان[3]. وورد في ((سجلات البلدان الأجنبية)) ذكر لـ(Wunman) (عمان) بأنها بلد ينتج "العناب

[1] ((تاريخ لياو - سيرة تيان تسوه)).

[2] بحر داشي الشرقي يقصد به المياه الواقعة بين الهند وجزيرة العرب، وبحر داشي الغربي يقصد به البحر الأبيض المتوسط.

[3] ((دليل ما وراء الجبال الجنوبية))، جـ ٢: مادة ((بلدان ما وراء البحار))، جـ ٣: مادة ((الأقطار من بلاد داشي)).

大食。[1]

大食与辽有姻亲关系，耶律大石此行，可能是想乞求大食帮助。

阿拉伯北与辽国联姻，南与宋朝通好，阿拉伯老人不畏艰辛访问中国，来华阿拉伯商人和使节增多，凡此等等说明，宋辽时代的中阿往来，有了进一步的发展。

《岭外代答》《诸蕃志》和伊德里斯的地理书

《岭外代答》和《诸蕃志》是内容涉及阿拉伯等国风土人情和山川物产的佳作。它的问世与宋代海上交通的高度发展、中国与阿拉伯等地人民的友好往来是分不开的。中阿之间的频繁交往，增进了彼此的了解。《岭外代答》说，大食在东西大食海之间，[2]诸国之总名，白达国（巴格达）为大食诸国之京师。麻嘉国（麦加）为麻霞勿（穆罕默德）出生之地，那里有方丈克而白，上面盖着锦绮，每年诸国都来朝拜。[3]《诸蕃志》记瓮蛮（阿曼）盛产千年枣（椰枣），沿海出珍珠。弼斯啰（巴

①《辽史·天祚本纪》。

② 东大食海即印度与阿拉伯半岛之间的海，西大食海即地中海。

③《岭外代答》卷二，海外诸蕃国条；卷三，大食诸国条。

المعمر" (البلح) بكثرة، واللؤلؤ على امتداد شواطئها، وأن (Bisiluo) (البصرة) بلد خاضع لحكم (Baida)، ويشتهر بتربية الإبل والغنم و"العناب المعمر"، ويقبل عليه أهل (Wunman) كل عام ليبتاعوا هذا النوع من "العناب"①. وفي هذه الفترة التاريخية ازدادت الصين معرفة بالأقطار العربية الواقعة في أفريقيا. وقد ورد في ((دليل ما وراء الجبال الجنوبية)) أن " (Mulanpi) (المغرب) يقع غرب بحر داشي الغربي، وأن السفينة العظيمة التي تمت صناعتها في هذا البلد تتسع لألف راكب"②. وورد في ((سجلات البلدان الأجنبية)) أن "(Wusili) بلد خاضع لحكم (Baida)، وأن سكانه يطعمون الخبز واللحم لا الأرز، وأرضه يعمها الجفاف، وأنه ينقسم إلى ست عشرة ولاية، طول محيطها مسيرة أكثر من ستين يوما. إن نزل فيه المطر، تشكلت سيول تجرف الزروع على عكس ما هو عندنا. وفيه نهر لا يعرف منبعه، مياهه بالغة الصفاء والعذوبة، ويستمر في جريانه كالمعتاد برغم أن أنهار البلدان الأخرى تغيض في سنوات القحط. وتكثر هناك الحقول التي يحرثها الفلاحون عاما بعد عام. ومن بين سكانه من يبلغ الثمانين من العمر دون أن يرى المطر ولو مرة واحدة"③. و(Wusili) هذه لفظة جاءت ترجمة صوتية للفظة "Misr" أي مصر. أما أنها بلد خاضع لحكم (Baida) فلأن مصر كانت اسميا تتبع الخلافة العباسية في بغداد المسماة في المصادر الصينية (Baida). أما النهر الذي ذكر في الكتاب فهو النيل الذي تعتمد مصر عليه في الري اعتمادا كليا بسبب الجفاف المستديم في هذا البلد. وقد ورد في ((سجلات البلدان الأجنبية)) وصف دقيق لتبعية مصر لبغداد سياسيا، ولمناخها ونفع النيل لزراعتها.

وفي الوقت نفسه عمق العرب كذلك معارفهم عن الصين، فقد جاء في ((نزهة المشتاق في اجتياز الآفاق)) لمؤلف الإدريسي (١١٠٠ - ١١٦٦) أن الصين كانت وقتذاك دولة مترامية الأطراف كثيرة السكان، إمبراطورها يدعى "ابن السماء" ويتمتع بهيبة وسلطة عظيمتين. وأنها كانت تشارك الهند في ديانة واحدة باستثناء اختلافات

① تشاو رو كوه: المواد المعنية في ((سجلات البلدان الأجنبية)).

② مادة ((بلدان ما وراء البحار)) من ((دليل ما وراء الجبال الجنوبية)) جـ ٢، ومادة ((سفينة مولان)) من نفس الكتاب جـ ٦.

③ مادة ((قطر ووسلي)) من ((سجلات البلدان الأجنبية)) جـ ١.

士拉)受白达节制,产骆驼、绵羊、千年枣、每年瓮蛮人常至其国贩运。[①]这时,中国对非洲阿拉伯国家的知识也增多了。《岭外代答》谓"木兰皮(马格里布)在西大食海西面,所造大舟,可容千人。"[②]《诸蕃志》载:"勿斯里国属白达国节制……国人惟食饼肉,不食饭。其国多旱。管下一十六州,周回六十余程。有雨,则人民耕种反为之漂坏。有江水,极清甘,莫知水源所出。岁旱,诸国江水皆消减,唯此水如常。田畴充足,农民借以耕种,岁率如此。人至有七八十岁不识雨者。"[③]勿斯里为miṣr的译音,即埃及。名义上为阿拔斯王朝辖地,故曰属白达国节制。江水即尼罗河。埃及干旱,全靠尼罗河灌溉。《诸蕃志》记埃及与巴格达的政治隶属关系,埃及气候以及尼罗河对埃及农业所起的作用,相当准确。

阿拉伯人民对中国的认识也加深了。比如伊德里斯(1100—1166)的地理书《云游者的娱乐》记中国面积广,人口多。皇帝叫拔格布格(意为"天子"),有权势。宗教与印度相同,略有差异。多良港,大抵位于河口。船舶欲入港者,皆须

① 赵汝适:《诸蕃志》有关条目。
②《岭外代答》卷二,海外诸蕃国条;卷六,木兰舟。
③《诸蕃志》卷上,勿斯里国条。

طفيفة. ولها كثير من الموانئ الصالحة بالقرب من مصبات الأنهار. فإن أردت الوصول إليها، فادخل من مصب النهر واصعد فيه. وفي كل منها سكان كثيرون وحركة تجارية قوية، وخانفو (Khanfu) أكبرها، وهي المحطة النهائية للدول الغربية في حركاتها التجارية. وورد فيه أيضا أن شمال الصين الغربي كان خاضعا لحكم قطرين صغيرين أحدهما "تانغوت" (Tangut) أرضه تماثل المنطقة الواقعة في الجزء الشمالي من نينغشيا وقانسو والجزء الجنوبي الشرقي من تشينغهاي في الوقت الحالي)، والثاني "تاغزغاز" (Taghazghaz أي هويخه إحدى القوميات الصينية القديمة)، وأن جنوب غربي الصين هو أرض "تبوت" أي التبت①.

٤ - التطور الجديد للعلاقات الصينية العربية في عهد أسرة يوان (١٢٠٦ - ١٣٦٨)

انتشار المسلمين في أنحاء الصين في عهد أسرة يوان

نهض المنغوليون في شمال الصحراء المنغولية، وسرعان ما احتلوا أراضي واسعة، كأنما هبت ريح عاتية وأسقطت كل الأوراق اليابسة عن الأشجار، حتى أمست معظم الأقاليم في الصين وغربي آسيا خاضعة للإمبراطورية المنغولية، ولم تعد هناك حدود دولية تفصل فيما بينها. ولم يقتصر الأمر عند هذا الحد، بل حققوا تقدما عظيما في المواصلات البحرية، وأقاموا مع البلدان العربية اتصالات أوثق من ذي قبل.

وفي عهد أسرة يوان وفد إلى الصين كثير من المسلمين من بلاد العرب والبلدان الأخرى، وأقاموا فيها دون قيود، مما أدى إلى "انتشار المسلمين في أنحاء الصين في ذلك العهد"، بحيث استقر في البلاد من العرب عدد غير قليل، سواء في الشمال أو الجنوب أو الموانئ الساحلية أو المدن الداخلية. وكان منهم التجار والجنود والصناع والاختصاصيون والعلماء وكبار الشخصيات. وكان مما يميزهم عن العرب الوافدين إلى

① راجع ((مجموعة مصادر تاريخ العلاقات بين الصين والمناطق الغربية))، الطبعة القديمة جـ ٣ ص ١٦٨- ١٧٣، ((المواصلات بين الصين وبلاد العرب في العصور القديمة)).

由海沿河上溯始达。各港皆人烟稠密,商业兴旺。最大之港叫康府,西方各国以此为贸易终点。又说中国的西北部有唐古忒(约当今宁夏、甘肃北部和青海东北部地区)、塔格司格司(即回纥)辖地,南部有图伯特(即土蕃)辖地。①

四、元代(1206—1368),中阿交往更加密切

元时回回遍天下

蒙古崛起漠北,以疾风扫落叶之势攻占广大领土,中国和西亚大部分地区同属帝国版图,无此疆彼界之分。海外交通,发达兴盛。

元时阿拉伯等地外国穆斯林大量来华。他们可以在中国各地自由居住,不受限制,形成"元时回回遍天下"的状况。当时中国的北方和南方,沿海港口和内地城市,居住着

---

① 参看《中西交通史料汇编》旧版,第3册,《古代中国与阿拉伯之交通》,第168—173页。

الصين في عهدي تانغ وسونغ، ويدل على قيام علاقات أوثق بين الصين وبلاد العرب، أنهم كانوا كثيري العدد، وينتسبون إلى أوساط واسعة، ويتوزعون في أنحاء الصين، ويقيمون فيها مدى الحياة غالبا، حتى إنهم صاروا تدريجيا يعتبرون أنفسهم من الصينيين.

وبينما كان المنغوليون يفتحون المناطق الواسعة غرب "الجبال الخضراء" (المناطق الواقعة بين هضبة البامير وجبال كونلون وكالاكونلون من جهة وبين البحر الأسود من جهة أخرى)، هجر عدد كبير من سكان آسيا الوسطى ومن الفرس والعرب إلى الصين، ومن ثم ألحق الجنود منهم بالخيالة الطليعية الحمراء- الوحدة العسكرية والزراعية المكونة من أبناء القبائل المنغولية أساسا- ليقاتلوا إلى جنبهم، ثم انخرطوا في الحياة الاجتماعية بصفة رعايا، إذ سرحوا لإحياء الأرض الموات أو بقوا يعيشون حياة الجنود والمزارعين في آن واحد بحيث صاروا أسرا داخل الجيش. وقد أقامت الدفعة الأولى منهم في أحياء خاصة بها، بينما اختلطت الدفعة الثانية منهم بأبناء القوميات الأخرى، فأصبحت تلك الأحياء الخاصة بهم الصور الأولية لقرى أبناء هوي المسلمين فيما بعد. وكان معظم الجنود المسرحين من الخيالة الطليعية الذين كلفوا بإحياء الأرض الموات موزعين في شمال الصين الغربي وجنوبها الغربي وأواسطها وجنوب نهر اليانغتسي، حيث تزوجوا ببنات قومية هان وأنجبوا مشكلين بذلك جذرا هاما من جذور قومية هوي في بلاد الصين①.

شمس الدين واختيار الدين

كان المسلمون في عهد أسرة يوان أقل من أبناء المغول، وأعلى من أبناء هان منزلة، فتقلد عدد غير قليل من العرب مناصب عالية، مما أتاح لهم أن يلعبوا أدوارا هامة في سلطة يوان. ونذكر منهم على سبيل المثال لا الحصر شخصين أحدهما والي شيانيانغ السيد شمس الدين يدعى عمر أيضا. و"السيد" لقب كان العرب يطلقونه على صاحب المنزلة الرفيعة. وكان بخاريا أصلا. وورد في كتاب ((تاريخ أسرة يوان)) أنه من ذرية

① ((موجز تاريخ قومية هوي))، دار الشعب بنينغشيا عام ١٩٧٨، ص ٥-٧.

不少阿拉伯人,有商人、士兵和工匠,还有专家、学者和上层人士。来华阿拉伯人多,阶层广泛,住地遍全国,多世居,并逐渐自认为是中国人,这是不同于唐宋时代来华阿拉伯人的两个显著特点,也是中阿关系更加密切的标志。

蒙古人在征服葱岭迤西、黑海以东广大地区的过程中,大批中亚人,波斯人和阿拉伯人被迁徙到中国,其中的士兵被编入亦兵亦农的"探马赤军",为蒙古人作战。以后,这些人或"随地入社与编民等"即复员屯垦或仍过着兵农合一的生活,成为"屯戍"人户。屯戍人户是聚居的,入社编民可以是聚居的,也可以和别的民族杂居。他们在农村的聚居点就是后来各地的回回营、回回村的开始。这样进行农垦的探马赤军,主要分布在西北、西南、中原和江南各地。他们和汉族女子结婚繁殖后代,成为以后形成的中国回族的一个重要来源。①

赡思丁和也黑迭儿丁

元代,穆斯林的地位较蒙古人低,较汉人高。很有一些阿拉伯人受到重用,在元代政府中扮演了重要的角色。兹举咸阳王赛典赤·赡思丁和也黑迭儿丁言之。

---

① 《回族简史》,银川:宁夏人民出版社,1978年,第5—7页。

النبي، وخضع لجنكيزخان خلال حملته الغربية، فأمره بالالتحاق بوحدة الحرس الإمبراطوري ليؤدي الخدمة في الحملة، وكان يدعوه "سيد" مباشرة دون أن يذكر اسمه. ولما اعتلى قوبلاي خان العرش، ارتقى منصبه إلى ولاية يانجينغ أحد الأقاليم في يوان. وفي العام الثاني من فترة تشونغ تونغ من أسرة يوان (١٢٦١) قلد منصبا إداريا بدرجة وزير. وفي العام الأول من فترة تشي يوان من أسرة يوان (١٢٦٤) عين واليا لإقليمي شنشي وسيتشوان معا. ولما ضربت قوات يوان حصارا على مدينة شيانيانغ في العالم الثامن من فترة تشي يوان من أسرة يوان (١٢٧١)، صدر مرسوم قوبلاي خان للأقاليم الإدارية بأن يحرك كل منها قوات لصد القوات المعادية. فقاد شمس الدين وحدة من القوات، وزحف بها برا وبحرا حتى سجل مآثر حربية. وفي العام الحادي عشر من فترة تشي يوان من أسرة يوان (١٢٧٤) قال قوبلاي خان لشمس الدين "إن يوننان هو الإقليم الذي سبق لنا أن حضرنا إليه بأنفسنا، ولكننا لم نستطع إزالة القلاقل من هناك بسبب الخطأ في تعيين الولاة منا، ولطالما أردنا أن نختار من يتصف بالأمانة ليهدئ الوضع هناك بالنيابة عنا، فلم نجد من يضاهيك أنت."[①] وكلفه بإدارة يوننان، فقضى فيها ست سنوات نسق خلالها العلاقات مع الأقليات أحسن تنسيق، وعزز التضامن بين القوميات، وحقق الاستقرار الحدودي في يوننان بإنشائه إدارات للمناطق والمحافظات وبإقامته مراكز للبريد وبتخفيفه وطأة الضرائب عن كاهل أبناء الشعب وعنايته بالتعليم وإقامته المشاريع الزراعية واعتماده على التقنية الزراعية. بذلك قدم إسهامات جليلة من أجل رفع المستوى الثقافي لدى أبناء الشعب في يوننان وتنمية الإنتاج الزراعي وتحسين المعيشة. ولما توفى شمس الدين، أقام له أبناء الشعب في يوننان قاعة تذكارية تخليدا لمآثره. وقد أنجب شمس الدين خمسة أولاد، بكرهم نصر الدين، وثانيهم حسن، الثالث حسين، والرابع شمس الدين عمر، والخامس مسعود. وقد عين نصر الدين واليا على يوننان، وعرف برفعه الظلم عن أبناء الشعب. وحسين أنجب ولدين، بكرهما (Bohang) الذي تولى رئاسة الديوان في إقليم تشونغتشينغ، والثاني (Qulie) الذي

① ((تاريخ يوان - سيرة السيد شمس الدين)).

赛典赤·赡思丁，一名乌马儿。"赛典赤"是阿拉伯人对高贵者的称呼。赡思丁原为布哈拉人，《元史》本传说他是伊斯兰教创始人穆罕默德的后裔。元太祖西征，赡思丁归服。太祖命入宿卫，从军征伐，直称他赛典赤而不叫他名字。世祖即位，赡思丁升燕京路宣抚使。中统二年（1261）拜中书平章政事。至元元年（1264）出为陕西、西川行中书省平章政事。至元八年（1271），元军围襄阳，有旨命各道进兵以牵制之。赡思丁率兵，水陆并进，立下战功。至元十一年（1274），元世祖对赡思丁说："云南，朕尝亲临。比因委任失宜，使远人不安，欲选谨厚者抚治之，无如卿者。"①遂拜云南省平章政事。在云南省任职6年期间，赡思丁妥善处理与少数民族的关系，增强了民族团结，安定了云南边陲。他置州县，筑驿馆，薄税敛，办教育，兴修农田水利，传播种植技术，为提高人民文化水平，发展农业生产，改善人民物质生活，做出了很大贡献。死后，云南百姓思念其德，立祠祀之。赡思丁有子五人，长子钠速剌丁；次，哈散；次，忽辛；次，苫思丁兀穆里；次，马

---

① 《元史·赛典赤·赡思丁传》。

تولى إدارة إقليم هونان. لقد تقلد شمس الدين وأولاده مناصب عالية واحتلوا مكانة رفيعة، وبرز منهم كثير من الموظفين الصالحين الذين قدموا لأبناء الشعب خدمات جليلة وإسهامات هامة في توطيد سلطة يوان. أما ذريته فقد تفرعت إلى عدة عشائر في يوننان مثل (Cai) و(Sha) و(Na)؛ و(Ding)؛ في مدينة يونغتشو عشيرة أخرى تنحدر من أسرة شمس الدين.

أما اختيار الدين فيعود أصله إلى داشي، وكان عالما بارعا في التخطيط المدني والهندسة المعمارية. وقد تولى شؤون الهندسة في حكومة يوان بالتعاون مع ابنه ماخماشا (Mahemasha). وبعد أن اتخذت أسرة يوان بكين عاصمة لها في العام الثالث من فترة تشي يوان من أسرة يوان (١٢٦٦) جعله قوبلاي خان مشرفا على تصميم القصور والأسوار والحدائق في مدينة بكين. و"كان إذا تكلف مهمة، أكب على التخطيط لها ليل نهار، أو أصدر تعليمات بتنفيذها، وفي ذهنه تتجلى أبعاد خطتها"[1]. وفي ديسمبر من العام الثامن من فترة تشي يوان من أسرة يوان (١٢٧١) كلفه قوبلاي خان بأن يتعاون مع دوان تيان يو وزير الأشغال وغيره من الرجال في وزارة الأشغال في بناء القصور والأسوار، وهذا زاده حظوة لدى الإمبراطور إلى آخر أيامه. وقد أثنى البروفسور تشن يوان عليه بقوله: "كل من يزور مدينة بكين إلى اليوم يدهش بجمالها الرائع. أما الذي عانى المشاق الكبرى، وشق الطريق لتذليلها، فهو اختيار الدين الذي قدم من دولة داشي. وهو وإن كان من أهل داشي، فقد اتخذ الأسلوب الهاني في البناء."[2] إن اختيار الدين بتفرغه لتخطيط المشاريع الإنشائية والإشراف على تنفيذها قد قدم إسهامات لا تمحى في إبراز معالم هذه العاصمة القديمة، وضرب بنفسه مثلا طيبا في تاريخ العلاقات الصينية العربية.

الزيارات التي قام بها الرحالة الصيني وانغ دا يوان والرحالة العربي ابن بطوطة

كان وانغ دا يوان الملقب بهوان تشانغ والمولود في نانتشانغ رحالة شهيرا في

① أويانغ شيوان: ((مجموعة الأعمال في مكتبة قوي تشاي))، جـ ٩، ((نصب ماخماشا)).

② تشن يوان: ((دراسة في تصين أهل المناطق الغربية في عهد يوان))، جـ ٢، ((مجلة بحوث يانجينغ)) العدد ٢، ١٩٢٧.

速忽。钠速剌丁曾任云南行中书省右丞，悉革病民之政。忽辛有子2人，伯杭为中庆路达鲁花赤，曲列为湖南道宣慰使。赡思丁一门三代，官高位显，世出良吏，为百姓做了不少好事，对巩固元朝政权起了重要作用。其后裔繁衍为云南的赛姓、沙姓、纳姓。永州的丁姓也是赡思丁的后代。

也黑迭儿丁，其先大食人，杰出的都市设计家和建筑学家，曾与其子马合马沙在元朝政府中掌管工部事务。至元三年（1266）元定都北京后，世祖命其负责北京宫殿城郭及池塘花园等建筑的设计。"也黑迭儿丁受任劳勩，夙夜不遑，心讲目算，指授肱麾，咸有成画。"[①]至元八年（1271）十二月，命也黑迭儿丁和工部尚书段天佑等人同行工部，修筑宫城。也黑迭儿丁做得很出色，宠遇日隆，而筋老矣。陈垣先生评价他说："然今人游北京者，见城郭宫阙之美，犹辄惊其钜丽，而熟知筚路蓝缕以启之者，乃出大食国人也。也黑迭儿丁虽大食国人，其建筑实汉法。"[②]一个大食人为古都北京的设计建筑，费尽心力，做出了不可磨灭的贡献，实为中阿关系史的一大佳话。

中阿旅行家汪大渊和伊本·白图泰的互访

汪大渊，字焕章，南昌人，著名的大旅行家。吴鉴谓其

① 欧阳玄：《圭斋集》卷九，《马合马沙碑》。
② 陈垣：《元西域人华化考》下，《燕京学报》第二期，1927年。

تاريخ الصين. وقد وصفه وو جيان بأنه "شاب ذو همة نادرة، وقد ساح مثلما ساح سيما تشيان، فترك آثار قدميه في نصف الدنيا. لكنه رأى أن المصادر الصينية لا تتضمن ذكرا لعادات وتقاليد الناس فيما وراء البحار، فركب البحر ليقوم برحلة إلى بلدان ما وراء البحار، وقد استغرقت زياراته فيها عدة سنوات."① خرج وانغ دا يوان في رحلتين بحريتين ما بين عام ١٣٣٠ - ١٣٣٤، وما بين عام ١٣٣٧ - ١٣٣٩، جاب خلالهما مناطق كثيرة في آسيا وسواحل المحيط الهندي في أفريقيا، ووصل إلى ما لم يصل إليه السابقون، إذ زار مكة المكرمة والبصرة في العراق ودمياط في مصر وغيرها من المرافئ والمدن العربية، وربما وصل إلى طنجة في المغرب، فأصبح من بين الصينيين أول من وصل إلى ساحل المحيط الأطلسي في المغرب العربي. وفي عام ١٣٤٩ قدم كتابه ((لمحة عن البلدان والجزر)) الذي تناول فيه أكثر من ٢٢٠ دولة ومنطقة، حيث دون أحوال هذه البلدان، فقال في تذييله: "إن ما ورد في هذا الكتاب هو ما شاهدته بأم عيني في الأماكن التي وصلت إليها بنفسي، أما ما ترامى إلى مسمعي فلم أترك له مجالا."② ويقول إن المكة المكرمة- تكثر فيها المفاوز، و"الأرض فيها خصبة غنية بإنتاج الأرز، وسكانها يعملون براحة" (النص كذا) "ومناخها حار، وتعم بها الأعمال الصالحة. والقوم رجالا ونساء يربون الضفائر ويرتدون جلبابا من القماش الناعم، ويضعون حزاما من القماش الناعم أيضا، وتربى فيها الخيل التي ترتفع قرابة ثلاثة أمتار"، و"(Bosili) (أي البصرة) تشغل أرضا يمتد محيطها أكثر من خمسة آلاف لي، والبيوت فيها متلاصقة تلاصق قروش السمك، والحقول فيها صالحة لزراعة القمح". و"القوم فيها طوال القامة رجالا أو نساء، ويضفرون شعرهم، ويرتدون ثيابا من وبر الجمل البني اللون، ويتخذون من القماش المقصب اللين فراشا لهم، ويشوون الشاة طعاما"، و"يغلون مياه البحر للحصول على الملح. ولهم شيوخ يتولون أمورهم. ومن منتجاتها الكهرمان والقماش المقصب اللين ووبر الجمل والقضيب والخصية من الفقمة

① ((تحقيق وتفسير للمحة عن البلدان والجزر)) تأليف وانغ دا يوان، تحقيق وتفسير سو جي تشينغ، دار الصين بكين عام ١٩٨١، بتقديم وو جيان.

② تذييل لنفس الكتاب السابق.

"少负奇气,为司马子长(即史学家司马迁,字子长,早年曾遍游全国各地)之游,足迹几半天下矣。顾以海外之风土,国史未尽其蕴,因附舶以浮于海者数年然后归。"①汪大渊曾在1330—1334年和1337—1339年两次出海,遍游亚洲和非洲印度洋沿岸各地,所至远胜前人。他访问过麦加及伊拉克的波斯离(巴士拉)、埃及的特番里(杜姆亚特)等阿拉伯港口和城市。还可能去过摩洛哥的丹吉尔(挞吉那),为第一个到达阿拉伯马格里布大西洋海滨的中国人。1349年,汪大渊著《岛夷志略》,记海外各国之事。全书100条,涉及220多个国家和地区,"皆身所览,耳目所亲见,传说之事,则不载焉。"②志略称麦加多旷漠,"田沃稻饶,居民乐业。""气候暖,风俗好善,男女辫发,穿细布长衫,系细布捎。地产西马,高八尺许。"说波斯离"地方五千余里,关市之间,民比居如鱼鳞,田宜麦禾。""男女长身,编发,穿驼褐毛衫,以软锦为茵褥,烧羊

---

① 汪大渊:《岛夷志略校释》,苏继庼校释,北京:中华书局,1981年,吴鉴序。
② 同上书,岛夷志后序。

الدبية، والمر والعناب المعمر". و"إن (Tefanli) (دمياط) مشرفة على النهر، ومؤدية إلى البحر"، و"عندها هويس بالقرب من البحر، ترفع بوابته ربيعا لجر المياه إلى الحقول، وتغلق في موسم الأمطار أو ترفع في موسم الجفاف، فلا هم للقوم بالفيضان أو القحط، وإنما يتباركون بوفرة الحصاد من سنة إلى أخرى، لذا عرفت ديارهم بالأرض السعيدة". وكل هذه الأوصاف قد جاء في أغلب الأحيان دلائل على صحة ما رآه.

إن رحلات وانغ دا يوان إلى ما وراء البحار تتميز بمغزى عظيم في تاريخ الصين، إذ أغنت أبناء الشعب الصيني بمعلومات عن البلدان العربية، وأسهمت في تنمية العلاقات الودية بين الصين وبلاد العرب. وكتابه ((لمحة عن البلدان والجزر)) متأخر عن ((دليل ما وراء الجبال الجنوبية)) و((سجلات البلدان))، ومتقدم على ((مشاهدات رائعة وراء البحار الشاسعة)) و((تجولات بين أقاصي الأرض))، فيعدّ وثيقة هامة في العلاقات الصينية العربية. إن وانغ دا يوان برحلاته البحرية وكتابه ((لمحة عن البلدان والجزر)) قد ترك تأثيرا إيجابيا في البحار الصيني تشنغ خه الذي جاب المحيط الهندي في فترة متأخرة من التاريخ.

بعد عودة وانغ دا يوان من رحلته الثانية بثمانية أعوام، زار الصين ابن بطوطة (١٣٠٤ - ١٣٧٧) الذي ولد في طنجة المغربية، وتثقف الثقافة الإسلامية العالية. لقد انطلق هذا الرحالة العربي من المغرب عام ١٣٢٥، فطاف بشمالي أفريقيا وفلسطين وسوريا والعراق والمدينة المنورة ومكة المكرمة وايران وآسيا الصغرى والقسطنطينية وآسيا الوسطى والهند وسري لانكا وسومطره حتى وصل إلى الصين في العام السابع من فترة تشي تشنغ في أيام الإمبراطور شون دي من أسرة يوان (١٣٤٧). ومكث في الصين سنة كاملة زار خلالها كانتون والزيتون وهانغتشو وبعض المدن الأخرى. وفي عام ١٣٤٩ رجع إلى المغرب. وفي عام ١٣٥٥ دون علي ابن جزي ما شاهده ابن بطوطة وما سمعه خلال رحلاته تحت عنوان ((تحفة النظار في غرائب الأمصار وعجائب الأسفار)) المعروفة بـ((رحلة ابن بطوطة)) حيث عبر ابن بطوطة عن امتنانه للصينيين على ما قابلوه به من حفاوة وتكريم؛ وأثنى عاطرا على اتساع أرضها وكثرة مواردها ووفرة إنتاجها من الحبوب والفواكه والذهب والفضة والسكر الجيد والخزف

为食。""煮海为盐。有酋长。 地产琥珀、软锦、驼毛、腽肭脐、没药、万年枣。"谓特番里临溪通海,"海口有闸,春月则放水灌田耕种。时雨降则闭闸,或岁旱则开焉。民无水旱之忧,长有丰稔之庆,故号为乐土。"记载相当准确。

汪大渊浮海远航,丰富了中国人对阿拉伯各国的知识,发展了中阿之间的友好关系,具有重大历史意义。他的《岛夷志略》,上承《岭外代答》《诸蕃志》,下接《瀛涯胜览》《星槎胜览》等著作,是一部涉及中阿关系的重要文献。汪大渊的航海事迹及其《岛夷志略》对郑和下西洋产生了有利影响。

汪大渊第二次出海回国后八年,中世纪有名的阿拉伯大旅行家伊本·白图泰(1304—1377)来访中国。伊本·白图泰,摩洛哥丹吉尔人,受过较高深的伊斯兰教育。1325年,他从摩洛哥出发,游历了非洲北部、巴勒斯坦、叙利亚、伊拉克、麦地那、麦加、伊朗、小亚西亚、君士坦丁堡、中亚、印度、斯里兰卡,苏门答腊等地。元顺帝至正七年(1347)到达中国,停留约一年之久,去过广州、泉州、杭州及其它城市。1349年,伊本·白图泰返回摩洛哥。1355年,穆罕默德·伊本·朱泽记录其口述之各国见闻,整理成著名的《伊本·白图泰游记》。游

الصيني والحرير. وقد وردت في كتابه هذا أوصاف نابضة بالحياة، إذ قال إن أهل الصين يعيشون في طمأنينة ويعملون في ارتياح، لا يهتمون بالمأكل والملبس، وإنهم أهل رفاهية وسعة عيش[1]. وقال بأن فحم الصين والخطا كطفل المغرب تركيبا ولونا، ويتقد كالفحم الخشبي، لكن ناره أشد حرارة. وإذا صار رمادا، عجنوه بالماء وييسوه وطبخوا به ثانية، ولا يزالون يفعلون به كذلك إلى أن ينتهي[2]. كما وصف في هذا الكتاب الحياة الحرة والناعمة التي عاشها المسلمون المغتربون في الصين. إن ((رحلة ابن بطوطة)) الشيقة قد جاء وثيقة قيمة لدراسة تاريخ البلدان الأفروآسيوية والعلاقات الصينية العربية؛ ونصوصه الخاصة بالصين قد ساعدت العرب مساعدة عظيمة على تعميق معرفتهم بأبناء الشعب الصيني وتعزيز عرى الصداقة بين الصين والبلدان العربية. لقد قام وانغ دا يوان وابن بطوطة برحلات سجلا بها صفحات مشرقة في تاريخ العلاقات الصينية العربية، وقد تركت أثرا طيبا ظلت الألسن تتناقله عبر العصور التاريخية الماضية. إن ((لمحة عن البلدان والجزر)) و((رحلة ابن بطوطة)) ليسا مجرد عملين من الأعمال القيمة الخالدة في التاريخ، بل جاءا شهادتين رائعتين على الصداقة الصينية العربية.

٥ ـ ازدهار وتدهور الاتصالات الودية بين الصين وبلاد العرب في عهد أسرة مينغ (١٣٦٨ ـ ١٦٤٤)

كثرة الاتصالات البحرية والبرية بين الصين وبلاد العرب في مطلع عهد أسرة مينغ

بعد أن أسس الإمبراطور تشو يوان تشانغ الملقب بتاي تسو أسرته الحاكمة اتخذ سلسلة من التدابير لإنعاش الإنتاج، فعاد اقتصادها الاقطاعي إلى سابق قوته بسرعة. وفي العلاقات الخارجية مارس سياسة التقريب والترفق معتمدا على قوة البلاد العظيمة، فقابلتها مختلف البلدان بالرضى، وأصبحت لأسرة مينغ هيبة كبيرة باعتبارها "الأسرة

① راجع ((مهذب رحلة ابن بطوطة)) طبعة القاهرة عام ١٩٣٤ الجزء الثاني ص ٢٤٨.

② نفس المصدر السابق، ص ٢٤٩.

记对中国政府和人民给予他的热忱接待十分感激和怀念。游记盛赞中国地大物博，五谷、水果、金银，丰富无比。白糖、瓷器、丝绸质量甚佳。游记对当时中国的社会经济生活有许多生动描述。说中国人信异端，吃猪狗肉，市上公开出售。中国人安居乐业，生活富裕而不讲究吃穿。①又说中国及契丹人烧的炭，像摩洛哥的陶土泥块，颜色也相同，火力比木炭猛烈。燃烧成灰后，以水和之，晒干再烧，至烧尽为止。②游记还介绍了泉州、杭州等地来华穆斯林自由安逸的生活情况。游记脍炙人口，是研究亚非各国史地和研究中阿关系史的宝贵文献。游记有关中国的部分，对加深阿拉伯人对中国的了解，增进中阿友谊，起了很大作用。

中国大旅行家汪大渊和阿拉伯大旅行家伊本·白图泰的互相访问，写下了中阿关系史熠熠生辉的篇章，成为历代传诵的又一佳话。《岛夷志略》和《伊本·白图泰游记》不仅是珍贵的传世之作，而且是中阿友好的绝好见证。

五、明代（1368—1644），中阿友好交往由盛而衰

明初中阿海陆交往频繁

明王朝建立后，明太祖朱元璋采取一系列措施，恢复生产，封建经济很快又发展起来。在对外关系方面，依仗强大国力，实行怀柔政策，各国诚心宾服，"天朝上国"的威望由是

---

① 《伊本·白图泰游记》（修订本）（*Muhadhdhab Rihlat Ibn Battutah*, Cairo, 1934），第2卷，第248页。
② 同上书，第249页。

السماوية والدولة السيدة". وما إن اعتلى تشو يوان تشانغ عرشه حتى أوفد رسلا إلى بلدان ما وراء البحار يدعو حكامها إلى احترام الصين، وبنى في نانجينغ ستة عشر فندقا فاخرا بما فيها دار الضيافة وقصر تشونغيي (الترجمات)، حيث يسر للضيوف والزائرين ظروف الراحة والاستجمام. ولما اعتلى تشو دي الملقب بتشنغ تسو العرش، شحذ عزيمته على الاتصال ببلدان ما وراء حدود الصين، وحقق مزيدا من التطور في مجال الاتصالات الخارجية.

كانت حكومة مينغ تولي اتصالاتها مع البلدان الأجنبية اهتماما بالغا، وقد أنشأت لهذا الغرض دار اللغات التي تعني بإعداد المترجمين، ودار "هوي تونغ" المسؤولة عن استقبال الأجانب. وفي العام الثالث من فترة يونغ له من أسرة مينغ (١٤٠٥) أنشأت حكومة مينغ محطات استراحة في الأقاليم الساحلية تشبه محطات البريد في الأيام الماضية، وذلك لاستضافة المبعوثين الذين يأتون إلى الصين لتقديم الهدايا. ومن هذه المحطات محطة لاي يوان (دار القادمين من أقاصي الأرض) ومحطة هواي يوان (دار الرفق بالغرباء) في كانتون. وفي العام الرابع من فترة يونغ له (١٤٠٦) أصدر الإمبراطور تشنغ تسو من أسرة مينغ مرسوما " يأمر المسؤولين عن شؤون المرافئ في تشجيانغ وفوجيان بإقامة وليمة على شرف كل مبعوث يأتي لتقديم الهدايا عند وصوله أو انصرافه"[①].

كانت حكومة مينغ تسير على سياسة "التجارة المصاحبة لتقديم الهدايا تحت شعار دفع الجزية والإتاوة"، هذه السياسة المتمثلة في "تقريب الأمراء والملوك" و"الترفق بالقادمين من أقاصي الدنيا"، و"منع الرعية من الخروج إلى البحر"، وقد أعلن ذلك في مطلع عهد أسرة مينغ. وهذه السياسة جذبت عددا كبيرا من مبعوثي البلدان العربية والبلدان الأخرى إلى الصين، غير أن معظمهم كانوا تجارا يغدون بالقليل ويروحون بالكثير. وقد أفادت بعض الإحصائيات أن أسرة مينغ شهدت أكثر من أربعين وفدا من البلدان العربية، منهم من قدم من مكة المكرمة والمدينة المنورة، ومنهم من قدم من

---

① ((سجل أعمال الإمبراطور تشنغ تسو بأسرة مينغ))، جـ٤١.

树立。朱元璋即位之初，即派遣使臣，携带诏书，四出宣谕海外诸邦，令其尊事中国。他还在南京修筑来宾楼、重译楼等16座大酒楼，以供外宾休息娱乐。明成祖朱棣"锐意通四夷"，对外关系更加发展。

明初，政府非常重视同外国的交往。特设四夷馆，以培养翻译人才。建会同馆，负责接待外国客人。永乐三年（1405），复于沿海省区设驿馆招待贡使，如泉州之来远驿，广州之怀远驿等。永乐四年（1406），明成祖朱棣，"命浙江、福建、广东市舶提举司，凡外国朝贡使臣往来，皆宴劳之。"①

明朝政府"怀诸侯""柔远人"的政策，招引大量阿拉伯等地使节来华。明初政府禁民出海，采取"朝贡贸易"方针，来华使者大多是谋求"厚往（赐）薄来（贡）"之利的商人。据不完全统计，有明一代，阿拉伯各国遣使中国达40次以上。有的来自伊斯兰教的圣城麦加和麦地那，有的来自更加遥远的木骨都束（摩加迪沙）和埃及，有的留居中国数年不归。永乐

①《明成祖实录》卷四一。

مقديشو ومصر أيضا، وأقام بعضهم في الصين سنوات طويلة لم يرجعوا خلالها ولو مرة واحدة. وفي فترة يونغ له (١٤٠٣-١٤٢٤) قدم إلى الصين وفد من جانب المماليك البرجيين، فأقام الإمبراطور تشنغ تسو مأدبة إمبراطورية على شرف هذا الوفد بالإضافة إلى وجبة فاخرة أمر بتقديمها له كل خمسة أيام، كما أمر بأن تقام له مأدبة في كل بلد يمر به."[1] وفي العام السادس من فترة تشنغ تونغ في عهد الإمبراطور ينغ تسونغ من أسرة مينغ (١٤٤١) أوفد السلطان الأشرف المصري وفدا إلى الصين، فحملته حكومة مينغ إلى السلطان "عشر قطع مزهرة من العملة المسكوكة وثلاثة أثواب من شاش الوجه وشاش البطانة، وخمسة أثواب من الحرير السادة وقماش 'جيانغ له' الأبيض، وعشرين ثوبا من القماش المبيض، وإلى زوجة السلطان قدرا أقل من قطع العملة المسكوكة والأقمشة، ثم قدرا أقل إلى أعضاء الوفد أنفسهم"[2]. إن قدوم الوفود من مقديشو ومصر ليدل دلالة واضحة على أن الاتصالات بين الصين والبلدان العربية الأفريقية قد زادت عما كانت عليه في أي عصر من العصور.

إبحار تشنغ خه إلى المحيط الهندي والاتصالات الودية بين الصين والبلاد العرب

مما يجدر ذكره في الاتصالات الصينية العربية في عهد أسرة مينغ، هو إبحار تشنغ خه إلى المحيط الهندي[3]، وزياراته التي قام بها نيابة عن حكومة مينغ لبلاد العرب. ولد تشنغ خه عام ١٣٧١ (العام الرابع من فترة هونغ وو من أسرة مينغ) في كونيانغ (محافظة جيننينغ حاليا) في إقليم يوننان، وينتمي إلى قومية هوي، وكان اسم عائلته "ما"، واسمه الشخصي سان باو. وقد أكدت دراسات النصوص والوثائق أن عشيرته عشيرة مسلمة تنحدر من شمس الدين والي شيانيانغ[4]، وقد سبق لوالده وجده أن سافرا إلى مكة المكرمة ليحجا إلى البيت الحرام، فعاد كل منهما حاملا لقب الحاج. وفي عام

---

① ((تاريخ مينغ - سجلات المناطق الغربية)).

② نفس المصدر السابق، ويعتقد أن هناك اختلاطا بين الأشرف وظاهر سيف الدين جقمق.

③ يفيد ((تاريخ مينغ - سجلات بورنيو)) أن المياه المتواجدة شرق جزيرة بورنيو تسمى المحيط الشرقي والعكس تسمى المحيط الغربي أي المحيط الهندي.

④ تشنغ يي جيون: ((حول إبحار تشنغ خه إلى المحيط الهندي))، دار المحيط عام ١٩٨٥، ص ٢٥.

年间(1403—1424),埃及布尔吉系马木鲁克王朝使者来中国访问。明成祖设宴招待,命五日一给酒馔果饵,所经地皆置宴。[1]明英宗正统六年(1441),埃及锁鲁檀(素丹)阿失剌福复遣使中国,明政府赠给素丹“彩币十,表里纱罗各三匹,白氆丝布,白将乐布各五匹,洗白布二十匹。素丹妻子及使臣递减。”[2]木骨都束及埃及使者来华说明中国与非洲阿拉伯国家之间的友好往来明显超过前代。

郑和下西洋与中阿友好往来

明代的中阿交往中,必须特别提到的,就是郑和下西洋[3]对一些阿拉伯国家的报聘和访问。

郑和原姓马,名三保,史称三保太监,回族,1371年(洪武四年)出生于云南之昆阳(今晋宁县)。据考证,郑家系咸阳王赛典赤·赡思丁之后[4],世代信奉伊斯兰教。郑和的父亲和祖父都曾到麦加朝圣,获得了哈吉(al-Hajj)的称号。1382年,

①《明史·西域传》。
② 同上。阿失剌福疑是扎希尔·赛福丁·哲格麦格之误。
③《明史·婆罗传》以婆罗洲为界,以东称东洋,以西称西洋,即印度洋。
④ 郑一钧:《论郑和下西洋》,北京:海洋出版社,1985年,第25页。

١٣٨٢ وقع تشنغ خه أسيرا في يد قوات تشو يوان تشانغ في حملته النهائية التي قضت على العصاة في يوننان، فصرف إلى بيت تشو دي ليكون خادما عنده. وفي الفتنة الداخلية التي شنها تشو دي تحت شعار تصفية البلاد من الفتنة بغية الاستيلاء على العرش سجل تشنغ خه عددا متلاحقا من المآثر السامية، مما دل على مقدرته الفائقة في الشؤون العسكرية والسياسية وجعله يحظى بإعجاب سيده. ولما اعتلي تشو دي العرش رقى تشنغ خه إلى مرتبة خولي. وفي العام الثاني من فترة يونغ له من أسرة مينغ (١٤٠٤) منحه الإمبراطور اسما صينيا- تشنغ- كتبه بخط يده ليتخذه اسم عائلة له. ومنذ ذلك الوقت أصبح اسمه تشنغ خه.

وفي آخر عام من فترة هونغ وو من أسرة مينغ (١٣٦٨ - ١٣٩٨) بدأ التحريم البحري الصارم يسفر عن عواقب تزداد سوءا. فقد مضت أعوام، والبلدان الأجنبية لا تقدم الهدايا للإمبراطور الصيني، حيث أخذت مكانة الصين الدولية في الهبوط. ولما استولى تشو دي على العرش الإمبراطوري، قرر أن يغير هذا الوضع، فأمر تشنغ خه أن يبحر إلى المحيط الهندي، وهدفه الرئيسي أن يستعيد اتصالات الصين بالبلدان الأفروآسيوية بما فيها البلدان العربية، أو يقيم مثل هذه الاتصالات، ويقضي على فلول الأعداء ليجدد هيبة أسرة مينغ ويعزز سلطته الإمبراطورية وليجلب في الوقت نفسه من البضائع عن طريق التجارة البحرية ما يلبي رغبة الطبقة الحاكمة التي تعيش حياة مترفة، فساعد هذا القرار على التقدم الاقتصادي في ذلك الوقت.

إن الرحلات السبع التي جاب تشنغ خه خلالها المحيط والبحار قد امتدت ثمانية وعشرين عاما من رحلته الأولى التي بدأها من نهر ليوجيا في مدينة سوتشو في العام الثالث من فترة يونغ له من أسرة مينغ (١٤٠٥) إلى أن عاد أسطوله إلى نانجينغ من آخر رحلة في العام الثامن من فترة شيوان ده من أسرة مينغ (١٤٣٣). إذذاك شهدت الصين تقدما عظيما في مهارات الإبحار، وبلغت مستوى عاليا جدا في الملاحة واستعمال البوصلة، كما حققت تقدما جديدا في صناعة السفن معتمدة على نجاح السلف في هذا المجال. ولقد قال قونغ تشن: "كان الأسطول الإمبراطوري الذي يقوده تشنغ خه يضم سفنا ضخمة لا تضاهيها أية سفن أخرى، ولها أشرعة ومراس لا يقدر على رفعها إلا

朱元璋最后平定云南,郑和被掳,被分发到燕王朱棣府中服役。朱棣为夺取帝位发动所谓靖难之役,郑和屡建奇功,显示了卓越的军事、政治才能,深为朱棣器重。朱棣登基,郑和被晋升内官监太监。永乐二年(1404),御书郑字,赐以为姓,乃名郑和。

洪武(1368—1398)末年,厉行海禁的不良后果愈益显现,"诸蕃久缺贡",中国的国际地位也有所降低。朱棣即位,决定改变这种局面,遂有郑和下西洋之举。朱棣委派郑和下西洋的主要目的,在于恢复和建立中国与阿拉伯等亚非国家的邦交,肃清逃到海外的敌对势力,重表大明声威,巩固王朝政权,并通过海上贸易满足统治阶级奢侈生活的需要。而郑和下西洋一举也促进了经济的发展。

郑和永乐三年(1405)自苏州刘家河起航,到宣德八年(1433)最后一次船队返抵南京,前后出使7次,生活海上28年。当时,中国的航海技术相当发达。天文导航和指南针的运用,达到很高水平。造船工艺,在继承前代成就的基础上,又有所发展。这就为郑和的远航提供了可靠的技术保证。

رجال أشداء يتراوح عددهم من مائتين إلى ثلاثمائة شخص."[1] وكان أسطول تشنغ خه في أيام ذروته يضم أكثر من مائتي سفينة مختلفة الأحجام، يبلغ طول أكبرها ١٤٨ مترا بعرض ٦٠ مترا، يستقلها أكثر من ٢٧ ألف شخص، معظمهم جنود وضباط، والبقية تجار ومترجمون وكتبة ومشرفون على الشؤون الخارجية وعلى البوصلة وملاحون أجانب وعمال مراس وصناع عسكريون أو مدنيون وركاب وربابنة وأطباء.. إلخ. وكان بين شحنات سفنه كميات هائلة من الهدايا والبضائع علاوة على المؤن واللوازم اليومية كالغذاء والمياه العذبة والزيت والملح والصلصة المركزة والشاي والشمع..إلخ. وكان هذا الأسطول يشكل مشهدا رائعا وهو يشق طريقه على هدى خريطة تشنغ خه البحرية "بين المياه التي لا حد يفصلها عن السماء، والأمواج تتلاطم كالجبال"، و"يمخر العباب بملء أشرعته البيضاء ليل نهار بسرعة كأنه يمشي في مسلك هادئ"[2].

إن أسطول تشنغ خه، بوصوله إلى شبه جزيرة الهند الصينية وجزر الملايو وشبه جزيرة الهند وجزيرة العرب وسواحل شرقي أفريقيا، قد زار ٣٦ دولة أو قطرا تشمل من الأقطار أو المدن العربية الأحساء وظفار وعدن ومكة المكرمة، ومن الأقطار الأفريقية مقديشو وبراوة.

وما بين العام الرابع عشر (١٤١٦) والواحد والعشرين (١٤٢٣) من فترة يونغ له من أسرة مينغ أوفدت مقديشو ثلاث بعثات إلى الصين أهدت خلالها لأسرة مينغ الأسد وحمار الوحش، وقد أدخلت صورة الأخير في (مجموعة صور الغرائب)) الذي تم تأليفه في فترة شيوان ده من عهد أسرة مينغ (١٤٢٦ - ١٤٣٦)؛ وزار تشنغ خه بأسطوله مقديشو ثلاث مرات، وصل إليها في المرة الأولى والثانية في زيارة جوابية، وقد حمل معه قطعا من العملة المسكوكة المزهرة هدية من إمبراطور مينغ إلى ملك مقديشو وملكتها[3]. وفي الزيارتين المذكورتين، جرت بين الركاب من أهل شانغهاي وسكان

① قونغ تشن: ((سجلات البلدان في المحيط الهندي))، مراجعة وملاحظات شيانغ دا، دار الصين، بكين عام ١٩٦١، مقدمة الكتاب.

② راجع الملحق الثاني لـ((سجلات البلدان في المحيط الهندي))، ((استجابات الحورية السماوية)) بمعبد الجبل الجنوبي في فوجيان.

③ ((تاريخ مينغ - سجلات الدول الأجنبية)).

巩珍说:"郑和统率的宝船,体势巍然,巨无与敌。篷帆锚舵,二三百人莫能举。"[1]郑和船队最多时有大小船只200余艘,最大的长148米,宽60米。乘员达2.7万多人,其中绝大部分为士兵和指挥官,其余为买办、通事、书手、正使太监、火长(负责掌管罗针)、番火长(外国领航员)、碇手、军匠、民匠、行人、管带、医务人员等。船上除备有粮食、淡水、油、盐、酱、茶、烛、柴等生活用品外,还装载了大量的礼品和商品。这支浩浩荡荡的队伍,依靠《郑和航海图》的引导,在"洪涛接天,巨浪如山"的大洋中,"云帆高张,昼夜星驰,涉彼狂澜,若历通衢"[2],呈现出一派雄伟壮观的景象。

郑和船队到过印度支那半岛、马来群岛、印度半岛、阿拉伯半岛和东非沿岸,走访了36国。其中阿拉伯国家有剌撒(哈萨)、祖法儿(佐法尔)、阿丹(亚丁)、天方(麦加)及非洲的索马里、木骨都束和不剌瓦(布拉瓦)等。

从永乐十四年(1416)到永乐二十一年(1423),木骨都束3次遣使中国,曾赠送明朝花福鹿(斑马)和狮子。宣德间(1426—1436)明人所编《异物图志》中的福鹿图,画的就是木骨都束赠送的斑马。郑和船队也曾3次访问木骨都束,前两次是回访,带去明朝皇帝赠给国王、王妃的彩币。[3]郑和访问

① 巩珍:《西洋番国志》,向达校注,北京:中华书局,1961年,自序。
② 福建长乐南山寺《天妃之神灵应记》,见《西洋番国志》附录2。
③《明史·外国传》。

مقديشو، اتصالات تجارية مكثفة، حتى إن الصوماليين أطلقوا كلمة (Shanghaining)، أي أهل شانغهاي، على المنطقة الشرقية من مدينة مقديشو في وقت متأخر رغبة في تخليد ذكراهم[1]. ومتحف الدولة بالصومال اليوم لا يزال يحتفظ ببعض القطع من خزف مينغ الصيني التي يقال إنها مما حمله تشنغ خه إلى الصومال في أثناء زياراته إليها، ويحتفظ كذلك بورقة من خريطة ملاحة تشنغ خه في حالة جيدة، وهي منسوخة بيد الفرنسيين[2]، فبقيت هذه الآثار الثمينة شواهد تاريخية قيمة على الصداقة العريقة القائمة بين الصين والصومال. وفي فترة يونغ له من أسرة مينغ (١٤٠٣ - ١٤٢٤) أوفدت براوة أربع بعثات إلى الصين. وفي العام الخامس عشر من نفس الفترة (١٤١٧) قدم رسل براوة للصين عددا من الجمال العداءة والنعامات السباقة. وقد زارها تشنغ خه ثلاث مرات قابله السكان خلالها بالترحاب، وترك هو فيهم أثرا عميقا حتى إنهم أطلقوا اسمه على إحدى قراهم في وقت متأخر تعبيرا عما كانوا يكنون له من الشوق والحنين. وهذه القرية المسماة تشنغ خه لا تزال قائمة في إحدى ضواحي مدينة براوة حتى اليوم.

وفي العام التاسع عشر من فترة يونغ له من أسرة مينغ (١٤٢١) وصل من ظفار وخمس عشرة دولة أخرى إلى الصين "رسل يقدمون فرسا أصيلة ومنتجات محلية، فصدر منا أمر لوزارة المراسم بإقامة ولائم رسمية تكريما لهم"[3]. ولما خرج تشنغ خه للمرة السادسة إلى المحيط الهندي في العام نفسه حمله الإمبراطور مراسيم إمبراطورية وأقمشة حرير هدية للملوك والسلاطين، وكان من بين المرافقين له في هذه الرحلة مبعوثون من مختلف البلدان. ولما وصل أسطوله إلى ظفار، قوبل بترحيب حار من السلطان. وفي العام الواحد والعشرين من فترة يونغ له من أسرة مينغ، وصلت من ظفار بعثة ثانية من الرسل. وفي العام الخامس من فترة شيوان ده من أسرة مينغ (١٤٣١) خرج تشنغ خه مرة أخرى إلى ظفار بصفة مبعوث صيني، فأوفد سلطان ظفار رسولا إلى الصين، فوصل إلى عاصمتها في العام الثامن من نفس الفترة (١٤٣٣)، وترك

---

① قه تشنغ مينغ: ((قرية تشنغ خه في القرن الأفريقي)) المنشورة في ((جريدة الشعب اليومية)) الصادرة ٢١ يوليو ١٩٨٥.

② قه تشنغ مينغ: ((قرية تشنغ خه في القرن الأفريقي)) المنشورة في ((جريدة الشعب اليومية)) الصادرة ٢١ يوليو ١٩٨٥.

③ ((سجل أعمال تشنغ تسو في أسرة مينغ)) جـ ١١٩.

木骨都束期间,随行的一些上海人和当地人做生意,彼此交往较多。“后来为了纪念他们,索马里人就把‘上海人’作为摩加迪沙市东区区名。”[①]至今索马里国家博物馆里还保存着几件据说是郑和访问索马里时带去的明代瓷器和一幅完好的由法国翻版的《郑和航海图》。[②]这些珍贵的文物和史料,成为中索悠久友谊的历史见证。永乐年间(1403—1424),不剌瓦4次遣使中国。永乐十五年(1417),不剌瓦使节将千里骆驼和鸵鸟赠给中国。郑和去不剌瓦访问过3次,现今不剌瓦郊区还有一个村子叫“郑和村”,说明郑和船队深受当地百姓欢迎,这说明人们非常们怀念他们。

祖法儿于永乐十九年(1421)与其它15个国家“遣使贡名马方物,命礼部宴劳之”[③]。同年,郑和第六次下西洋,赍敕及锦绮纱罗绫绢等物,赐诸国王,各国使臣偕行。郑和船队到达祖法儿时,受到国王的热烈欢迎。永乐二十一年,祖法儿贡使复至。宣德五年(1431),郑和又一次出使祖法儿,其王

① 葛正明:《“非洲之角”的“郑和村”》,《人民日报》,1985年7月21日。
② 同上。
③《明成祖实录》卷一一九。

الصين عائدا إلى بلده في العام الأول من فترة تشنغ تونغ من أسرة مينغ (١٤٣٦)[1].

أما عدن "فأرسلت بعثة بمذكرة ومنتجات محلية إلى البلاط الصيني في العام الرابع عشر من فترة يونغ له من أسرة مينغ (١٤١٦)، ولما استأذنت البعثة بالانصراف، أمر الإمبراطور تشنغ خه بأن يسافر مصاحبا أعضاء البعثة وحاملا منه مرسوما وقطعا من العملة المسكوكة المزهرة هدية إلى عدن"[2]. وفي العام الخامس عشر من نفس الفترة (١٤١٧) قدمت عدن إلى الصين زرافة وكلبا وأسدا[3]. ولما وصل تشنغ خه إلى عدن في زيارة لها للمرة الثانية في العام الخامس من فترة شيوان ده أمر سلطانها (Nasir) (ناصر؟) رجالا من حاشيته بأن يسافروا إلى الصين ليقدموا هدايا، فوصلوا إلى عاصمة الصين في العام الثامن من فترة شيوان ده، ثم تركوها عائدين إلى بلدهم في العام الأول من فترة تشنغ تونغ[4].

وقد سبق لمكة أن أوفدت إلى الصين أكثر من عشرين بعثة. وكان من بين الهدايا التي حملوها إلى أسرة مينغ اليشب والمنسوجات الصوفية والمرجان والسكاكين المنحوتة من عظام السمك علاوة على الجمل والفرس العربية الأصلية. وأسرة مينغ قدمت لها بالمقابل هدايا من ضمنها رداء مزخرف بتصاميم البواء (الثعبان) والتنين منسوجة بخيوط ذهبية، ومسك وأدوات ذهبية وفضية. ولما خرج تشنغ خه في آخر رحلة إلى المحيط الهندي، فصل بعض القطع من أسطوله في العام السابع من فترة شيوان ده من أسرة مينغ (١٤٣٢) لتصل إلى كوزكود الواقعة على الساحل الجنوبي الغربي من الهند، حيث اختار هونغ باو أحد المشرفين على شؤون البلاد الداخلية سبعة رجال من بينهم الأذنة والمترجمون، ثم استقل هؤلاء الرجال السبعة سفينة كوزكودية متجهين إلى مكة، ومعهم المسك وأدوات من الخزف الصيني، واستغرقوا في هذه الرحلة سنة كاملة ذهابا وإيابا. "فتمكنوا خلال ذلك من شراء ألوان من النفائس علاوة على الزرافة والجمل

① ((تاريخ أسرة مينغ - سجلات البلدان الأجنبية)).

② ((تاريخ أسرة مينغ - سجلات البلدان الأجنبية)).

③ نصب ((استجابات الحورية السماوية)).

④ ((تاريخ أسرة مينغ - سجلات البلدان الأجنبية)).

阿里即遣使中国，宣德八年（1433）至京师，正统元年（1436）回国。[①]

阿丹于"永乐十四年（1416）遣使奉表，贡方物。辞还，命郑和赉敕及彩币，偕往赐之。"[②]永乐十五年（1417），进麒麟及长角哈马兽。[③]宣德五年，郑和复至阿丹访问，阿丹王那思儿随即派人来送礼物，宣德八年至京师，正统元年始还。[④]

天方派到中国的使节，多达20余次。使者送给明朝的礼物，有玉石、骆驼、毛织品、珊瑚、鱼牙刀和阿拉伯名马。中国回赠的礼物，有蟒龙金织衣，麝香及金银器。郑和最后一次出海，分䑸于宣德七年（1432）到古里（印度西南海岸之科泽科德）时，内官太监洪保选差通事等7人，携带麝香、瓷器等

①《明史·外国传》。
② 同上书。
③《天妃之神天应记》碑。
④《明史·外国传》。

والأسد والنعامة.. إلخ، كما رسموا نسخة من صورة الكعبة التي قدّموها إلى البلاط لما عادوا إلى البلاد، وقد أطلقوا عليها اسم (Tiantang Tu) أي بيت الله[①]. ولما وصلت هذه الفصيلة من الرسل الصينيين إلى مكة، أولاهم سلطانها كامل العناية والاهتمام بحيث وضع راحته على جباههم، ولامس هامات رؤوسهم واحدا بعد الآخر. ومن ثم أرسل وفدا برئاسة "شاهوان" (Shahuan) مع الفصيلة الصينية في زيارة رسمية إلى الصين، ومعهم من الهدايا زرافة وفيل وخيل وبعض المنتجات المحلية. ولما وصلوا إلى بكين، خرج الإمبراطور تشو تشان جي الملقب بشيوان تسونغ إلى بوابة فنغتيان لاستقبالهم باعتبارهم ضيوفا كراما للبلاد، ثم تسلم الهدايا منهم في غبطة وسرور، وأغدق هو الآخر عليهم نصيبا وافرا جدا من الهدايا الجوابية[②]. والذي يجدر ذكره هو أن صورة "بيت الله" التي سبق ذكرها هي صورة الكعبة أو صورة البيت الحرام في مكة المكرمة. وما دام هناك مترجمون بين الرجال السبعة من فصيلة أسطول تشنغ خه، فمن المرجح أنه كان بينهم مسلمون. وإن وفدا صينيا مثل هذا قام بأول زيارة للكعبة في مكة، من ثم عاد بصورتها إلى إمبراطور الصين، وهذا أمر له أهميته العظيمة في تاريخ الصداقة الصينية العربية.

يأتي تشنغ خه في عداد أعظم الملاحين في التاريخ، فقد قاد أسطولا لم يسبق له مثل في ضخامته وبعد المسافات التي اجتازها (أكثر من مائة ألف لي صيني أي خمسون ألف كيلومتر ونيف) وفي مدة إبحاره ومدى تقدمه في التقنية الملاحية. وقد وصل هو إلى أفريقيا مرارا وتكرارا قبل دياس بارتولوميو البرتغالي الذي وصل في رحلته البحرية إلى رأس الرجاء الصالح عام ١٤٨٨، وكريستوفير كولمبس الأسباني الذي اكتشف القارة الجديدة عام ١٤٩٢، وفاسكو دي غاما البرتغالي الذي التف حول رأس الرجاء الصالح واجتاز المحيط الهندي عام ١٤٩٧، قبل أولئك جميعا بمدة تتراوح من خمسين إلى مائة سنة. لقد سجل تشنغ خه في رحلاته إلى المحيط الهندي إنجازات هائلة في

① ما هوان: ((مشاهدات رائعة وراء البحار الشاسعة))، تحقيق وتفسير فنغ تشنغ جيون، دار الصين بكين عام ١٩٥٥، مادة مكة، وأيضا مادة مكة في ((سجلات البلدان في المحيط الغربي)).

② ((سجل أعمال الإمبراطور شيوان تسونغ في أسرة مينغ)) جـ ١٠٥.

物，乘古里国船到麦加，往返一年。“买到各色奇货异宝。麒麟、狮子、驼鸡等物，并画天堂图——即天房图真本回京。”[1]当分腙使者到达麦加时，其王甚为重视，加额顶天，派使者沙瓛带着麒麟、象、马等方物，随分腙的7位使者到中国访问。明宣宗朱瞻基视麦加使节为贵客，亲到奉天门迎接，高兴地接受了献礼，回赠特别丰厚。[2]麦加是伊斯兰教的摇篮。克尔白是伊斯兰教的圣地，“天堂图”画的就是克尔白的图形。郑和船队分腙的7个人中既有通事，便很可能有穆斯林。这个有穆斯林在内的中国使团第一次到伊斯兰教圣城麦加和圣地克尔白访问，并绘了天堂图回国上报皇帝，在中阿友好关系史上具有十分重要的意义。

郑和是人类历史上最伟大的航海家之一。郑和船队之大，航程之远（10万余里），航行时间之长，航海技术之先进，都是前所未有的。郑和多次到达非洲，比葡萄牙人迪亚斯1488年航行到非洲南端的好望角，比西班牙人哥伦布1492年发现新大陆，比葡萄牙人达·伽马1497年绕过好望角，横渡印度洋早半个世纪到一个世纪。郑和下西洋，在航海、天文、

① 马欢：《瀛涯胜览》，冯承钧校注，北京：中华书局，1955年。天方国条；参年《西洋番国志》，天方国条。

②《明宣宗实录》卷一〇五。

الملاحة والفلك والجغرافيا وغيرها من المجالات العلمية، فبلغ شأوا عظيما في تاريخ الملاحة، وقد كسب احترام مختلف الشعوب لأنه نفذ السياسة الخارجية السلمية للصين القديمة خلافا لسياسة السلب والنهب والقتل التي سار عليها المغامرون الأوربيون في البلدان الأفروآسيوية. كما عمق برحلاته السبع الطويلة التفاهم بين الشعب الصيني والشعوب الأفروآسيوية بما فيها الشعب العربي، ودفع عجلة التبادلات الاقتصادية والثقافية بين الطرفين إلى الأمام، مما قدم إسهامات جليلة وأحدث أثرا بعيد المدى في تنمية العلاقات الودية بين الشعب الصيني وهذه الشعوب.

إن رحلات تشنغ خه إلى المحيط الهندي قد جاءت نتيجة للازدهار الكبير الذي شهده الاقتصاد الإقطاعي في أسرة مينغ الكبرى، وثمرة لسياسة الإمبراطورية تشو دي الخارجية القائلة بأن "كل من يعيش تحت قبة السماء في أقاصي الدنيا من رعايا إمبراطوريتنا"[1]. ولكن مع تعاقب الشهور والأعوام وجدت أسرة مينغ خزانة دولتها فارغة نتيجة فساد سلطة الدولة وما أعقبه من ضعف في البلاد، فاضطرت إلى اتخاذ سياسة الباب المغلق التي "لا تهتم بالخطط البعيدة المدى"، فأوقفت بناء السفن، وأمرت بعودة السفن التي كانت تخدم في جلب النفائس. ولم يمض على ذلك نصف قرن حتى تدافعت دول أوربا الغربية إلى المشرق لتقيم مستعمرات لها، وذلك عبر التنافس في أنشطة الملاحة في مختلف المحيطات. فكان أن طغى البرتغاليون وبغوا في المحيط الهندي حيث سلبوا ونهبوا ما صادفوه من سفن عربية وهندية، واحتلوا جزيرة سقطرة عند مدخل البحر الأحمر ومضيق هرمز عند الخليج الفارسي، فانقطعت نتيجة ذلك الاتصالات البحرية التي ربطت بين البلدان العربية والصين.

ثلاثة مراجع قيمة حول الاتصالات الودية بين الصين والبلدان العربية و((خريطة تشنغ خه الملاحية))

صاغ ما هوان وفي شين وقونغ تشن المرافقون الثلاثة لتشنغ خه في رحلاته، ما

---

① ((مشاهدات رائعة وراء البحار الشاسعة))، شعر في ذكريات الرحلات.

地理等科学方面取得了巨大的成就，在航海史上有极为重要的地位。郑和下西洋执行的是和平外交方针，而不是像欧洲冒险家那样，对亚非各国采取掠夺屠杀政策。郑和所以长期受到当地人民敬重，其故在此。郑和七次远航，加深了中国人民和阿拉伯等亚非国家人民的相互了解，促进了双方的经济文化交流，为发展彼此之间的友好关系，做出了重大的贡献，产生了深远的影响。

郑和下西洋是大明封建经济高度繁荣和朱棣"际天极地皆王臣"[1]对外政策的产物。一旦"岁时颁赐，库藏为虚"[2]，政治腐败，国势衰弱，便不得不采取"不务远略"的闭关锁国政策，停造舟之役，撤取宝之船了。半个多世纪后，西欧各国竞相从事远洋航海活动，纷纷涌向东方，夺取殖民地。葡萄牙人横行印度洋上，洗劫阿拉伯和印度船只，占领红海入口附近的索科特拉岛和波斯湾入口处的忽鲁谟斯，阿拉伯和中国的海路交通便随之中断。

有关中阿友好往来的三部宝贵史籍和《郑和航海图》

郑和下西洋的随行人员马欢、费信和巩珍分别就其海外

①《瀛涯胜览》，纪行诗。
②《明史·西域传》坤城条。

اطلعوا عليه وراء البحار في ((مشاهدات رائعة وراء البحار الشاسعة))، و((تجولات في أقاصي الأرض))، و((سجلات البلدان في المحيط الهندي)) كل على حدة، حيث تناولوا ما يخص البلدان العربية وغيرها من البلدان الأفروآسيوية من المواقع والتضاريس ومعيشة السكان واللغات التي ينطقون بها والديانات التي يعتنقونها وأحوال مناخاتها والمنتجات والعادات والتقاليد والأوضاع السياسية والاقتصادية فيها، وكذلك التعاملات التجارية، والزيارات المتبادلة التي قام بها المبعوثون من الجانبين، مما جعل هذه المعلومات مستندات تاريخية ذات قيمة عظيمة لدراسة التعاملات الودية بين الصين والبلدان العربية، واتصالات الصين مع البلدان الأجنبية، ولدراسة أحوال البلدان في المحيط الهندي أيضا.

وما هوان هذا هو الملقب بتسونغ داو، من مواليد قويجي في تشجيانغ، وكان مسلما متقنا للغة العربية، فبدأ عمله مترجما عند تشنغ خه في رحلته الثالثة إلى المحيط الهندي، ثم رافقه في رحلتين أخريين، فاطلع على ما تتميز به البلدان التي وصل إليها من سلوك الإنسان وصفاته وخصائص العادات والتقاليد والمنتجات المحلية وما تنتهجه من أنظمة الحكم، ومن ثم أودع هذه المعلومات بين دفتي كتابه ((مشاهدات رائعة وراء البحار الشاسعة))، حتى إذا قرأه أحد، تعرّف على المعلومات عن البلدان المعنية[①]. ويتناول هذا الكتاب عشرين دولة بأسلوب يجمع بين الشمول والتفصيل. وقد ورد في مادة دولة (Tianfang) من مواده أنها "تدين بالإسلام، والنبي بدأ فيها الدعوة إلى السنة". و"لغتها هي اللغة العربية، ونظامها يحرم على سكانها شرب الخمر، ولأهلها عادات طيبة وتقاليد حميدة"؛ بل آتي إليه خبرته الخاصة يقول: "وبعد مسيرة أخرى على القدمين لنصف يوم تقريبا وصلنا إلى مسجدها، اسمه الكعبة، والتي يتوافد المسلمون من مختلف البلدان إليها في اليوم العاشر من ذي الحجة من كل عام حتى ولو استغرق سفرهم سنة أو سنتين، ليؤدوا فيها مناسك الحج".. و"الجو في هذه البقعة من الأرض حار طيلة العام، حيث لا مطر ولا برق ولا صقيع ولا ثلج، لكن الندى الكثيف هو الذي يروي النبات ويغذيه"[②].

① مقدمة ((مشاهدات رائعة وراء البحار الشاسعة)).

② كل هذه الشواهد واردة في مادة مكة من ((مشاهدات رائعة وراء البحار الشاسعة)).

见闻写了《瀛涯胜览》《星槎胜览》和《西洋番国志》,对阿拉伯等亚非国家的地理位置、山川形势、民众生活、语言文字、宗教信仰、气候物产、风俗习惯、政经状况以及这些国家与我国的友好通商和使节往还,作了记载,成为研究中阿友好往来和中外交通,及研究印度洋各国的宝贵史籍。

马欢字宗道,浙江会稽人,信仰伊斯兰教,通晓阿拉伯文。郑和第三次下西洋时,始任通事(翻译),以后又两次随行。他"采摭各国人物之丑美,壤俗之异同,与夫土产之别,疆域之制,编次成帙,名曰瀛涯胜览。俾属目者一顾之顷,诸蕃事实悉得其要。"① 全书记20国,叙事详赅。天方国条说,天方"奉回回教门,圣人始于此国阐扬教法,""说阿剌毕言语,国法禁酒,民风和美"。"自此再行大半日之程,到天堂礼拜寺——即天房礼拜寺,其堂番名恺阿白。……每年至十二月十日,各番回回人,甚至一二年远路的,也到堂内礼拜。""其处气候四时常热如夏,并无雨电霜雪,夜露甚重,草木皆冯露水滋养。"② 前言"天方国"系指麦加地界;"圣人始于此国阐扬教法"实指穆罕默德610年开始在麦加传播伊斯

---

① 《瀛涯胜览》,自序。
② 所有引文均见《瀛涯胜览》,天方国条。

ودولة (Tianfang) فيما تقدم ذكرها يقصد بها أرض مكة المكرمة؛ و"النبي بدأ فيها الدعوة إلى السنة"، والتي تتضمن الآدات العامة والأحوال الجغرافية والمناسك الدينية والظروف الاجتماعية وما إليها من المواضيع المتعددة. وكل ما ذكر في كتاب ما هون هذا قد جاء متفقا والوقائع التاريخية. والجدير بالذكر أن ما هوان هو أول من نقل لفظة "عربي" إلى أقرب المقاطع الصينية إليها.

أما في شين فهو الملقب بقونغ شياو، من مواليد محافظة تايتسانغ في جيانغسو، وقد سبق له أن أدى الخدمة العسكرية في حامية تايسانغ. "وما بين فترة يونغ له وفترة شيوان ده، وقع الاختيار عليه للاشتراك في الرحلة إلى المحيط الهندي، فرافق تشنغ خه المبعوث الخاص إلى ما وراء البحار أربع مرات، حيث اطلع على سلوك الناس وعاداتهم وتقاليدهم ومنتجاتهم في البلدان التي زارها، وأودع ذلك في كتاب من جزئين تحت عنوان ((تجولات في أقاصي الأرض))، أولهما سجل لما شاهده بأم عينيه، وثانيهما مأخوذ عما نقله المترجم من المعلومات المحققة."[1] ويتناول هذا الكتاب أحوال أكثر من أربعين دولة. وبرغم أن نصف متنه مأخوذ من ((لمحة عن البلدان والجزر)) لوانغ دا يوان[2]، وأنه من حيث الشمول والتفصيل أقل من ((مشاهدات رائعة وراء البحار الشاسعة))، غير أنه يتناول مناطق أكثر، فيكمل نقص كتاب المشاهدات بمعلومات صادقة. فالأحساء ومقديشو مثلا لم يرد لهما ذكر في كتاب المشاهدات.

أما قونغ تشن فهو الملقب بيانغ سو شنغ، من مواليد نانجينغ. وقد سبق له أن التحق بالجيش وهو في السادسة عشرة من عمره، فبدأ الخدمة العسكرية جنديا، ثم أخذ يترقى حتى بلغ مرتبة ركن قبل أن يصبح مستشارا لتشنغ خه في الرحلة السابعة إلى ما وراء البحار. وكتابه ((سجل البلدان في المحيط الهندي)) يتناول عشرين دولة متوافقة مع ((مشاهدات رائعة وراء البحار الشاسعة)) تقريبا من حيث المواد والترتيب. وقد قال قونغ تشن في مقدمة الكتاب: "إن كل ما ورد في الكتاب، إما أن يكون ما رأته عيناي،

① في شين: مقدمة ((تجولات في أقاصي الأرض))، مراجعة وتفسير فنغ تشنغ جيون، إعادة طبع دار الصين عام ١٩٥٤، بكين، طبقا لطبعته الأصلية لدار الشؤون التجارية.

② مقدمة فنغ تشنغ جيون لنفس المصدر السابق.

兰教法，包括人文、地理、宗教信仰和社会风情等，故日“圣人始于此国阐扬教法”。马欢所记完全符合史实。此外，值得一提的是马欢在此书中首次准确地使用了“阿剌毕”（阿拉伯）一词。

费信字公晓，江苏太仓人，原是太仓卫戍军。“永乐至宣德间，选往西洋，四次随征正使太监郑和等至海外。历览诸翻人物风土所产，集成二帙，曰星槎胜览。前集者，亲监目识之所至也；后集者，采辑传译之所实也”[①]，共记40多国，虽“半采汪大渊岛夷志略之文”[②]，与《瀛涯胜览》相较，洋赅稍逊，但涉及地区较多，可补《瀛涯胜览》之不足，亦不失真。该书之剌撒国和木骨都束条目，《瀛涯胜览》均无。

巩珍自号养素生，南京人。16岁从军服役，初为士兵，后升幕僚，随郑和第七次出海。所著《西洋番国志》，录20个国家，其先后次序和内容与《瀛涯胜览》大致相同。巩珍在自序里说：“凡所记各国之事迹，或目及耳闻，或在处询访，汉言番语，悉凭通事转译而得，记录无遗。”巩珍所说的通事，很可能

① 费信：《星槎胜览》，冯承钧校注，北京：中华书局，据商务印书馆原版重印，1954年。自序。
② 同上书，冯承钧序。

وإما أن يكون ما بلغ مسمعي أو ما وصلني من المعلومات التي نقلها المترجم خلال الزيارات والتي دونتها دون أن أترك منها شيئا"، ومن المرجح أن هذا المترجم الذي أشار إليه قونغ تشن هو ما هوان، وأن المعلومات الواردة في متن الكتاب أخذت من محضر ما هوان أيضا. و((سجل البلدان في المحيط الهندي)) يتناول الأمور بأسلوب رفيع يجمع بين الشمول والتفصيل. وقد ورد فيه ذكر للمراسيم الإمبراطورية الثلاثة التي حملها تشنغ خه في رحلته إلى المحيط الهندي ما بين فترة يونغ له وفترة شيوان ده، وذكر بأن أسطول تشنغ خه "يعبر المحيط مسترشدا بالنجوم"، ويحدد اتجاهاته بواسطة البوصلة المائية، وأن سارية السفينة الإمبراطورية وشراعها ومرساتها ودفتها، تحتاج من ٢٠٠ إلى ٣٠٠ رجل كي يحركوها. كما ورد فيه ذكر لكيفية خزن ما يلزم الرحلة الطويلة من المياه العذبة، وما إلى ذلك من المعلومات التي لم ترد في الكتابين السابقين والتي لها أهمية بالغة في دراسة تاريخ الصين في القرن الخامس عشر في مجال الملاحة.

لقد رسم تشنغ خه في رحلاته إلى المحيط الهندي ((خريطة ملاحة تشنغ خه)) التي كان يسترشد بها للدلالة على خط ملاحته. وقد سجل فيها ما يتوسط بين شاطئ جنوب شرقي الصين والبلدان العربية وغيرها من البلدان من الاتجاهات والخطوط والمسافات والجزر والمخاضات والصخور، وما يتناثر على الشواطئ من الموانئ والمدن والقمم الشامخة، وما يمكن اعتباره من المعالم التي تهدي السفن (مثل الباغودوات والمعابد والجسور.. إلخ). و((خريطة ملاحة تشنغ خه)) التي تم رسمها في رحلات تشنغ خه إلى المحيط الهندي هي أول خريطة صينية في مجال الجغرافيا البحرية، وتمثل أحد الإنجازات التي تحققت في مجال الجغرافيا في النصف الأول من القرن الخامس عشر، وتعتبر شاهدا تاريخيا على الاتصالات الودية التي قامت بين الصين والبلدان العربية.

就是马欢,其书材料恐亦来自马欢记录。《西洋番国志》"叙事详赅,行文瞻雅。"书中有些记载,如永乐至宣德年间有关郑和下西洋的三通敕书;郑和船队用"牵星过洋",用水罗盘定向;宝船的蓬、帆、锚、舵二三百人始能举动;如何积贮远航淡水等,是前面两部书所没有的,对研究15世纪中国的航海史十分重要。

郑和下西洋时,绘制了指导航行的《郑和航海图》。航海图记载了从中国东南海岸到阿拉伯等国的航向、航线、远近、岛屿、浅滩、礁石以及沿海的港口、城镇、山峰和可作航行目标的标志(如宝塔、寺庙、桥梁等)。《郑和航海图》是中国第一部关于海洋地理的地图,是15世纪上半叶地理学的伟大成就,也是中阿友好往来的历史见证。

الباب الثالث العلاقات الاقتصادية بين الصين وبلاد العرب

١ - العلاقات الاقتصادية الصينية العربية قبل عهد أسرة تانغ

وصلت المنسوجات الحريرية إلى اليونان في القرن الثالث قبل الميلاد. وبعد أن شق تشانغ تشيان الطريق إلى المناطق الغربية أقامت أسرة هان سلطتها في المناطق الغربية (٥٩ ق.م)، فجعلت الأوامر الإدارية من الحكومة المركزية تسري فيها فور إعلانها، وأصبح طريق الحرير سالكا دون العوائق، وأخذت الحرائر والأدوات اللكية والأدوات الحديدية وأواني الخزف الصيني وما إليها من البضائع الصينية وخاصة الحرائر تنقل بكميات هائلة إلى الغرب، وكانت البضائع من أنحاء المناطق الغربية تنقل هي الأخرى إلى الصين بلا انقطاع، الأمر الذي شكل حركة تجارية نشطة على امتداد طريق الحرير، حيث كان "سعاة البريد ينطلقون على ظهور المطايا طوال السنة، والتجار الأجانب يطرقون مداخل الحدود بين حين وآخر"[①].

دور الوساطة الذي قام به التجار العرب

كانت البضائع الصينية إذا ما وصلت إلى سلوقية - طيشفون ومدخل البحر الأحمر والخليج الفارسي، تنقل ثانية إلى سوريا ومصر، ومن ثم إلى أوربا فتباع فيها. ففي زمني اليونان والرومان كانت قوافل التجار العرب في جزيرة العرب وسوريا تمارس تجارة

---

① ((كتاب هان الأخيرة - سجلات المناطق الغربية)).

第三章　中国和阿拉伯之间的经济关系

一、唐以前的中阿经济关系

早在公元前3世纪,中国丝织品就远销希腊。张骞凿空后,汉设西域都护(前59),政令畅行无阻,丝路畅通。中国的丝绸、漆器、铁器、釉陶等商品,特别是丝绸,大量西运,西域各地商品也不断销往中国。形成丝绸之路"驰命走驿,不绝于时月;商胡贩客,日款于塞下"①的繁荣景象。

阿拉伯中间商的作用

中国商品运到塞琉西亚-泰西封、红海口和波斯湾后,再转运叙利亚和埃及,进而远销欧洲。在希腊、罗马时代,阿

---

①《后汉书·西域传》。

الترانزيت، فلعبت بذلك دورا نشيطا في الوساطة التجارية بين الصين والغرب، وأسهمت في التبادلات الاقتصادية بين الصين والبلدان العربية من جهة وبين الصين والغرب من جهة أخرى.

وكان في اليمن الواقعة على مدخل البحر الأحمر عدد من الموانئ الدولية مثل (Eudaemon) (عدن اليوم) و(Ocelis) وموزا (Muza هي مخا اليوم)①، حيث كانت البضائع الصينية تصل إليها وتنقل ثانية على امتداد الشاطئ الغربي من جزيرة العرب باتجاه الشمال وعبر مكة المكرمة، إلى فلسطين وسوريا في زمن حكم الرومان، ثم تباع هناك أو تنقل من جديد إلى مصر. وقد تم شق هذا الطريق التجاري على يد السبأيين الذين أقاموا دولتهم ما بين عامي ٧٥٠ و١١٥ ق.م، ثم سيطر عليه الحميريون الذين أقاموا دولتهم ما بين عامي ١١٥ ق.م و٥٢٥ م، واستمروا كذلك إلى أن حلت قريش محلهم في السيطرة عليه في القرن السادس.②

وكانت البضائع الصينية التي تدخل البحر الأحمر من باب المندب تنقل أيضا إلى البتراء عاصمة الدولة النبطية، عبر (Luokekemei) الميناء الكبير الواقع على الشاطئ الغربي من البحر الأحمر. وهذه الدولة النبطية هي الدولة العربية القديمة التي أسستها قبيلة الأنباط في نهاية القرن الرابع قبل الميلاد، وقد بلغت أوج ازدهارها الحضاري في الفترة ما بين العام التاسع قبل الميلاد والعام الأربعين بعد الميلاد، واستمر وجودها إلى أن قضي عليها الرومان عام ١٠٥. وكانت البتراء تتحكم بالطريق التجاري إلى غزة والعقبة جنوبا وإلى البصرة ودمشق شمالا، وإلى الخليج الفارسي شرقا، فظلت فترة من الزمن همزة وصل بين جنوب جزيرة العرب والشاطئ الشرقي للبحر الأبيض المتوسط. وقد سبق للأنباط أن أقاموا شبكة تجارية امتدت إلى روما ومصر، وكانوا يتاجرون بمنتجات مختلف البلدان، وكان الحرير الصيني الخام يحتل فيها مركزا هاما. كما كانوا يعملون في إرشاد القوافل التجارية، وينظمون رجالا ذوي خبرة قتالية في فرق

① ((ملاحة العرب في المحيط الهندي في العصور القديمة وفي أوائل العصور الوسطى))، ص ٢١، ٢٣، ٣١.

② راجع أحمد أمين: ((فجر الإسلام)) القاهرة ١٩٥٥، ص ١٣.

拉伯半岛和叙利亚的阿拉伯商队，从事转口贸易，在中国和西方的贸易中，起了活跃的中介作用，为中阿和中西经济交流做出了贡献。

红海口的也门有一些国际港口，如尤蒙达（亚丁）、俄塞里斯和莫扎（木哈）。[1]到达也门港口的中国商品，沿阿拉伯半岛西海岸北运，经麦加到罗马的辖地巴勒斯坦和叙利亚，或供当地需要，或转运埃及。这条纵贯阿拉伯半岛西海岸商路的开辟者为也门的赛伯邑人（前750—前115年建国），以后操纵在希米叶尔人（前115—525年建国）手里，6世纪时麦加的古莱氏族取代了希米叶尔人的地位。[2]

中国商品还由曼德海峡入红海，运到巴勒斯坦奈伯特国的首都皮特拉，中经红海西岸的大港洛克科梅。奈伯特人是阿拉伯的一个部落，公元前4世纪末建国，前9—40年奈伯特国十分繁荣，105年为罗马所灭。皮特拉控制着西到加沙，北至布斯拉和大马士革，南去艾拉（亚喀巴），东往波斯湾的商路，是南阿拉伯到地中海东岸这条交通要道的锁钥。奈伯特人建立的商业网，远至罗马和埃及。他们贩运各地特产，中国生丝占重要地位。奈伯特人还充当商队向导，组织富有战

①《古代和中世纪早期阿拉伯人在印度洋的航行》，第21、23、31页。
② 参看艾哈迈德·艾敏：《阿拉伯文化的黎明时期》（Ahmad' Amīn: *Fajr al-' Islām*, Cairo, 1955），第13页。

تحمي القوافل التجارية[1]، ويجبون الضرائب على بضائع الترانزيت.

ولما أفل نجم البتراء، حلت محلها تدمر. وتدمر هي أشهر القبائل العربية التي ظهرت بين دمشق وسلوقية - طيشفون، وقد سبق لها أن أسست دولتها قبل القرن الأول قبل الميلاد، وبنت عاصمتها تدمر الواقعة داخل صحراء سوريا. وكانت فيها ينابيع غزيرة المياه، مما هيأها لأن تكون ملتقى لخطوط المواصلات من جميع الاتجاهات، ومركزا يتجمع فيه التجار من مختلف الأماكن.

أصبحت تدمر في عداد أغنى المدن في غربي آسيا، واشتهرت في أنحاء العالم طيلة القرنين الثاني والثالث. واستمرت كذلك إلى أن استولى عليها الرومان عام ٢٧٢. وكانت تدمر قبيلة عربية شديدة البأس، تعيش في صحراء سوريا، وتجيد الأعمال التجارية، فتركت آثارها في كل من أوربا ومصر وفارس، وأقامت اتصالات وثيقة مع (Charax Spasinu) الميناء الهام في الخليج الفارسي، كما نشط بنوها في التجارة بين الفرس والرومان، إذ كانوا ينقلون الحرائر الصينية القادمة إليهم عن الطريق البري والطريق البحري بأمان إلى أنطاكية على شاطئ البحر الأبيض المتوسط، لتنقل في السفن السورية أو اليونانية إلى روما. ونتيجة لعملهم الفائق في نقل الحرائر الصينية وتأمين سلامة القوافل التجارية تحولت التجارة بين روما والهند من خط البحر الأحمر ومصر إلى خط الخليج الفارسي وأرض سوريا لفترة من الزمن.

وقد سبق أن ظهرت بين أنطاكية وسلوقية - طيشفون دويلات متعددة، أقواها دويلة (Orsroene) التي أسستها إحدى القبائل العربية، والتي اتخذت أدسة (Edesse – أورفا التركية حاليا) عاصمة لها. ففي أواخر القرن الثاني بعد الميلاد أنشأ بنو (Orsroene) دولة لهم ذات سيادة مستقلة، ونشطوا كذلك في الوساطة التجارية بين الفرس والرومان، إذ كانوا ينقلون الحرائر إلى أنطاكية، واستمروا كذلك إلى أن احتل الرومان دولتهم عام ٢١٦[2].

---

① روستوفزوف: ((مدينة القوافل))، ص ٥١.

Rostovzov, M. I: *Caravan Cities* Trans. by D and T Talbot Rice, Oxford, 1932.

② راجع ((أوربا والصين))، ص ٨١- ٨٢.

斗经验的队伍保护商队[1],征收商品过境税。皮特拉衰落后,帕尔米拉取而代之。

在大马士革与塞琉西亚-泰西封之间,有不少阿拉伯部落,最有名的为帕尔米拉。帕尔米拉人于公元前1世纪以前建国,首都帕尔米拉(阿拉伯人叫塔德木尔)。帕尔米拉坐落在叙利亚沙漠的一块绿洲上,为东西南北交通的枢纽,有大量新鲜矿泉,各地商贾多在这里汇集。

2到3世纪,帕尔米拉举世闻名,成为西亚最富庶的城市之一,272年被罗马吞并。帕尔米拉人是叙利亚沙漠中一支强大的阿拉伯部落,善于经商,足迹遍及欧洲、埃及和波斯,与波斯湾的重要港口卡拉塞——斯帕西努有密切联系。帕尔米拉人在波斯和罗马之间,起着活跃的中间商作用。他们把来自陆海两路的中国丝绸妥善地运至地中海滨的安条克,然后由叙利亚或希腊船只转运罗马。由于他们出色组织中国丝绸的运输,保护了商队的安全,罗马和印度之间的贸易,由原来经过红海和埃及,一度转为经过波斯湾和叙利亚。

在安条克与塞琉西亚——泰西封之间有一些小国,其中以阿拉伯部落建立的奥斯罗伊纳国[2]较为强大,首都为埃德萨(今土耳其乌尔法)。2世纪末叶,奥斯罗伊纳人建立了独立国家。他们把中国的丝绸转运至安条克,在波斯和罗马之间,同样起着活跃的中间商作用。这种情况直到216年奥斯罗伊纳被罗马占领才告结束。[3]

① 罗斯托夫佐夫:《沙漠队商城市》(Rostovzov, M.I: *Caravan Cities*, Trans. by D and T Talbot Rice, Oxford, 1932),第51页。

② 或作奥斯尔荷伊纳。

③ 参看《欧洲和中国》,第81—82页。

احتمال وجود تبادل اقتصادي مباشر بين الصين والبلدان العربية

لقد اختلفت الآراء في هذا الموضوع، فهودسين رأى أن السفن العربية ربما وصلت إلى الصين ومصر بعد القرن الأول الميلادي[1]؛ وبيزلي قطع بأن الزمن الذي وصلت فيه السفن الصينية من كانتون إلى الخليج الفارسي لا يتأخر عن القرن الثالث الميلادي[2]؛ وا.هـ. وارمينغتون أشار إلى أن الصينيين قد نقلوا القرفة إلى الخليج الفارسي بعد القرن الثالث الميلادي[3]؛ وأميانوس مارسيلينوس (Ammianus Marcellinus) ذكر بأن السوق الدورية التي أقيمت في البتراء الواقعة على شط الفرات عام ٣٦٠ تقريبا قد شهدت بضائع صينية، وربما نقلت بعض هذه البضائع إليها في سفن صينية[4]؛ والمؤرخ العربي أبو حسن المسعودي ذكر بأن السفن الصينية قد وصلت قبل عهد أسرة تانغ إلى الحلة الواقعة على شط الفرات حيث كانت تمارس التجارة مع العرب[5]؛ و((كتاب سونغ)) الذي تم تأليفه عام ٥٠٠ تقريبا يفيد هو الآخر بأن بين الصين و(Daqin) (المقصود بها سوريا ومصر في زمن حكم البيزنطيين) و(Tianzhu) (أي الهند) "كانت السفن تسير، والتجار والرسل يغدون ويروحون"[6]، وأن السفن الصينية كانت تشكل مشهدا رائعا في المحيط الهندي، و"هي مقبلة من الآفاق، والرياح تدفعها دفعا والمد المتموج يتقدم تلالا"[7].

وهذه المعلومات التاريخية تدل على احتمال وجود تبادل اقتصادي صيني عربي مباشر عبر البحر قبل عهد أسرة تانغ.

---

① نفس المصدر السابق ص ٧٦.

② بيزلي: ((بداية علم الجغرافيا الحديث)) ص ٤٩٠.

③ أ.هـ. وارمينغتون: ((التجارة بين الإمبراطورية الرومانية والهند)) ص ٢٥٧.

④ نفس المصدر السابق ص ١٣٨.

⑤ راجع ((مروج الذهب)) جـ ١، ص ١٠٣.

⑥ ((كتاب سونغ - سجلات الشعوب)).

⑦ نفس المصدر السابق

中阿直接经济交往的可能性

这是一个有争议的问题。赫德森认为，公元1世纪后，阿拉伯船只可能已航行到中国和埃及。[①]比兹利断定，从3世纪起，中国船只就从广州到了波斯湾。[②]沃明顿指出，3世纪后中国人把肉桂运到了波斯湾。[③]阿米亚·马赛林提到，360年左右，在幼发拉底河岸巴特纳举行的定期交易会上有中国商品，有些可能就是中国船运来的。[④]阿拉伯历史学家麦斯欧迪曾记述中国船在唐代以前就航行至幼发拉底河的希拉城，与阿拉伯人进行贸易。[⑤]成书于500年左右的《宋书》说，中国与大秦（指东罗马辖地叙利亚和埃及）、天竺（印度）之间"舟舶继路，商使交属。"[⑥]印度洋上，出现了中国船"汎海陵波，因风远至"[⑦]的雄伟景象。

上述史料说明，唐以前存在着中阿海路直接经济交往的可能性。

---

① 《欧洲和中国》，第76页。

② 比兹利：《现代地理学的开端》（Beazley: *The Dawn of Modern Geography*, London, 1897），第490页。

③ 沃明顿：《罗马帝国和印度的商业》（E.H.Warmington: *The Commerce Between the Roman Empire and India*, Cambridge, 1928），第257页。

④ 同上书，第138页。

⑤ 参看《黄金草原》，第1卷，第103页。

⑥ 《宋书·蛮夷传》。

⑦ 同上书。

٢ ـ السياسة الخارجية المنفتحة وازدهار التجارة الصينية العربية في عهد أسرة تانغ

شهدت أسرة تانغ وضعا مزدهرا في اقتصادها الإقطاعي، وجمعت ثروات أعظم بكثير مما كانت عليه في أي عهد سابق، فقد شهدت صناعة السفن والملاحة تطورا عظيما في هذا العهد، حيث كانت السفينة الضخمة يصل طولها إلى ٦٧ مترا، وتتسع لعدد ما يتراوح بين ستمائة وسبعمائة شخص[1]، وهذا وفر الشروط اللازمة للملاحة العابرة للمحيطات. ورغبة في الاستفادة من هذا الأساس المادي، وتمشيا مع المتطلبات الواقعية، مارست أسرة تانغ سياسة انفتاح خارجية بعيدة النظر، وعززت العلاقات الاقتصادية بينها وبين البلدان العربية وسائر البلدان الأفروآسيوية، مما أسفر عن مزيد من التقدم في الإنتاج الاجتماعي. وقد ورد في المصادر التاريخية أن أسرة تانغ كانت على اتصال بأكثر من ثلاثمائة دولة أو منطقة[2]، بحيث ترك أبناء هذه الأسرة آثار أقدامهم في الأراضي الواسعة الممتدة من اليابان شرقا، وتنتهي إلى البلدان العربية و(Fulin) (اسم آخر للإمبراطورية الرومانية الشرقية عند الصينيين في الزمن القديم) غربا. وفي نفس الوقت كان من بين سكان مدينة تشانغآن عاصمة الصين، ألوف وألوف من المغتربين الأجانب، يشكل العرب منهم نسبة غير قليلة. وقد عثر من مكتشفات مقابر تانغ على ثلاث قطع نقدية عربية من الذهب تم ضربها كل على حدة عام ٧٠٢ وعام ٧١٨ وعام ٧٤٦ بعد الميلاد، وهي التواريخ التي تصادف زمن الأمية من الإمبراطورية العربية[3].

لقد ربطت الإمبراطورية العربية بين آسيا الوسطى وآسيا الغربية وشمال أفريقيا وإسبانيا في وحدة متكاملة، وشكلت منها تجمعا اقتصاديا مشتركا شهد ازدهارا في

---

① شيوان ينغ: ((مفتاح الكتب البوذية))، جـ ١.

② ((أركان تانغ التسة))، جـ ٤، رقم ١٩، دار كوانغيا.

③ راجع شيا ناي: ((النقود الذهبية العربية التي اكتشفت في مقابر تانغ في شيآن)) المنشورة في ((دراسة الآثار))، عدد ٨ عام ١٩٦٥.

二、唐代开明的对外政策和中阿贸易的兴盛

唐代,封建经济繁荣,物质财富远胜前代。造船工艺和航海技术相当发达。大船长达20丈,可载六七百人①,完全具备远洋航行条件。依靠这样的物质基础,适应现实的要求,唐王朝奉行了很有远见的开明的对外政策,发展了和阿拉伯及其他亚洲国家的经济关系,促使社会生产进一步上升。史籍记载,唐朝与大小300多个国家和地区有往来。②东起日本,西到阿拉伯和拂菻(东罗马),都有唐人足迹。长安城居住着成千上万的胡客,其中有不少阿拉伯人。西安唐墓曾出土3枚阿拉伯金币,建造年代分别为702年、718年和746年,时值阿拉伯帝国倭马亚王朝时期。③

阿拉伯帝国把中亚、西亚、北非和西班牙连成整体,形成统一的经济区。帝国农工商业兴旺,水陆交通发达,巴格达

---

① 玄应:《一切经音义》卷一。
②《唐六典》卷四,十九,广雅书局开本。
③ 参看夏鼐:《西安唐墓出土阿拉伯金币》,《考古》1965年第8期。

الزراعة والصناعة والتجارة، وتطورا في المواصلات البرية والبحرية. وعرفت عاصمتها بغداد في أرجاء العالم حتى صارت مقصدا للتجار الأجانب، وانتهج حكامها كذلك سياسة انفتاح خارجية، وأقاموا علاقات اقتصادية وثيقة مع أسرة تانغ.

وللحفاظ على المعبر في المناطق الغربية كلفت حكومة تانغ هو جيون جي بالاستيلاء على إمارة قاوتشانغ (توربان حاليا)، وكلفت آشناشير (Ashnasher) بقمع تمرد كوتشار، فأزال الرجلان كافة العوائق من طريق الحرير لتتابع عليه قوافل التجار العرب حركتها بين البلدان العربية والصين عبر سمرقند. وقد تجسدت هذه الحركة التجارية النشطة تجسدا حيا في تماثيل الإبل المصنوعة من خزف تانغ الثلاثي الألوان، فبينها جمال بسنامين مما في آسيا الوسطى وجمال بسنام واحد مما لدى العرب. وتتخذ هذه الجمال أوضاعا مختلفة، منها ما يبدو مرفوع الرأس في حالة رغاء، ومنها ما هو بارك على الأرض، أو حامل لفائف من الحرير أو جوقة موسيقية.

وفي أواسط عهد أسرة تانغ استولت التبت على الشمال الغربي من الصين، وسدت الطريق البري بين الصين والبلدان العربية، مما جعل المواصلات البحرية تنشط أكثر من ذي قبل.

تقديم الهدايا تحت شعار دفع الجزية والإتاوة ومنح الهبات والتجارة الحرة

لما شهدت أسرة تانغ ازدهارا، أرسلت رسلا إلى بلدان ما وراء البحار لإقامة علاقات ودية معها ودعوتها إليها، فنشطت التجارة الخارجية نشاطا لم يسبق له مثيل. وفي فترة شيوان تسونغ من أسرة تانغ (٧١٢ - ٧٥٦) أسست ولاية لينغنان أول إدارة صينية لشؤون السفن التجارية القادمة من وراء البحار مسؤولة عن الشؤون الخاصة بالتجار القادمين من مختلف البلدان بما في ذلك البلدان العربية. و"حددت هذه الإدارة حيا (في كانتون) ليكون سوقا يعرض فيها الأجانب بضائعهم، وفرضت عليها ضريبة طفيفة تجبيها لخزانة الدولة"[1]، فجمعت من الأموال قدرا لا بأس به، أسهم في ميزانية الدولة.

① قو يان وو: ((كتاب المحاسن والمساوئ في الأقطار العالمية)) جـ١٢٠.

城世界闻名,各国商旅荟萃。阿拉伯的统治者同样实行开明的对外政策,与唐王朝建立了密切的经济关系。

唐朝政府维护西域通道,命侯君集破高昌,阿史那社尔平龟兹,犁庭扫穴,丝路畅通。从阿拉伯经撒马尔罕到中国内地的商使,往来不绝。唐三彩中中亚种的双峰驼和阿拉伯种的单峰驼,或仰首嘶鸣,或伏卧在地,或驮丝绸,或载乐队,生动地再现了丝绸之路的繁忙景象。

唐代中叶,吐蕃进占西北,中阿陆路交通受阻,海上交通由是更加兴盛。

贡赐与自由交易

唐兴,遣使海外各国,通好招引,外贸空前活跃。玄宗时期(712—756),于广州始置市舶使,以岭南帅臣监领之,负责管理阿拉伯等地外商。"设市区,令蛮夷来贡者为市稍收利入官。"[①]南海市舶收入不少,有助国用。"若岭南帅得其人,

---

① 顾炎武:《天下郡国利病书》卷一百二十。

وكان يقال "إذا ظفرت ولاية لينغنان بوال يناسبها، جاءت البضائع الأجنبية يوميا، بحيث يتوفر في الصين ما لا ينفد من اللآلئ والبخور والعاج وقرن الكركدن ودرع اللجأ السهفية وغيرها من المواد النادرة، فصار اختيار الوالي (في كانتون) يتطلب عناية أكثر مما في أي مدينة أخرى"①. وبعد ذلك أنشئت نفس الإدارة في كل من الزيتون ومينغتشو (نينغبو) ويانغتشو، وعين فيها موظفون. أما بالنسبة للحكومة فكانت وزارة المراسم بما فيها ديوان المراسم وغيره من الأجهزة هي التي تتولى أمور تلقي الهدايا من التجار الأجانب بما فيهم التجار العرب تحت شعار دفع الجزية والإتاوة، وكانت وزارة العقارات والمالية مسؤولة عن جمع الضرائب والتسويق.

انتهجت أسرة تانغ سياسة انفتاح خارجية اجتذبت بها عددا كبيرا من التجار العرب. وكانت التجارة الصينية العربية تتم على صورتين، إحداهما تقديم الهدايا تحت شعار دفع الجزية والإتاوة ومنح الهدايا من الحكومة الصينية باعتبارها هبات جوابية، أي أن يقدم التجار العرب باسم بلادهم للحكومة الصينية منتجات عربية باعتبارها جزية وإتاوة، فيهبهم الإمبراطور ما يعادلها أو يفوقها قيمة من مواد صينية، علاوة على منحهم الرتب الإمبراطورية وإقامة الولائم لتكريمهم. وكان من شأن هذا النوع من التجارة أن وثق عرى الصداقة بين الطرفين. والصورة الأخرى من تلك التجارة الصينية العربية هي أن يبيع التجار العرب أو التجار الصينيون البضائع داخل حدود الطرف الآخر دون قيود، وكانت مواد كالبخور والعقاقير والعاج تشكل أهم أنواع البضائع العربية، وكانت السفن العربية متى ما وصلت إلى الموانئ الصينية، حفظ الصينيون شحناتها لصاحبها في المستودعات مدة أقصاها ستة أشهر حتى إذا وصلت آخر شحنة له، اقتطعوا ثلاثة أعشار مجموع الشحنات، وردوا إليه الأعشار السبعة الباقية②، وقد سميت هذه الضريبة العينية عمولة الشحن، أي ضريبة الحمولة. وقد ورد في المجلد ١٢٠ من ((كتاب المحاسن والمساوئ في الأقطار العالمية)) أن "من التجار الأجانب من أورد كمية من كافور بورنيو وعود الند وكبش القرنفل وحب هال الحماما، فاقتطعنا منها العشر". وهذا

① هان يو: ((فاتحة الخطاب إلى الوزير تشنغ))، ((مجموعة تشانغلي))، جـ٢١.

② ((أخبار الصين والهند))، الطبعة الصينية ص ١٥.

则……外国之货日至,珠、香、象、犀、玳瑁,奇物溢于中国,不可胜用,故选帅常重于他镇。"①继广州之后,泉州、明州(宁波)、扬州也设市舶使,委派宦官任市舶官员。在中央,有礼部、鸿卢寺处理阿拉伯等地商使进贡事宜,户部主管征榷。

  唐王朝开明的对外政策,招来大量阿拉伯商人。唐代中阿贸易有两种形式。一为进贡与回赐,即阿拉伯商人以贡使名义进贡物,唐朝皇帝回赐等值或价值更高的物品,并授官宴请。这种贡赐贸易形式,同时有加强政治友好关系的意义。另一种形式是阿拉伯商人和中国商人在对方境内自由出售商品。阿拉伯商品主要为香料、药材及象牙等。阿拉伯货船抵达中国港口后,"中国人便把商品存入货栈,保管六个月,直到最后一船海商到达时为止。他们提取十分之三的货物,其余十分之七交还商人。"②这种实物税叫做"舶脚",即吨位税。《天下郡国利病书》卷一二〇载,"番商贩到龙脑、沉香、丁香、白豆蔻四色,并抽解一分。"可见舶脚一般为1/10,抽取

---

① 韩愈:《送郑尚书序》,《昌黎集》卷二十一。
②《中国印度见闻录》,第15页。

يدل على أن ضريبة الحمولة كانت تشكل عشرها في أغلب الأحيان. أما اقتطاع ثلاثة أعشار، فيرجح أن ذلك سببه طمع الموظفين. وكان على التجار الأجانب بما فيهم التجار العرب أن يقدموا إلى جانب ضريبة الحمولة هدايا إلى الإمبراطور أو الحكومات المحلية. والبضائع التي كانت الأسرة الحاكمة تطلبها منهم تتعهد الإدارة المحلية لشؤون السفن الأجنبية والتجارة الخارجية بشرائها باسم الحكومة الصينية بضعفي ما كان العامة يدفعونه من الأثمان نقدا[①].

سياسة حكومة تانغ في حماية التجار العرب

اتخذت الحكومة الصينية في عهد أسرة تانغ مجموعة من الإجراءات لرعاية التجار العرب وغيرهم من التجار الأجانب، كانت تعاملهم معاملة حسنة وتحمي مصالحهم بحرص. وكان مسموحا لهم بممارسة التجارة دون قيود في أي من المدن والموانئ المفتوحة لهم[②]، ما دام بحوزتهم ما منحتهم إياه الحكومات المحلية بالصين من أوراق ثبوتية وما كتبته لهم الإدارات الصينية للسفن الأجنبية والتجارة الخارجية من شهادات على الأموال والمواد المحمولة معهم. وكانت لهم فرص يحظون فيها بالتكريم من موظفي الحكومات المحلية. وكانوا إذا ما أعوزتهم النقود، استقرضوها من الحكومات المحلية؛ وإذا ما فقدوا شيئا مما كان معهم، تولى موظفو الحكومات المحلية مسؤولية البحث عنه؛ وإذا حدث أن مات بعضهم في أرض الصين، تولت الحكومة الصينية تسليم أمواله إلى وريثه[③]. وبالرغم من صرامة قوانين أسرة تانغ في التجارة الخارجية كان هناك موظفون "يبتاعون ما هو غال بثمن بخس"، و"يكثرون من الجباية". وحين أثار ابتزاز الموظفين استياء التجار الأجانب، قال الإمبراطور ون تسونغ في مرسوم صدر في العام الثامن من فترة تاي خه في عهد ون تسونغ من أسرة تانغ (٨٣٤) "ينتابنا قلق شديد لأن القادمين من أقاصي الأرض ليسوا مطمئنين، فالتعرفة

① ((أخبار الصين والهند))، الطبعة الصينية ص ١٥.

② نفس المصدر السابق ص ١٨.

③ نفس المصدر السابق ص ١٨.

3/10可能是官员增税自肥。舶脚之外,尚有进奉,即阿拉伯等地外商照例向皇帝或地方政府进献礼物。凡皇室所需物品,由市舶使代表政府专门收购,叫做"收市"。其价格比卖给老百姓高出一倍,需付现金。①

唐朝政府保护阿拉伯商人

唐朝政府有一套管理阿拉伯等地外商的办法,优待他们,保护他们的利益。只要他们有地方官员给予的身份证明和市舶主管人给予的所带钱物证明,在政府许可的城市或港口进行贸易,就可不受限制②,还可得到地方官的款待。如果临时缺钱,当地政府可借给他们。若丢失东西,地方官负责查寻。若客死中国,政府将其财产交给继承人。③唐朝外贸立法较严,尽管如此,仍有官员"贱售其珍","多务征求"。官员勒索,引起外商不满。唐文宗太和八年上谕:"深虑远人未安,率税犹重。思有怜恤,以示绥怀。其岭南、福建及扬州蕃

---

① 《中国印度见闻录》,第15页。
② 同上书,第18页。
③ 同上。

ما زالت فادحة بالنسبة لهم. ورأفة منا بهم، ورغبة في تهدئة خاطرهم، رأينا تعيين مفوض للمراقبة ينوب عنا في الاهتمام الدائم بأولئك التجار الأجانب في لينغنان وفوجيان ويانغتشو. ورأينا أيضا أن تترك لهم حرية التعامل التجاري، ولا تجبى منهم إلا نسب الحمولة المقتطعة والمبيعات المخصصة للحكومة الإمبراطورية والهدايا المقدمة للبلاط، ولا يسمح بفرض تعرفة باهظة عليهم"[1]. لقد اهتم الإمبراطور ون تسونغ من أسرة تانغ اهتماما خاصا بمشكلة الضرائب المفروضة على التجار الأجانب بما فيهم التجار العرب ليحيطهم بالفضل والرحمة ويدخل في قلوبهم الغبطة والسرور. وكانت حكومة تانغ تعاقب من يخل بالقوانين والأنظمة من الموظفين وتضمن التجارة الشرعية التي يمارسها التجار الأجانب. فقد ذكر في ((أخبار الصين والهند)) أنّ تاجرا "تازيّا" ينحدر من سلوقية اشترى من العراق كميات هائلة من البضائع ليبيعها في الصين، فحدث خلاف بينه وبين موظف من الخصيان حول العاج وبعض المواد الأخرى، كان هذا الموظف مبعوثا من الإمبراطور إلى كانتون لشراء البضائع الواردة، فأخذ من التاجر التازي عنوة أفضل ما لديه من البضائع، فذهب التاجر إلى العاصمة تشانغآن، وقدم شكواه إلى الإمبراطور الذي قابله واستمع إليه، ثم أصدر أمرا بالبحث في القضية. ولما علم بأن الحق مع التاجر، صادر ممتلكات الموظف وقال له "لقد جاء هذا التاجر إلى بلادنا متوخيا المعاملة الحسنة، غير أن تصرفك سيجعله يقول لإخوانه بعد عودته إليهم: 'لقد عانيت في الصين من سوء المعاملة حتى إنهم استولوا على أموالي' "[2]. ثم عزل هذا الموظف من منصبه في العناية بالنفائس، وجعله حارسا للضريح الإمبراطوري فلم يلبث أن ذاع خبر إنصاف التاجر العربي في مدينة كانتون، وربما انتقل إلى غيرها من الموانئ. وبدهي أن يترك هذا الحدث أثرا طيبا في اجتذاب التجار الأجانب إلى الصين.

تحول كانتون ويانغتشو إلى ميناءين دوليين

كانت قوميتا الترك والتبت المقيمتان في شمال غربي البلاد تهددان أواسط البلاد

---

① ((المجموعة الكاملة لمقالات أسرة تانغ))، جـ ٧٥ .

② ((أخبار الصين والهند))، الطبعة الصينية ص ١١٧.

客，宜委节度观察使，常加存问。除舶脚、收市、进奉外，任其来往通流，自为交易，不得重加率税。”[①]唐文宗亲自过问阿拉伯等地外商的纳税问题，意在施以仁恩，令其感悦。唐朝政府惩治违法乱纪官吏，保障外商的合法贸易。《中国印度见闻录》记载，有个原籍呼罗珊的大食商人，从伊拉克买了大批货物到中国来卖。一次，皇帝派到广州选购蕃货的宦官，和这个商人在象牙等货物的交易上发生争执。商人拒不出售，好的商品被宦官拿走。商人跑到长安告御状。皇帝接见了他，听取了他的申诉，下令调查。及知商人上告有理，皇帝没收了宦官的财产并对他说：“商人是来我国寻求恩惠的。可是，你却希望他回去的时候，向各地的人说：‘我在中国遭到无情虐待，财产也给强占去了。’”[②]皇帝革去这个宦官管理宝物的职务，命他去看守皇陵。外商胜诉消息很快传遍广州，可能还传到了其他港口城市。这件事对招揽外商必然产生有利影响。

扬州、广州成为国际港口

唐时，西北的突厥和吐蕃不时威胁中原，东南则甚安

①《全唐文》卷七十五。
②《中国印度见闻录》，第117页。

من حين إلى آخر، بينما كان الجنوب الشرقي يسوده الأمن. وإزاء هذا الوضع فرضت أسرة تانغ الإمبراطورية قيودا صارمة على التجارة الخارجية في الطريق البري بالشمال الغربي، ومنعتها أن تعبر نقاط الجمارك على امتداد هذا الطريق إلا بإذن خاص. أما الطريق البحري في الجنوب الشرقي فلم تفرض عليه أية قيود، وكان هو الطريق المفضل لسهولة نقل البضائع عليه، ولا سيما الأواني الخزفية القابلة للكسر، فصار شاطئ الجنوب الشرقي بالطبع أهم المواقع في التجارة الدولية في عهد أسرة تانغ، حيث كان التجار الأجانب، وضمنهم التجار العرب، يتجمعون في يانغتشو وكانتون وغيرهما من المدن الواقعة قرب البحر لممارسة الأعمال التجارية[①].

وكانت يانغتشو إذ ذاك همزة وصل في الملاحة النهرية بين جنوب الصين وشمالها. وكانت مركز تسويق للملح والشاي والأرز والحرير، فاعتبرت لذلك أغنى المدن تحت قبة السماء آنذاك، وقد قيل "إن يانغتشو أول المراكز، وتشنغدو ثانيها". وكان معظم التجار العرب المتجمعين في أحد أحياء مدينة يانغتشو يتاجرون بالمجوهرات والبخور والعقاقير. وعندما بدأت حملة تيان شن قونغ لتأديب ليو تشان في العام الأول من فترة شانغ يوان من عهد سو تسونغ من أسرة تانغ (٧٦٠)، حدث أن "قتل آلاف التجار العرب والفرس" في يانغتشو[②]، فيستنتج من ذلك أن عدد العرب في هذه المدينة كان كبيرا. وبعد أواخر عهد أسرة هان صارت كانتون موقعا إستراتيجيا في المواصلات البحرية بين الصين والبلدان العربية. وفي عهد أسرة تانغ "صارت مركزا هاما، وعرفت بأنها مدينة العمران والخيرات، وظلت مقصد التجار من كل ناحية"[③]؛ وكانت السفن القادمة من البلدان العربية والهند وجنوب شرقي آسيا وغيرها من البلدان الأخرى ترسو في نهرها بأعداد لا تحصى، والبضائع ترد إليها من جميع الجهات، والنفائس تتكدس فيها

① راجع شيانغ دا: ((تشانغآن في عهد تانغ وحضارة المناطق الغربية))، مكتبة سان ليان، عام ١٩٥٧، ص ٣٤.

② ((كتاب تانغ الجديد - سيرة دنغ جينغ شان)).

③ لو تشي: ((في العريضة التي تقدمت بها ولاية لينغنان لإقامة إدارة لشؤون السفن الأجنبية والتجارة الخارجية على المستوى المتوسط في آننان)) - ((مجموعة أعمال لو شيوان قونغ)) جـ ١٨. و"آننان" هو اسم منطقة ما بين جنوب الصين وخليج سيام في التاريخ.

宁。因此，在外贸方面，唐王朝对西北陆路限制甚严，非经允许，不得度关；对东南海路则不加限制，且予鼓励。加之海运比陆运便利，易碎的瓷器商品又宜于海运，东南沿海便自然成了唐朝国际贸易重心，阿拉伯等地外商也集中到沿海的扬州和广州等城市做生意。[1]

唐代的扬州是南北水运的枢纽，江淮盐、茶、漕米、轻货的集散地，富甲天下，有“扬一益二”之称。聚居扬州的阿拉伯商人，大多做珠宝、香料、药材买卖。唐肃宗上元元年(760)田神功讨伐刘展时，扬州“大食、波斯贾胡死者数千人”[2]，可见扬州的阿拉伯人为数不少。汉末以后，广州发展为中西海上交通重镇。唐代，“广州地当要会，俗号殷繁，交易之徒，素所奔凑。”[3]广州江上停泊的阿拉伯、印度及东南亚

① 参看向达：《唐代长安与西域文明》，北京：三联书店，1957年，第34页。
②《新唐书·邓景山传》。
③ 陆贽：《论岭南请于安南置市舶中使状》，《陆宣公集》卷十八。

تكدس الجبال①. وقد ذكر مرارا وتكرارا في ((أخبار الصين والهند)) أن كانتون كانت مكان تجمع للتجار العرب، وورد فيه كذلك أنه حين استولت قوات هوانغ تشاو الفلاحية على كانتون عام ٨٧٩ بلغ عدد القتلى من المسلمين واليهود والمسيحيين والمجوس مائة وعشرين ألفا②. وعلى الرغم من أنه لم يرد في المصادر التاريخية الصينية ذكر لهذا الحادث يساعد على إثبات صحة هذا العدد من القتلى، إلا أنه لا يزال يعتبر دليلا على كثرة الأجانب الذين كانوا متواجدين في كانتون، وعلى أن العرب كانوا يشكلون الغالبية بينهم. في البداية كان التجار الأجانب في كانتون يقيمون بين الصينيين ويتزوجون منهم. ولما حلت فترة كاي تشنغ من عهد ون تسونغ من أسرة تانغ (٨٣٦ - ٨٤٠)، أصدر لو جيون والي إقليم لينغنان أمرا بأن "يتباين أهل الصين والأجانب في الإقامة، وألا يحدث بينهم تزاوج، وألا يسمح للأجانب بشراء العقارات من أرض وبيوت"③. وكان "أولئك الذين يلبسون الأزياء الغريبة، ويتكلمون لغات خاصة، يبنون على الغالب بيوتا مؤقتة بالقرب من الخلجان، حيث يشيدون أسوارا من الحجارة ويتكاثرون داخلها"④. وقد أثبتت الدراسات أن شارع "داتشي" أمام مسجد هوايشنغ هو في الواقع موقع حارة التازيان، أي حي العرب، أما "داتشي" فهي لفظة محرفة عن أصلها "داشي"⑤. ومن المحتمل جدا أن كثيرا من العرب أقاموا في تلك الحارة في عهد أسرة تانغ، فقد كان بين التجار العرب القادمين إلى الصين من يستوطنون فيها ويتكاثرون حتى صاروا جزءا من أهل الصين.

وكانت السفن العربية القادمة إلى الصين غالبا ما تقلع من سيراف وصحار قاصدة كانتون. وفي عام ٧٥٨ حدث أن غزت بعض القوات العسكرية من داشي وفارس مدينة

① راجع يوان كاي الملقب بالطاوي الخالد: ((الحملة الشرقية في فترة دا خه من عهد أسرة تانغ)) - تحقيق وتفسير وانغ شيانغ رونغ، مكتبة الصين بكين، عام ١٩٧٩، ص ٧٤.

② ((أخبار الصين والهند)) الطبعة الصينية ص ٩٦.

③ ((كتاب تانغ القديم - سيرة لو جيون)).

④ ((كتاب المحاسن والمساوئ في الأقطار العالمية)) جـ ١٠٤.

⑤ يانغ أن بو: ((سفن تانغ جابت الخليج الفارسي))، مجلة ((المرصاد))، عام ١٩٨٤ عدد ٣٩.

等地外国船只,不计其数。珍货辐辏,瑰宝山积。①《中国印度见闻录》多次提到广州是阿拉伯商人荟萃之地。又说黄巢攻下广州时,被杀害的伊斯兰教徒、犹太教徒、基督教徒和拜火教徒,共有12万。②这件事,中国史籍没有记载,12万之数也不一定可靠。但由此可以看出,当时广州的外国人确实很多,在数量上来自阿拉伯帝国的穆斯林当居首位。最初,广州外商与当地人杂居,婚娶相通。唐文宗开成年间(836—840),岭南节度使卢钧始令"华蛮异处,婚娶不通,蛮人不得立田宅。"③"诡服殊音,多流寓海滨湾泊之地,筑石联城,以长子孙。"④今广州怀圣寺门口,"有一段马路叫'大纸巷'。据考证,系大食巷的讹称。"⑤唐时,很可能有不少阿拉伯商人在大食巷居住。来华阿拉伯商人,有的长期"住唐"不返,繁衍后代,成为中国人。

来华阿拉伯商船多从西拉甫和苏哈尔起航,开往广州。758年,大食和波斯兵围攻广州,"掠仓库,焚庐舍,浮海而

---

① 参看真人元开:《唐大和上东征传》,汪向荣校注,北京:中华书局,1979年,第74页。
②《中国印度见闻录》,第96页。
③《旧唐书·卢钧传》。
④《天下郡国利病书》卷一百零四。
⑤ 杨恩璞:《唐船驰骋波斯湾》,《瞭望》1984年第39期。

كانتون و"نهبوا مستودعاتها، وأشعلوا النيران في بيوتها، ثم انصرفوا من البحر"①. ولما أغلقت المدينة نتيجة ذلك، تحولت السفن التجارية القادمة من البلدان العربية إلى جياوتشو②، ولم تعد إليها إلا في عام ٧٩٢ إذ رفع الحظر البحري عن هذه المدينة في هذا العام، ودليل ذلك أن تاجرا إباضيا من البصرة يدعى ناصر بن مأمون قام بزيارة للصين عن طريق كانتون بعد عام ٧٩٢. غير أن التجارة الخارجية ضعفت لفترة من الزمن نتيجة للهجمات التي بدأتها قوات هوانغ تشاو المنتفضة على مدينة كانتون عام ٨٧٨، إذ تحول التجار العرب بسفنهم إلى كالاه (Kalah) على الشاطئ الغربي من شبه جزيرة المالايو، واستمروا كذلك إلى أن عادوا بها إلى هذه المدينة في غضون القرن العاشر حيث كانت عدن ميناء هاما في الملاحة العربية إلى الصين.

سفن تانغ تجوب البحر العربي

بينما كانت السفن التجارية العربية تبحر إلى الصين عادت السفن التجارية الصينية تبحر إلى عمان وسيراف والبحرين والأبلة وبغداد③ وعدن لاستئناف التجارة. وكان في عدن مرسى خاص للسفن الصينية. وقد سبق أن عثر في سيراف على نقود يعود زمن ضربها إلى عهد أسرة تانغ. وربما سبق للسفن التجارية الصينية أن وصلت إلى الميناء اليمني الشحر وإلى السواحل الشرقية من أفريقيا. وكان بين شحنات السفن الصينية إلى البلدان العربية الحرير والقماش المقصب وأواني الخزف الصيني والورق والمسك وعود الند والكافور والقرفة وفرو الزبلين (سمور سبيرية) والسروج.. إلى آخره④. وكانت في بغداد سوق خاصة ببيع الحرير وأواني الخزف الصيني وما إليها من البضائع الصينية.

① ((استدراك وتكملة موسوعة التاريخ)) جـ ٢٢٠. ربما يكون أولئك العساكر التازيان والفرس هم الجنود التازيان الذين سبق لهم أن نصروا أسرة تانغ في تهدئة فتنة آن لو شان، وقصدوا في العودة إلى بلادهم الطريق البحري بدل الطريق البري الذي أغلق في وجههم.

② هي هانوي حاليا التي سبق لها أن كانت مقر مفوضية آننان التابعة لأسرة تانغ.

③ ((مروج الذهب)) جـ ١ ص ١٤٠.

④ راجع ((المسالك والممالك)) ص ٦٩- ٧٠.

去。"[1]以后，广州封闭，阿拉伯商船改泊交州。[2]792年，广州重新开放，阿拉伯商船复至。一个巴士拉的伊巴迪派商人纳萨尔·伊本·迈蒙于792年后曾访问中国。878年，黄巢起义军攻打广州，对外贸易一度受到影响。阿拉伯商船遂开至马来半岛西岸之箇罗（Kalah）和中国人做生意。10世纪时，复有阿拉伯商船来华，亚丁成为远航中国的重要港口。

唐船驰骋阿拉伯海

与阿拉伯商船来华的同时，中国商船也远航到阿曼、西拉甫、巴林、俄波拉、巴格达[3]和亚丁进行贸易。亚丁有中国船队的码头。西拉甫曾发现唐代钱币。中国商船还可能到过也门的席赫尔和东非沿岸。当时中国运往阿拉伯的商品有丝绸、锦缎、瓷器、纸张、麝香、沉香、樟脑、肉桂、黑貂皮、马鞍等。[4]巴格达有专卖中国丝绸和瓷器等货物的市场。

①《通鉴》卷二二〇。这些攻打广州的大食、波斯兵，可能就是助唐平安禄山之乱的大食兵，因陆路受阻，改由海道归国。

② 唐安南都护府治所，今越南之河内。

③《黄金草原》第1卷，第140页。

④ 参看《道程及郡国志》，第69—70页。

كانت سفن تانغ مميزة بعظمة حمولتها ومتانة جسمها ومهارة بحاريها في فنون الإبحار، الأمر الذي مكنها من أن تعبر المحيط الهندي وتجوب البحر العربي حتى أصبحت معروفة للعالم قاطبة. ونظرا لضحالة مياه الخليج الفارسي وكثرة صخوره، كانت بعض السفن الصينية الضخمة الجسم والعميقة الغاطس ترسو في سيراف حيث تشحن البضائع القادمة من البصرة وعمان وغيرها من الأماكن[1]. وكانت قالون الواقعة على شاطئ جنوب غربي الهند معروفة بأنها ميناء "فيه آبار مياه عذبة، يفرض على السفن الصينية وحدها تعرفة جمركية باهظة، فيلزم كل سفينة صينية بدفع ألف درهم، بينما لا يأخذ من أي سفينة غير صينية إلا مبلغا يتراوح من عشرة إلى عشرين دينارا"[2]، والمعروف أن الدرهم نقد فضي، والدينار نقد ذهبي؛ فلو كان سعر تبادل الدينار بالنسبة إلى الدرهم هو واحد إلى اثني عشر، لكانت السفينة الصينية تدفع ما بين ثلاثة أو سبعة أضعاف ما كانت السفينة غير الصينية تدفعه، ولعل استزادة التعرفة الجمركية على السفن الصينية ناتجة من عظمة حمولتها.

وكان القراصنة يظهرون في عرض البحار بين حين وآخر، فقد أفادنا المسعودي أنه بين الإجراءات الاحتياطية التي اتخذت لمقاومة النهب والسلب في البحر أن "يتجهز التجار في كل أسطول من السفن الصينية بالسلاح الناري والغاز، والأسطول قد يقل أربعمائة تاجر وخمسمائة عسكري. ولذلك (كان القراصنة) لا يجرؤون على مهاجمة سفن هذا الأسطول"[3]. وقد أدت هذه التدابير العسكرية التي لجأت إليها السفن الصينية في حماية الملاحة إلى تأمين سلامة التجارة على امتداد المياه بين الصين والبلدان العربية، وإلى تطوير العلاقات الاقتصادية الصينية العربية.

والإسهام الآخر الذي قامت به السفن التجارية الصينية هو أن ساعدت العرب على القيام بالملاحة إلى شرقي آسيا، وقد أفاد المسعودي أن "التجار في منطقة الخليج الفارسي لم يستطيعوا أن ينجزوا رحلاتهم البحرية الأولية عابرين البحر الجنوبي من

① ((أخبار الصين والهند)) الطبعة الصينية ص ٧- ٨.

② نفس المصدر السابق، ص ٨.

③ المسعودي: ((أخبار الزمان))، بيروت عام ١٩٦٦، ص ٦٢.

唐船载重量大，船身坚固，船员精于航海，故能穿越印度洋，驰骋阿拉伯海，而闻名世界。波斯湾水浅多礁，体积大、吃水深的中国船大部分停在西拉甫。巴士拉、阿曼以及其他地方的货物先运到西拉甫，再装上中国船。①印度西南海岸故临港，"那里有水井，供应淡水，并对中国船只征收关税；每艘中国船交税一千个迪尔汗，其他船只仅交税十到二十个迪纳尔。"②迪尔汗为银币，迪纳尔为金币。按1个迪纳尔值12个迪尔汗计算，中国船比其他国家船只多交3—7倍的关税。中国船吨位大可能是多交关税的原因。

海上时有杀人越货之徒出没。我们从麦斯欧迪的记载知道，为了防止抢劫，"中国船队上，商人备有武器和火油。船队可能有400名商人，500名军士。因此，（强盗）不能对他们及（同船的）其他客商图谋不轨，也不能袭击他们的船只。"③中国船武装护航，保障了中国和阿拉伯之间的贸易，发展了中阿之间的经济关系。

中国商船还为阿拉伯人远航东亚做出了贡献。"波斯湾的商人乘坐中国人的大船才完成他们头几次越过中国南海

---

① 《中国印度见闻录》，第7—8页。
② 同上书，第8页。故临即今奎隆。
③ 麦斯欧迪：《时代的报导》(al-Mas'ūdi: *Akhbar al-Zamān*, Beirut, 1966)，第62页。

المياه الصينية إلا على متن السفن الصينية الكبرى"[1].

٣ - ازدهار التجارة الصينية فيما وراء البحار والتجار العرب الذين نشطوا في تجارتهم في الصين

بلغت حكومة سونغ حد الإفراط في النفقات، فعانت من ضيق مالي. ولما بان لها أن "الموارد المالية في جنوب شرقي البلاد كانت تأتي من السفن التجارية أولا وقبل كل شيء"[2]، سعت سعيا حثيثا لتنمية التجارة في ما وراء البحار رغبة في استغلال الأسواق والسفن التجارية لزيادة الدخل السنوي، بل زادت من اعتمادها على الأسواق والسفن التجارية بعد أن لاذت بالركن الجنوبي من البلاد عام ١١٢٧. وقد بلغت الصين في ذلك الوقت مستوى عاليا جدا في صناعة السفن وفنون الإبحار، إذ إن السفن العابرة للمحيطات، والتي صنعت في هذا العصر، كانت عظيمة الحمولة متينة الجسم، وكان "ظهرها مستويا كل الاستواء، ومقدمها ضيق كحد السيف"[3]، وكانت سرعتها كبيرة إذا ما مخرت عباب اليم. وكان استعمال البوصلة في عهد أسرة سونغ يعتبر إنجازا خارقا لفنون الإبحار، وقد فتح بها عهدا جديدا في تاريخ الملاحة، حيث "استوعب البحارة علوم الفلك، فكانوا يسترشدون في تحديد مواقعهم بالنجوم ليلا وبالشمس نهارا، وبالبوصلة إذا كانت السماء غائمة."[4] لقد ساعدت الفنون المتقدمة في الملاحة على تطور المواصلات البحرية في عهد أسرة سونغ، فشهدت ازدهارا لم يسبق له مثيل. وبلغت العلاقات الاقتصادية بين الصين والبلدان العربية من التطور ما لم تبلغه من قبل، إذ قامت بين الطرفين تجارة متعددة الأشكال، علاوة على التجارة التقليدية المشروطة بتقديم الهدايا للحكومة الصينية تحت شعار دفع الجزية والإتاوة وتلقي عطايا منها ردا على هذه

① ((أخبار الصين والهند))، الطبعة الصينية، مقدمة الطبعة الفرنسية ص ٢٥.

② ((تاريخ سونغ - الاقتصاديات))، لائحة إدارة الأسواق والسفن التجارية.

③ شيوي جينغ: ((رحلتي إلى كوريا عند بعثي رسولا إليها في فترة شيوان خه))، جـ ٢، كراسة ٣٤، مادة السفن الزائرة ضمن ((مخزونات مكتبة المعوزين))، مجموعة ١٦.

④ ((أحاديث بينغتشو))، جـ ٢.

的航行。”[①]

三、中国海湾贸易空前发展与活跃在中国的阿拉伯商人

宋代，政府开支浩繁，财政拮据，“东南之利，舶商居其一。”[②]于是大力发展海外贸易，利用市舶增加岁入。1127年南渡以后，南宋对市舶依赖更甚。宋时，中国的造船工艺和航海技术达到很高水平。所造远洋货船，载重量大，船身坚实。“上平如衡，下侧如刃”[③]，破浪而行，航速很快。指南针的使用，是宋代航海技术划时代的突破。“舟师识地理，夜则观星，昼则观日，阴晦观指南针。”[④]先进的航海技术，促进了宋代海外交通的空前繁盛，中阿经济关系获得了前所未有的发展。除传统的贡赐贸易外，双方还开展了多种形式的贸易。

①《中国印度见闻录》法译本序言部分，第25页。
②《宋史·食货志》，互市舶法。
③ 徐竞：《宣和奉使高丽图经》下册，卷三十四，客舟。《知不足斋丛书》本，见第十六集。
④《萍洲可谈》卷二。

الهدايا.

السفن التجارية الصينية على سواحل البلاد العربية وسواحل شرقي أفريقيا

كانت حكومة سونغ تشجع على التجارة الخارجية، حتى إنها أجبرت التجار على الخروج في رحلات بحرية[①]. وخلال الرحلات إلى البلاد العربية وشرقي أفريقيا شقت السفن التجارية الصينية خط ملاحة مباشر دون أن يمر بشواطئ شبه جزيرة الهند بين سومطرة ومنطقة مهرة التي تقع على الطرف الجنوبي من جزيرة العرب (بما فيها ظفار من عمان والشحر الواقعة على شاطئ الشمال الشرقي من اليمن حاليا)، فأصبحت الرحلة البحرية بين الصين والبلاد العربية ذهابا وإيابا باستغلال الرياح التجارية، لا تستغرق أكثر من سنة.

وقد ورد في كل من المصادر الصينية والعربية القديمة ذكر للتجارة التي قامت بها السفن الصينية في عهد أسرة سونغ في البلدان العربية، إذ أفاد الإدريسي في كتابه ((نزهة المشتاق في اختراق الآفاق)) أن السفن التجارية الصينية كثيرا ما كانت تصل إلى عدن ومدخل الفرات. كما جاء في ((أخبار البلدان)) أن السفن التجارية الصينية كانت تنطلق من الزيتون إلى البلدان العربية. وقد ذكر الطبيب العربي المروزي (توفي حوالي ١١٢٠) "أن الصينيين كانوا يشترون جميع البضائع بالنقود"[②]، والنقود التي اكتشفت في مقديشو هي الشواهد الكافية على وصول السفن التجارية الصينية إلى الصومال في شرقي أفريقيا. كانت السفن الصينية في عهد سونغ ضخمة الجسم، عميقة الغاطس، تبلغ حمولتها مئات الأطنان، لذلك "كان التجار الصينيون الذين يسلكون الطريق البحري، يستبدلون بسفنهم سفنا صغيرة في قالون إذا ما قصدوا مواصلة الرحلة إلى داشي"[③]. وكان من يقدمون من داشي إلى الصين، يستقلون السفن الصغيرة باتجاه

---

① راجع ((أحاديث بينغتشو)) و((مجموعة المهمات الرئيسية في أسرة سونغ))، مادة ١٤٤ من قانون العقوبات ٢.
② نقلا عن تشو يي ليانغ: ((ما اكتشف حديثا مما كتبه العرب عن الصين في أوائل القرن الثاني عشر)) ضمن ((مجموعة الرسائل حول تواريخ أسرتي وي وجين والأسرتين الجنوبية والشمالية))، دار الصين، عام ١٩٦٣.
③ ((دليل ما وراء الجبال الجنوبية))، ج ٢.

中国商船远航阿拉伯和东非海岸

宋朝政府鼓励对外贸易,甚至强令商人出海。①中国商船远航阿拉伯和东非,并开辟了一条不经印度半岛海岸,而从苏门答腊直航阿拉伯半岛南端马赫拉地区(包括今阿曼的佐法尔和也门东北海岸的席赫尔)的航线,往返利用信风,需时不到一年。

中阿典籍对宋船到阿拉伯贸易都有记载。阿拉伯地理学家伊德里斯的地理书《云游者的娱乐》说,中国商船常至亚丁与幼发拉底河口。《诸蕃志》亦记中国商船自泉州航行到阿拉伯诸国。阿拉伯医生马尔瓦齐(约1120年卒)曾提到"中国人购货俱用钱"。②在摩加迪沙发现不少宋代铜钱,足证中国商船到了东非的索马里。宋船大,载重数百吨,吃水深。因此,"中国舶商,欲往大食,必自故临易小舟而往。"③从大食来

---

① 参看《萍洲可谈》卷二,《宋会要辑稿》刑法二之一四四。
② 转引自周一良:《新发现十二世纪初阿拉伯人关于中国之记载》,周一良:《魏晋南北朝史论集》,北京:中华书局,1963年。
③ 《岭外代答》卷二。

الجنوب ليصلوا إلى قالون، ثم يستبدلون بها سفنا كبيرة ليواصلوا رحلتهم إلى الشرق الأقصى. وكانت (Sanfuqi)[1] ميناء كبيرا في الخط البحري بين الشرق والغرب، حيث كان التجار الصينيون القاصدون إلى داشي يصلحون سفنهم فيها، ويبيعون بضائعهم ويشترون بضائع أخرى. وكانت من بين البضائع المنقولة إلى البلدان العربية والبلدان الأخرى، الأواني الخزفية والحرير والذهب والفضة والنقود والحديد والرصاص والقصدير والسيوف وجلود القرش والمخمل وغيره من الأقمشة. وكانت الأواني الخزفية من أهم صادرات الصين، وكان الخزف الصيني الأزرق من لونغتشيوان يصدر بكميات عظيمة إلى الخارج، ويلقى إقبالا عظيما في شتى البلدان العربية.

وفي أثناء التجارة بين الصين والبلدان العربية، سبقت لكل من صحار وعدن والقلزم - ميناء مصري على الشاطئ الغربي من البحر الأحمر يومئذ - أن قامت بوساطة هامة، كما سبق للفاطميين أن حققوا نماء في الصناعة وازدهارا في التجارة في ذروة أيامهم في مصر في القرن الثاني عشر، حيث أقاموا علاقات تجارية وثيقة جدا مع البلدان الواقعة على سواحل البحر الأبيض ولا سيما إيطاليا غربا؛ ونمت تجارة الترانزيت مع الصين والهند شرقا، فنقلت كميات هائلة من البضائع الصينية والهندية إلى أوربا وشمال أفريقيا، عبر مصر من البحر الأحمر، بينما كان ميناء الإسكندرية دائما ما يشهد سفنا كثيرة ترسو في عرض مياهها، وهي قادمة من دول أوربا إلى مصر لتبتاع الخزف الصيني والحرير والبخور وغيرها من البضائع.

سياسة التجارة الخارجية في عهد أسرة سونغ والتجار العرب القادمون إلى الصين

لقد سعت الحكومة الصينية في أسرة سونغ إلى تنمية التجارة في ما وراء البحار، ففي مايو من العام الرابع في فترة يونغ شي من عهد الإمبراطور تاي تسونغ من أسرة سونغ (٩٨٧) "أرسل ثمانية أفراد من حاشية البلاد ليتوجهوا في أربع بعثات، ومع كل

[1] هي بالمبانغ التي تقع على شاطئ الجنوب الشرقي من سومطرة وتسمى (Jugang) أيضا.

中国，则先乘小舟南航至故临，然后易大舟东行。三佛齐[1]是东西海上交通线上的一个大港。去大食的中国商人，在此修船，并转易货物。当时中国运到阿拉伯等地的商品，有瓷器、丝绸、金、银、铜钱、铁、铅、锡、刀剑、鲛革、天鹅绒及各种植物织品。瓷器为中国输出的重要商品，龙泉青瓷大量出口，畅销阿拉伯各国。

在中国同阿拉伯的贸易中，苏哈尔、亚丁、和埃及红海西岸的古尔祖木，起了重要的中介作用。埃及法特梅王朝兴盛时期，工商业发达。从12世纪起，法特梅人西面与地中海沿岸各国，特别是与意大利建立了非常密切的商业关系；东面则发展了同中国和印度等地的转口贸易，大量中国、印度的货物，由红海经埃及输往欧洲和北非。亚历山大港经常停泊许多欧洲城邦国家来埃及贩运瓷器、丝绸、香料等商品的船只。

宋朝的外贸政策与来华阿拉伯商人

宋朝政府大力发展海外贸易。宋太宗雍熙四年(987)五月，"遣内侍八人，赍敕书金帛，分四纲，各往海南诸蕃国，勾招进奉，博买香药、犀牙、真珠、龙脑。每纲赍空名诏书三道，

① 即苏门答腊东南岸之巴邻旁，又称巨港。

منها حصة من المراسيم الإمبراطورية وسبائك الذهب والأقمشة، إلى بلدان ما وراء البحر الجنوبي لاجتذاب من يتقدم بالهدايا إلى الصين ولشراء البخور والعقاقير وقرون الكركدن واللآلئ وكافور بورنيو. وكان ضمن كل حصة من المال والمتاع ثلاثة مراسيم إمبراطوْرية خالية من المهدى إليه، ليمنحوا بها حيث يصلون"[1]. أما اجتذاب من يتقدم بالهدايا إلى الصين فكان المقصود به استقدام التجار الأجانب ليقدموا الهدايا إلى البلاط، ويقوموا بالأعمال التجارية. أما المراسيم الخالية من المهدى إليه، فكانت براءات مخصصة للتجار الأجانب لم يكتب عليها الاسم بعد. وفي العام الثاني من فترة تسونغ نينغ من عهد الإمبراطور هوي تسونغ في أسرة سونغ (١١٠٣)، صدر مرسوم آخر يطلب من إدارة شؤون السفن الأجنبية والتجارة الخارجية أن تستقدم الأجانب الذين يقدمون الهدايا. وفي العام السابع من فترة شاو شينغ من عهد قاو تسونغ من أسرة سونغ الجنوبية (١١٣٧) أصدر الإمبراطور مرسوما يقول "إن أعظم الخيرات هي واردات السفن التجارية الأجنبية. إن أحسنا التدبير، فستعود علينا بين حين وآخر بفضة تقدر بملايين الليانغات (الليانغ وحدة وزن للفضة)، أليس هذا أفضل من أن نجبي الأموال من الرعايا."[2] وفي العام السادس عشر من نفس الفترة أصدر مرسوما آخر يقول "إن الواردات من السفن الأجنبية والتجارة الخارجية تساعد خزانة الدولة إلى حد كبير، فيفضل أن نتبع السياسة السابقة لاستقدام من في الأرض النائية بحيث يشكلون جسرا لتبادل الثروات والنفائس."[3] وبذلك يتضح لنا هدف أسرة سونغ من الاهتمام بالتجارة الخارجية.

وفي سبيل تنمية التجارة الخارجية وإحاطة التجار العرب والتجار الآخرين بأفضل عناية حددت حكومة سونغ كانتون ومينغتشو (نينغبو) وهانغتشو والزيتون وغيرها من المدن موانئ دولية، وأنشأت في كل من هذه المدن إدارة لشؤون السفن الأجنبية والتجارة الخارجية، "تشرف على البضائع الواردة والسفن التجارية وتجبي الضرائب وتقوم

① ((مجموعة المهمات الرئيسية في أسرة سونغ))، مادة ٢ من "الموظفون" ٤٤.

② نفس المصدر السابق، مادة ٢٠ من "الموظفون" ٤٤.

③ نفس المصدر السابق، مادة ٢٤ من "الموظفون" ٤٤.

招进奉,博买香药、犀牙、真珠、龙脑。每纲赍空名诏书三道,于所至之处赐之。”①勾招进奉,就是招来外商,奉献礼物,进行贸易。空名诏书,就是尚未具名的外商通商特许证。宋徽宗崇宁二年(1103)又颁朝旨,令市舶司招纳外蕃进奉。南宋高宗绍兴七年(1137)上谕:“市舶之利最厚,若措置合宜,所得动以百万计,岂不胜取之于民。”②绍兴十六年复上谕;“市舶之利,颇助国用。宜循旧法,以招来远人,阜通货贿。”③宋朝政府重视市舶贸易的目的,说得再明白也不过了。

为了发展海外贸易,妥善管理阿拉伯等地外商,宋朝政府指定广州、明州(宁波)、杭州、泉州等处为国际港口,并于

①《宋会要辑稿》,职官四四之二。
② 同上书,职官四四之二〇。
③ 同上书,职官四四之二四。

بالتسويق المحصور وغير المحصور، وذلك بهدف استقدام من في الأرض النائية واستجلاب ما فيها من البضائع"[1]. وكانت الحكومة متشددة جدا في اختيار الموظفين العاملين في إدارة شؤون السفن الأجنبية والتجارة الخارجية لخطورة أهمية هذا الجهاز. وقد سبق لمدينة الزيتون أن كانت إحدى الموانئ الأربعة في الصين في عهد أسرة تانغ، بما فيها كانتون وجياوتشو ويانغتشو. وعندما دخلت الصين في عهد سونغ، وخاصة عهد سونغ الجنوبية، شهدت الزيتون تطورات سريعة حتى أصبحت ميناء عظيما ينطلق منه خطان للملاحة في البحر الشرقي والبحر الجنوبي، إذ كانت تقع بالقرب من المركز السياسي، وكانت الحكومة الصينية تستثمرها بجهود عظيمة، إضافة إلى جودة الميناء ذاته واستناده إلى مقاطعتي فوجيان وتشجيانغ المتقدمتين في صناعة الخزف الصيني وما شابه ذلك من الظروف"[2]. وكانت "السفن الأجنبية فيها كثيرة، والبضائع المتنوعة متكدسة كالجبال"[3]، حتى إنها تجاوزت كانتون، واحتلت المركز الأول في وزن التجارة الخارجية وتقدمها، وأصبحت نافذة رئيسية للتجارة الصينية العربية، التي شهدت تطورا سريعا، والتي يتوافد التجار العرب عليها أكثر فأكثر.

كانت السفن التجارية العربية، إذ أرادت أن تبحر إلى الصين، ترفع مراسيها من عدن وصحار. أما صحار فكانت ملتقى للتجار من مختلف البلدان، وأول محطة تحويل للبضائع من جنوب جزيرة العرب والخليج الفارسي إلى الهند والصين. وكانت السفن التجارية العربية إذا ما وصلت إلى الموانئ الصينية، كلفت إدارة التفتيش الصينية العساكر بما يسمى "وضع الحظيرة"، أي أن يحرسوها، ريثما يأتي الموظفون من الحكومة المحلية وإدارة شؤون السفن الأجنبية والتجارة الخارجية ليفحصوها ويدققوا فيها ويفرضوا عليها الضرائب المسماة عندهم "اقتطاع النصيب" أي أن يفرضوا عليها الضريبة العينية. وكانت نسبة هذه الضريبة تختلف من فترة إلى فترة. وكانوا عادة يقتطعون نصيبا واحدا من كل عشرة أنصبة، وكانوا في أقصى حد يقتطعون أربعة

① ((تاريخ سونغ - سجل الموظفين)) ٧.

② راجع وو تسي مو ((ذكريات بأسرة ليانغ))، جـ ١٢، ((أخبار البلدان))، مواد داشي، مدينة تشيان، وشينلو.

③ ((تاريخ سونغ - سيرة دو تشون))

以上各地设市舶司,置提举市舶官"掌蕃货、海舶、征榷、贸易之事,以来远人,通远物。"①市舶司责任重大,政府对其官员的选拔极为严格。泉州在唐代就与广州、交州、扬州同为中国4大商港,"市井十洲人","还珠入贡频"②就是泉州港繁荣的生动写照。迄宋,特别是南宋以后,泉州以其接近政治中心、政府大力开发、港口优良、后方即为瓷业发达的闽浙两省等优越条件,迅速成为东海和南海航路的巨大始发港③,"有蕃舶之饶,杂货山积"④,在海外贸易中的重要性和兴旺程度,超过广州而跃居首位。以泉州为主要窗口的中阿贸易,发展很快,来泉州的阿拉伯商人日益增多。

开往中国的阿拉伯商船,大都从亚丁或苏哈尔起航。苏哈尔各国商人会集,南阿拉伯和波斯湾的货物,先运到这里,再转贩印度和中国。阿拉伯商船到达中国港口时,巡检司差兵监视,谓之"编栏"。然后由地方和市舶司官员检阅货物,

---

① 《宋史·职官志》七。
② 包何:《送泉州李使君之任》,《全唐诗》卷二〇八。
③ 参看吴自牧:《梦粱录》卷一二,《诸蕃志》,大食、占城、新罗诸条。
④ 《宋史·杜纯传》。

أنصبة من كل عشرة أنصبة. ففي فترة شاو شنغ ويوان فو من عهد تشه تسونغ في أسرة سونغ (١٠٩٤ - ١١٠٠)، كانوا يقتطعون عشرا من المواد الناعمة مثل اللؤلؤ وكافور برنيو، وثلاثة أعشار من الأنواع الخشنة مثل درع اللجأة السهفية والبقم①. وفوق ذلك كله، كان من المفروض على أصحاب البضائع أن "يعرضوا العينات"، أي أن يختاروا من اللآلئ والبخور وغيرها من المواد ما هو ثمين ليقدموه إلى الموظفين العاملين في المرسى. وكان من بين البضائع الواردة ما يدعى "المحصور" مثل الودع وقرن الكركدن والعاج والحديد المطاوع والمرجان والعقيق واللبان، إذ كانت الحكومة الصينية تشتريها برمتها فتعتبر بذلك مبيعات محصورة لحسابها فقط، بينما كانت تشتري من البضائع الأخرى كميات محددة. أما بقية البضائع التي سميت بالمبيعات المفتوحة، فكان يحق لأصحابها أن يبيعوها بيعا حرا دون أن يدفعوا أي ضريبة أخرى في المناطق الإدارية التي يقيمون فيها (كانت نسبة المبيعات المفتوحة من البضائع تختلف باختلاف المناسبات). وإذا رغبوا في أن يبيعوها في مناطق أخرى، لزمهم أن يتقدموا إلى إدارة شؤون السفن الأجنبية والتجارة الخارجية بتقارير يصرحون فيها بأسمائها وكمياتها، ويطلبون إذنا للإقامة المؤقتة أو السفر②.

وكان من بين البضائع التي ينقلها التجار العرب إلى الصين اللبان والعنبر وكافور برنيو وماء الورد والمر ودم الأخوين وزيت الميعة والحلتيت والسولع واللؤلؤ والعقيق وقرن الكركدن والعاج والأواني الزجاجية..إلخ، وهي منقسمة إلى ثلاثة أبواب: باب البخور والعقاقير، وباب العاج وقرن الكركدن، وباب المجوهرات، وأهمها البخور والعقاقير التي كانت تلقى إقبالا عظيما في مختلف أنحاء الصين. ولما شاع بين أفراد الأسرة الحاكمة والنبلاء أن يدخنوا غرفهم، أصبحوا يستهلكون مقادير هائلة من البخور. وكانوا يتخذون من العنبر شموعا في القصور. وإلى جانب ذلك كانت الأدوية والأطعمة ومستحضرات التجميل تتضمن البخور أيضا. وكانت ظفار في أرض عمان وجنوب الجزيرة من أهم مواطن البخور الذي تشتريه الصين. وكان تجار العرب المتنفذون في

① ((أحاديث بينغتشو))، جـ ٢.

② ((تاريخ سونغ - الاقتصاديات))، لائحة إدارة السفن الأجنبية والتجارة الخارجية.

征收货税，谓之“抽解”。抽解比例各个时期不一，一般为1/10，最多为4/10。宋哲宗绍圣、元符间（1094—1100），真珠、龙脑等细色抽1/10，玳瑁、苏木等粗色抽3/10。[1]抽解之外，还要“呈样”，即择名贵物品，如真珠、香药之类，送给下碇港口官员。一些货物，如珠贝、犀象、镔铁、珊瑚、玛瑙、乳香等，由政府全部收买专卖，谓之“禁榷”。另一些货物由政府部分收买，其余货物，阿拉伯商人可在其居住的所属州内自由贩卖，不再纳税，谓之“博买”（博买比例，因时而异）。如到别州贩卖，则须上报所带货物名称和数量，向市舶司申请往来居住的许可证。[2]

阿拉伯商人贩运到中国的商品，有乳香、龙涎香、龙脑、蔷薇水、没药、血竭、苏合香油、阿魏、芦荟、珍珠、玛瑙、犀角、象牙、玻璃器皿等，可分为香药、犀象、珍宝3大类。香药为

①《萍洲可谈》卷二。
②《宋史·食货志》，互市舶法。

مواطن البخور يسوقون معظم تجارتهم من البخور إلى الصين. وكان البخور الأكثر استهلاكا في عهد أسرة سونغ هو اللبان العربي. وقد أفادت إحصاءات التجارة الخارجية في العام العاشر من فترة شي نينغ من أسرة سونغ (١٠٧٧) في عهد الإمبراطور شن تسونغ أن مقدار اللبان الذي تجمع في كانتون وحدها قد بلغ ثلاثمائة وأربعين ألف جين[①]. كان اللبان باعتباره من المبيعات المحصورة محتكرا من الحكومة، وكان البخور والملح والزاج تدر على البلاد أموالا طائلة[②].

كانت حكومة سونغ تطبق سياسة الحماية وحسن المعاملة والتشجيع للتجار العرب وغيرهم من التجار الأجانب، وتعطيهم الحرية في التجارة الخارجية. وقد كررت تعليماتها وأوامرها للموظفين في إدارة شؤون السفن الأجنبية والتجارة الخارجية بمنع الفساد والاختلاس ومخالفة القوانين لتخفيض السعر، معلنة بأنها تسمح للتجار الأجانب برفع الشكوى إلى السلطة الأعلى متجاوزين الإدارة المباشرة، وأنها ستجعل العقوبة بقدر المسروقات[③]، وقد حملت العاملين في إدارة شؤون السفن الأجنبية والتجارة الخارجية مسؤولية نجدة السفن التجارية إذا ما تعرضت للخطر، ومسؤولية حفظ ممتلكات المتوفين أمانة ريثما يتعرف ذووهم عليها. كما كانت تطالب هذه الإدارة بإقامة ولائم لتكريم التجار الأجانب عند وصولهم إلى الميناء أو عند مغادرتهم إلى بلادهم. وكان التجار الأجانب إذا ما جاءوا بصفة رسل لتقديم الهدايا، يحتفى بهم بركوب الهودج وامتطاء الفرس وإقامة حفلة رقص وموسيقى لهم عند الوصول والمغادرة واجتماع مسؤولي المناطق الإدارية بهم وغير ذلك من المعاملات الخاصة، وأخيرا يهدى إليهم من الأشياء ما يعادل الهدايا التي قدموها أو يفوقها. وفي العام الأول من فترة تشي داو من أسرة سونغ (٩٩٥) وصل إلى الصين (Puyatuoli) صاحب سفينة تجارية من داشي حاملا رسالة من والده (Puximi) ليقدم إلى البلاط الصيني كافور برنيو الأبيض وقضيب

① ((محاضر جمرك كانتون))، جـ ٣، اقتباسا من ((مرجع الكتبة)) بقلم بي تشونغ يان من أسرة سونغ الشمالية؛ و" جين " وحدة وزن يعادل نصف كيلو حاليا.

② ((تاريخ سونغ - الاقتصاديات))، الأبخرة.

③ ((تاريخ سونغ - الاقتصاديات))، قانون إدارة شؤون السفن الأجنبية والتجارة الخارجية.

主，销路最广。“一缕萦帘翠影，依稀海天云气”[①]，宋室皇簇显贵熏香之风盛行，耗香甚多。宫医常以龙涎香为烛，医药、食品、化妆，亦需用香。阿曼的佐法尔和南阿拉伯，为中国所需香料的主要货源地。阿拉伯商人掌握大部香货，在中国的香料进口中，作用举足轻重。宋代使用最多的香料是阿拉伯的乳香。据神宗熙宁十年(1077)的外贸统计，广州一处所收乳香，就有34万余斤。[②]乳香系榷货，由政府垄断。除“茶盐、矾之外，惟香之为利博。”[③]

宋朝政府对阿拉伯等地外商实行保护、优遇、奖励的政策，充分发挥他们在外贸中的积极作用。朝廷三令五申，禁市舶官员贪污侵渔，违法抑买。许外商越级上诉，计赃罪之。[④]政府规定市舶官员负责援救遇难外商船只并保管死者财物，待其亲属认领。市舶司排办筵席，招待到港和出海外商。对以贡使名义来华的阿拉伯等地外商，宋朝政府免其贡物商税，赴京途中给予乘轿、骑马、享受妓乐迎送和会见知州等地方官的特殊待遇，以等于或优于“贡物”价值的贵重物品

① 王沂孙:《天香》，见《宋词三百首笺证》，上海:上海古籍出版社，1979年。
②《粤海关志》卷三，引北宋毕仲衍《中书备对》。
③《宋史·食货志》，香。
④《宋史·食货志》，互市舶法。

وخصية حيوان الفقمة الدبية وماء الورد، وما شابه ذلك. فقابله الإمبراطور تاي تسونغ من أسرة سونغ في قصر تسونغتشنغ، وسأله في أثناء المقابلة عما في دولة داشي. أقام (Puyatuoli) في عاصمة الصين شهورا، وعند مغادرته "منح ذهبا بما يعادل هديته"①. ومن أجل مكافأة من يقدم إسهامات عظيمة في تنمية التجارة الخارجية كانت حكومة سونغ تمنحهم ألقاب شرف مختلفة الدرجات. ففي فترة شي نينغ في أسرة سونغ (١٠٦٩ - ١٠٧٧) من عهد شن تسونغ، لقب (Xinyatuluo)، وهو تاجر قديم من صحار في دولة داشي، لقب "صاحب الفضيلة"، إذ "سبق له أن مثل بين يدينا ليقدم النقود النفيسة، وكان من أجل أن يقدم نصائحه إلى قومنا، يأتي إلى البلاد كل عام متحملا مشقات السفر برا وبحرا"②. وفي العام السادس في فترة شاو شينغ من عهد الإمبراطور قاو تسونغ في أسرة سونغ (١١٣٦) لقب (Puluoxin)، وهو تاجر آخر من دولة داشي، لقب "صاحب الأمانة"، لأنه "صنع سفينة، ثم شحنها باللبان، وأبحر بها حتى وصل إلى مدينة الزيتون حيث دفع لإدارة شؤون السفن الأجنبية والتجارة الخارجية من الضريبة العينية ما يعادل ثلاثمائة ألف "قوان" من النقود (القوان هي ربطة الألف)③.

وفي عهد سونغ كان عمدة حي الأجانب منصبا لا يشغله إلا التاجر الأجنبي، وكان يتولى شؤون هذا الحي ويستقدم تجارا جددا إلى الصين لممارسة التجارة، وكان "يلبس الزي الصيني"④. وفي العام السادس من فترة شي نينغ من أسرة سونغ (١٠٧٢)، عين (Putuolici) التازي عمدة حي الأجانب في كانتون، وكان صاحب فضل في تنمية التجارة الخارجية وتوثيق عرى الصداقة بين الشعبين الصيني والعربي.

وقد ورد في متن اللوائح الخاصة بإدارة شؤون السفن الأجنبية والتجارة الخارجية من ((تاريخ سونغ - الاقتصاديات)) ذكر لكثير من البلدان والمناطق التي كانت لها علاقات تجارية مع أسرة سونغ، وداشي جاءت في مقدمة جميع هذه البلدان والمناطق.

―――――――――

① ((تاريخ سونغ - سجل دولة داشي)).
② ((مجموعة كتابات دونغ بو في الشؤون الخارجية))، ((صاحب الفضيلة)).
③ ((مجموعة المهمات الرئيسية في أسرة سونغ))، الأجانب ٧.
④ ((أحاديث بينغتشو))، ج٢.

回赠。至道元年(995),大食舶主蒲押陁黎赍其父蒲希密表来献白龙脑、腽肭脐、蔷薇水、乳香山子等物,宋太宗在崇政殿接见了他,询及有关大食的一些事情。蒲押陁黎在京城住了数月,回国时,太宗"降诏答赐蒲希密黄金准其所贡之值"。①对繁荣互市有功阿拉伯商人,宋朝政府授官奖励。大食苏哈尔商人辛押陁罗,因"尝诣阙庭,躬陈琛币,开导种落,岁致梯航"②,神宗熙宁间(1069—1077)被封为归德将军。另一个大食商人蒲罗辛,以"造船一只,船载乳香投泉州市舶,计抽解价钱三十万贯,委是勤劳"③,高宗绍兴六年(1136)被封为承信郎。宋代,蕃坊的蕃长由外商担任,"巾袍履笏如华人",负责管理蕃坊事务,并招揽外商来货贸易。④大食人蒲陁婆离慈于熙宁六年(1072)被任命为广州蕃坊蕃长,对发展中国的对外贸易,增进中国人民和阿拉伯人民之间的友谊,起了很好的作用。

《宋史·食货志》互市舶法在列举与宋通商的国家和地区时,把大食排在首位。《岭外代答》说:"诸蕃国之富盛多宝货

---

① 《宋史·大食传》。
② 《东坡外制集》:《辛押陁罗归德将军》。
③ 《宋会要辑稿》蕃夷七。
④ 《萍洲可谈》卷二。

كما ورد في ((دليل ما وراء الجبال الجنوبية)) القول التالي: "لا توجد بين تلك البلدان العامرة بالبضائع النفيسة، دولة تفوق دولة داشي"[1]. وتلك هي الحقيقية، إذ سبق أن كثر الأغنياء الكبار بين التجار الذين قدموا من دولة داشي، وهذا ما جعلهم يحتلون المركز الأول بين التجار الأجانب. و(Puximi) الذي تقدم ذكره، كان صاحب سفن تجارية، وقد سبق له في العام الرابع من فترة تشون هوا في عهد تاي تسونغ من أسرة سونغ (٩٩٣) أن قدم من العاج خمسين سنا، ومن اللبان ١٨٠٠ جين، ومن ماء الورد مائة زجاجة، علاوة على المواد الأخرى، هدية إلى الصين. وفي العام الأول من فترة تشي داو من أسرة سونغ (٩٩٥) أوفد ابنه (Puyatuoli) إلى الصين مرة أخرى ليهدي إليها منتجات خاصة من بلده. فهذا يؤكد أن (Puximi) كان تاجرا عظيم الثراء. و(Xinyatuoluo) تاجر صحاري أقام في كانتون عشرات السنين، وكان يحوز من الأملاك ما يقدر بملايين "الميانات" من النقود (الميان وحدة نقد تعادل ربطة الألف). و(Puyali) تاجر تازي آخر تقدم في العام الأول من فترة شاو شينغ من أسرة سونغ (١١٣١) إلى البلاط الصيني بهدية من ٢٩٠ سنا من العاج و٣٥ قرن كركدن. ولما تزوج في كانتون وأبى أن يرجع إلى موطنه، طالبه الإمبراطور بأن يرجع لاستيراد البضائع الأجنبية مما دل على أنه كان تاجرا غنيا حاذقا في التجارة البحرية. و(Puluoxin) تاجر بخور سبق له أن صنع سفنا تجارية، ونقل إلى الزيتون من اللبان ما تعادل قيمته ٣٠٠ ألف "قوان" من النقود. ولولا ثراؤه الفاحش لما استطاع أن يفعل ذلك. والشناوي تاجر تازي أقام في مدينة الزيتون، وكان غنيا حظي بالثناء على سخائه، إذ تبرع بمال لشراء ما في جنوب شرقي مدينة الزيتون من أرض المدافن من أجل التجار الأجانب[2].

وفي عهد أسرة سونغ كان دخل البلاد من السفن الأجنبية والتجارة الخارجية يزداد سنة بعد أخرى، حتى إنه شغل خمس الدخل الوطني السنوي في مطلع عهد أسرة سونغ

① ((دليل ما وراء الجبال الجنوبية))، جـ ٢.

② وفي ما يخص أحوال التجار التازيان في الصين، يمكن مراجعة ((أخبار البلدان))، مادة دولة داشي، وكذلك يوه كه: ((نوادر وحكايات عن أسرتي سونغ))، جـ١١، قرود غرباء وغيلان بحرية.

者，莫如大食国。”[1]实际情况正是如此，大食商人多巨富，在外商中居首要地位。前面提到的蒲希密是舶主，于太宗淳化四年（993）献象牙50株，乳香1800斤，蔷薇水百瓶，还有别的贵重物品。至道元年(995)遣其子蒲押陁黎以许多名贵方物来献。由此可知蒲希密是个很富有的大商人。苏哈尔商人辛押陁罗，留居广州数十年，家资数百万缗。另一大食商人蒲亚里，于绍兴元年（1131）进献大象牙290株，大犀角35株，他在广州娶妻不归，皇帝要他回去干运蕃货，可见是个长于海上贸易的巨商。香料商人蒲罗辛能自造船只，贩运价值30万贯的乳香到泉州，非极富有很难做到。侨居泉州的大食商人施那帏，很有钱，轻财乐施，时人称之。他捐资在泉州城外东南角为外商的购置了一片公共墓地。[2]

宋代市舶收入，逐年增多。南宋初年，占国家岁入的1/5，

①《岭外代答》卷二。

② 关于在华大食商人情况，可参看《诸蕃志》，大食国条；岳珂：《桯史》卷一一，番禺海獠。

الجنوبية، وأصبح بذلك موردا هاما من موارد الحكومة[1]. لقد أسهم أولئك التجار التازيان بامتلاكهم ثروات هائلة وسيطرتهم على مواطن اللبان ونشاطهم العظيم في الإبحار إسهامات جبارة في التطور المنقطع النظير في عهد أسرة سونغ في مجالي التجارة الخارجية في ما وراء البحار وزيادة دخل الحكومة من الأسواق والسفن التجارية.

٤ ـ الوحدة الكبرى التي حققتها أسرة يوان والتبادلات الاقتصادية بين الصين وبلاد العرب

وصول البضائع الصينية إلى بلاد العرب

سبق لأسرة يوان أن شملت أراضي واسعة تمتد في قارتي آسيا وأوربا، وبلغت ذروة التطور في المواصلات، فقد "كان القاصد إلى ما بعد ألف لي كأنه يتمشى في فناء داره، وكان النازح إلى ما بعد عشرة آلاف لي كأنه خارج إلى الجيران"[2]، وكانت الطرق البرية تمتد إلى كل الجهات حتى تتناهى أقصاها إلى القاوقاز، ومحطات البريد مجهزة بـ٣٠٠ ألف فرس قادرة على قطع ٤٠٠ لي في اليوم. وقد تفوقت على أسرة سونغ في المواصلات وصناعة السفن وفنون الملاحة، إذ كانت حمولة السفينة الكبرى في هذا العصر تبلغ ما بين ٤٠٠ و٥٠٠ طن، وكانت أضخم سفينة تجهز بـ١٢ شراعا وتقل ألف راكب. إن الوحدة الكبرى التي حققتها الإمبراطورية وسهولة المواصلات البرية والبحرية التي شهدتها قد هيأتا معا ظروفا سياسية مؤاتية وشروطا مادية وافية لتوسيع التجارة البحرية وتنمية العلاقات الاقتصادية الصينية العربية؛ كما أن العلاقات السياسية الوثيقة بين الحكومة المركزية في أسرة يوان والسلطات المحلية في دولة المنغول الإيلخانية قد ساعدت مساعدة عظيمة على تنشيط التبادلات الاقتصادية بين

① راجع سونغ شين تشوان: ((خواطر عما في البلاط وبين الرعايا منذ مطلع أسرة سونغ الجنوبية))، مجموعة أ، جـ ١٥، مادة إدارة شؤون السفن الأجنبية والتجارة الخارجية ودخلها المالي، وأيضا ((أحداث هامة بعد مطلع أسرة سونغ الجنوبية)) لنفس الكاتب، جـ ١٨٣، مادة الشهر التاسع من العام التاسع والعشرين من فترة شاو شينغ.

② وانغ لي: ((مجموعة أعمال لينغ يوان))، جـ ٦ ((مقابر الخيرية)).

成为政府的重要财源。[1]拥有巨额财富，控制乳香货源，富于航海活力的大食商人，对宋代海外贸易的空前发展和宋朝政府的市舶收入，做出了巨大贡献。

四、元朝的大一统与中阿经济交流

中国商品远销阿拉伯

元代版图，横跨欧亚，中西交通臻于极盛。“适千里者，如在户庭；之万里者，如出邻家。”[2]陆路，驿站四通八达，远至高加索等地。驿站备马逾30万匹，日行可达400华里。海路，造船及航海技术胜过宋代。大船载重达四五百吨。最大的船有12帆，可乘1000人。帝国的大一统和陆海交通的便利，为扩大海上贸易和中阿经济关系，提供了有利的政治条件和充分的物质基础。元朝中央政府与伊儿汗国地方政权密切的政治关系，大大促进了中国与西亚和北非阿拉伯国家的经

① 参看宋心传：《建炎以来朝野杂记》甲集，卷一五，市舶司本息条；宋心传：《建炎以来系年要录》卷一八三，绍兴二十九年九月条。

② 王礼：《麟原文集》卷六，《义冢记》。

الصين والبلدان العربية الواقعة في غرب آسيا وشمال إفريقيا.

وفي عهد أسرة يوان كانت الحكومة تتحكم في التجارة البحرية تحكما مباشرا، حيث كانت هي التي "توفر السفن والأموال وتختار التجار للسفر إلى البلدان لممارسة التجارة"①، ومن ثم تقتطع من الأرباح المحققة سبعة أعشار، وتترك الباقي للتجار. وقد أفاد كتاب ((لمحة عن البلدان والجزر)) أنه سبق لعدد الدول والمناطق التي قامت بينها وبين أسرة يوان تعاملات تجارية أن بلغ ٩٧ دولة أو منطقة (ما عدا مناطق شمال الفيليبين وشرقها). وفي العام الخامس من فترة دا ده من عهد تشينغ تسونغ في أسرة يوان (١٣٠١)، كلفت الأسرة الحاكمة أحد المسلمين بالسفر إلى مقديشو لشراء أسد وفهد وحيوانات أخرى، ثم أرسلت مبعوثيها أربع مرات إلى (Daojir) لشراء البضائع الغريبة، ولعل (Daojir) هي طنجة المرفأ المغربي. وفي عهد أسرة يوان كانت السفن التجارية الصينية التي تنطلق من مدينة الزيتون، كثيرا ما تصل إلى الخليج الفارسي والبحر الأحمر لتتاجر مع الدول العربية②. وكانت أهم الصادرات هي الخزف الصيني والحرير والحديد والأدوات الحديدية والعقاقير الطبية والخرز. كان الخزف الصيني يصل إلى ساحل المحيط الأطلنطي ويباع في المغرب، وكان الحرير الصيني يصدر بكميات هائلة وتروج سوقه رواجا كبيرا في غرب آسيا وشمال إفريقيا، والعقاقير الطبية الصينية تنقل إلى الخليج الفارسي أو الإسكندرية عبر الهند وعدن③ لتلبية الاحتياجات الطبية في شتى البلدان العربية. وكان الحديد الصيني يلقى إقبالا عظيما وسط العرب، وقد سبق للجغرافي العربي أبو عبد الله محمد بن أبي طالب الأنصاري الدمشقي (١٢٥٦-١٣٢٧) أن مدح الحديد الصيني بأنه أجود الأنواع④.

وقام التجار المصريون بدورهم في توسيع السوق أمام البضائع الصينية، إذ كان التجار الكارميون المتميزون بالقوة الاقتصادية الجبارة يمتلكون مئات السفن التجارية في

① ((تاريخ سونغ - الاقتصاديات))، مادة السفن التجارية.

② راجع ((Tongzhi Tiaoge)) جـ ٢٧، متفرقات.

③ ((رحلة ماركو بولو))، الطبعة الصينية، ترجمة فنغ تشنغ جيون، دار الشؤون التجارية، ١٩٣٧، جـ ٢، باب ٢٥.

④ الدمشقي: ((نخبة الدهر في عجائب البر والبحر)) ليبزيك، ١٩٢٣، ص ٥٤.

济交流。

元代,海外贸易由政府直接控制。采取"官自具船,给本,选人入蕃贸易诸货"[①]的办法。所获之息,官取其七,所易人得其三。据《岛夷志略》,与元朝有商业往来的国家和地区有97个(菲律宾以北、以东的不计在内)。元皇室曾于成宗大德五年(1301)派穆斯林到摩加迪沙购买狮、豹等物。又遣使四起,到刁吉儿地采办异物。刁吉儿可能就是摩洛哥的丹吉尔。元代,从泉州起航的中国商船,常至波斯湾、红海沿岸各阿拉伯国家做生意。[②]输出的商品,主要为瓷器、丝绸、铁、铁器、药材和烧珠。瓷器远销到大西洋岸的摩洛哥。丝绸也是出口大宗,五色绸缎风靡西亚和北非阿拉伯各国。中国药材运到波斯湾或经印度、亚丁运到埃及的亚历山大港,[③]供阿拉伯各地医疗需求。中国铁深受阿拉伯人欢迎。阿拉伯作家大马士基(1256—1327)赞扬中国铁是最好的。[④]

埃及商人在扩大中国商品市场方面起了重要作用。经济力量强大的埃及卡里米商团,在红海和印度洋有几百艘商

---

① 《元史·食货志》,市舶条。
② 参看《通制条格》卷二七,杂令。
③ 《马可波罗行纪》,冯承钧译,北京:商务印书馆,1937年,下册,第25章。
④ 大马士基:《当代陆海奇观精华》(al-Damashqi: *Nukhbat al-Dahr fi 'Ajā' ib al-Barr wal-Bahr*, Leipzig, 1923),第54页。

البحر الأحمر والمحيط الهندي، وقد اتسعت دائرة شبكاتهم التجارية حتى شملت الجزء الجنوبي من الصين[1]، وكان التجار المصريون يقومون بتجارة الترانزيت إلى جانب استيراد البضائع من الصين مباشر. وكان ميناء زيلع على طرف الساحل الشمالي الغربي من الصومال مكانا هاما يقطنه العرب، إذ كان التجار المصريون يتجمعون هناك، وينقلون البضائع الصينية ثانية من جزيرة سعد الدين الواقعة قرب زيلع إلى أثيوبيا والصومال.

استقدام أسرة يوان التجار الأجانب وازدهار الزيتون وكانتون

كان الإمبراطور شي تسو من أسرة يوان يهتم بتنمية التجارة في ما وراء البحار لزيادة دخل خزانة الدولة وتطوير الاقتصاد. ففي العام الخامس عشر من فترة تشي يوان من أسرة يوان (١٢٧٨) أصدر هذا الإمبراطور مرسوما بخصوص السفن الأجنبية والتجارة الخارجية يقول "لتأت السفن الأجنبية تتعامل معنا كما يحلو لها"[2]، ثم بعث في وقت متأخر رسولا إلى قالون لحث البلدان المطلة على المحيط الهندي على إيفاد التجار إلى الصين، وسمحت للتجار العرب وغيرهم من التجار الأجانب بممارسة التجارة في المناطق الداخلية من الصين، ومنحتهم كثيرا من المعاملات الخاصة.

لقد واصلت أسرة يوان سياسة أسرة سونغ، فأنشأت إدارة لشؤون السفن الأجنبية والتجارة الخارجية في كل من الزيتون وكانتون وهانغتشو وشانغهاي وقانبو وونتشو وتشينغيوان (نيغبو)، للإشراف على التجارة الخارجية، كما سنت قوانين بخصوص السفن الأجنبية والتجارة الخارجية. وقد أولى الإمبراطور شي تسو من أسرة يوان التاجر العربي الكبير (Pushougeng) اهتماما بالغا، لخبرته الطويلة في الاستفادة من السفن التجارية الأجنبية وتقديمه خدمات جليلة للعامة. وكان ينحدر من أسرة تاجر بخور كبير استوطنت في البداية مدينة تشان، ثم انتقلت إلى كانتون، وكان جده في الغنى أول رجل في مقاطعتي قوانغدونغ وقوانغشي. ولما تولى والد (Pushougeng) زمام الأسرة،

① ((تاريخ كامبريج لأفريقيا))، جامعة كامبريدج، ١٩٧٧جـ ٣، ص٥٠.

② ((تاريخ يوان – سيرة شي تسو)).

船。他们的商业网扩展到中国的南部。[1]埃及商人除直接到中国贩运外，还从事中国货的转口贸易。红海南面的泽拉港（位于索马里西北海岸顶端）是重要的阿拉伯人居住区，为埃及商人荟萃之地。中国商品运到泽拉港附近的萨阿德丁岛，再由埃及商人转运到埃塞俄比亚和索马里。

元朝招来阿拉伯等地外商与泉州、广州港的兴盛

元世祖对发展海外贸易，增加国库收入，促进经济繁荣，极为重视。至元十五年（1278），他下诏让番舶“往来互市，各从所欲。”[2]以后，又遣使俱蓝（奎隆），鼓励印度洋沿岸国家来中国做生意。元朝政府允许阿拉伯等地外商在中国内地经商，且给予各种优遇。

元承宋制，于泉州、广州、杭州、上海、澉浦、温州、庆元（宁波）设市舶司，管理海外贸易，并制定了有关市舶的法令。元世祖重用擅蕃舶利凡30年的阿拉伯大商人蒲寿庚。蒲寿庚的祖先是香料商人，初居占城，后迁广州。其祖豪富甲两广，其父开宗始由广徙泉。南宋末年，蒲击海寇有功，授

① 《剑桥非洲史》（*The Cambridge History of Africa*, Cambridge, 1977），第3卷，第50页。
② 《元史·世祖本纪》。

انتقل عائدا من كانتون إلى الزيتون حيث بدأ عمله. وفي أواخر أسرة سونغ الجنوبية، منح منصب مدير لإدارة شؤون السفن الأجنبية والتجارة الخارجية في الزيتون تقديرا على إسهامه في مقاومة القراصنة، ثم ارتقى إلى المفوضية الحربية للمدن الساحلية في فوجيان مع الاحتفاظ بالمنصب السابق. كان (Pushougeng)، إلى جانب خبرته الواسعة في الشؤون البحرية واتصالاته الوثيقة ببلدان ما وراء البحار، ذا سلطة عظيمة في إدارة شؤون السفن الأجنبية والتجارة الخارجية، ويمتلك عددا كبيرا من السفن الخاصة ومقدارا هائلا من الأموال، فعينته أسرة سونغ الجنوبية مديرا لإدارة الشؤون الخارجية في مقاطعتي فوجيان وقوانغدونغ لتستعين به في مقاومة يوان. وكانت يوان تحاول أن تقضي على سلطة سونغ قضاء تاما وتجتذب التجار الأجانب، فبعثت هي الأخرى بخطاب إليه لتستميله إليها. ولما سقطت مدينة لينآن في يد يوان، استسلم (Pushougeng) إليها، فنوهت بمآثره وعهدت إليه بمهمة عظيمة، ولقبته الهمام كبير الجنرالات، وعينته قائد القوات في مقاطعتي فوجيان وقوانغدونغ. ولم يلبث أن ارتقى إلى منصب معاون لوالي مقاطعة جيانغشي، وكانت مسؤوليته الرئيسية الإشراف على شؤون السفن الأجنبية والتجارة الخارجية في المقاطعتين والاتصال ببلدان ما وراء البحار. ونظرا لنفوذه الاقتصادي الجبار وخبرته الوافية واتصالاته الواسعة بما وراء البحار، استطاع أن يقوم بدور عظيم في تنمية التجارة الخارجية[①].

استطاعت أسرة يوان أن تحقق تقدما عظيما في مجال التبادل الاقتصادي مع البلدان العربية نتيجة للسياسة الخارجية المنفتحة. فقد كانت القوافل التجارية تغدو وتروح بين الصين وغربي آسيا وأفريقيا بلا انقطاع، وكان التجار الأجانب يتجمهرون في كوروم[②] ودادو، وتتجمع السفن في الزيتون وكانتون، وصارت الزيتون المعروفة منذ عهد سونغ بأنها ميناء دولي شهير "مجمع الغرائب والنفائس من أنحاء العالم، ومكانا يؤمه التجار الأغنياء من مختلف البلدان، فدعيت لذلك بأول مدينة في العالم"[③]. وقال

① راجع ((سجلات مدينة الزيتون))، طبعة تشيان لونغ، جـ ٧٥، الإضافات(أ) ((الدراسة والتدقيق في بوشوقنغ)).

② كوروم هي كاراكوروم، العاصمة القديمة للمنغول، موقعها في أعلى نهر أورهون.

③ وو تشنغ: ((تمهيد السجل الخاص بمرافقة جيانغ مان تشينغ في طريقه إلى الزيتون لتسلم سلطتها)) ضمن ((مجموعة أعمال وو ون تشنغ))، جـ ١٦.

泉州提举市舶,继升福建安抚沿海都制置使,仍兼旧职。蒲氏握市舶大权,拥有大量海舶及资财,老于海事,与海外诸国有密切联系。南宋想依靠蒲氏抗元,委为福建、广东招抚使。元为灭宋和招来外商,亦遣使通款,争取蒲氏。临安失陷,蒲氏降元。元嘉其功,委以重任,授昭勇大将军,任闽广大都督兵马招讨使,旋升江西行省参知政事。其主要职责为提举福建、广东市舶,招谕海外各国。蒲以其雄厚的经济实力,丰富的外贸经验,广泛的海外联系,在元发展市舶贸易中起了很大作用。①

恢廓开拓的对外方针,促进了中国和阿拉伯的经济交往。从中国直到西亚、非洲,商使往来不绝。和林②、大都,外商云集;泉州、广州,船舶辐辏。宋时,泉州已是闻名世界的国际港口。迄元,成了"番货远物,异宝奇玩之所渊薮。殊方别域,富商巨贾之所窟宅,号为天下最。"③阿拉伯地理学家艾

---

① 参看乾隆《泉州府志》卷七十五,拾遗上,《蒲寿庚考》。
② 和林又称哈喇和林,蒙古旧都,在鄂尔浑河上游。
③ 吴澄:《送姜曼卿赴泉州路录事序》,《吴文正公集》卷十六。

الجغرافي العربي أبو الفداء في وصفها بأنها مدينة شهيرة تقع على مصب نهر يطل على خليج بعرض خمسة عشر ميلا بحريا، حيث تعبره السفن لتصل إلى المدينة[1]. وذكرها ماركو بولو فقال "والسلع والنفائس تنقل إليها بمقادير عظيمة إلى حد يصعب تصوره، ومن ثم تنقل منها إلى جنوب نهر اليانغتسي ثانيا. فإني مقدم على القول بأنه إن خرجت سفينة فلفل من الإسكندرية أو ميناء آخر إلى البلدان المسيحية، خرجت منها مائة سفينة فلفل أو أكثر إلى مدينة الزيتون (واسمها الآخر تشيوانتشو). لذلك تستطيع هان الكبرى (الصين) أن تجبي من الضرائب مبالغ باهظة للغاية"[2] ووصفها ابن بطوطة فقال "ومرساها من أعظم مراسي الدنيا أو هو أعظمها، رأيت به نحو مائة (جنك) كبار، وأما الصغار فلا تحصى كثرة"[3]. وكانتون، وإن مسها سوء في نهاية أسرة سونغ ومطلع أسرة يوان، لم تلبث أن تخلصت من أثرها، فتدافع التجار إليها من كل حدب وصوب، حتى صارت "الألوف والألوف من السفن تتوارد بعجائب الدنيا إلى مرساها"[4]، وسواريها تنتصب انتصاب الغابة نحو السماء. وعندما ذكر فريار أودريك مدينة كانتون، قال: "ليس في إيطاليا كلها من السفن ما في هذه المدينة وحدها"[5]. ومدحها ابن بطوطة قائلا: "وهي من أكبر المدن وأحسنها أسواقا."[6].

ولما دخلت الصين في عهد يوان أقبل عليها التجار العرب أكثر من ذي قبل، منهم العرب الآسيويون والعرب الأفارقة. وكان التجار المسلمون القادمون من المناطق العربية غالبا ما "يحسنون التجارة برا وبحرا، وكان لهم وزن كبير في كل مدينة

① أبو الفداء: ((تقويم البلدان)) ١٨٤٠، بارس، ص ٣٦٤- ٣٦٥ .

② ((رحلة ماركو بولو))، جـ ٢، ص ١٥٦.

③ ((رحلة ابن بطوطة))، جـ ٢، ص ٢٥٢.

④ وو شي داو: ((إهداء إلى وانغ تشنغ شان عند تسلمه إدارة شؤون السفن الأجنبية والتجارة الخارجية)) ضمن ((جمهرة الخزائن الأربع بإقرار الإمبراطور - قسم الطقوس والمراسم))، جـ ٣، مادة ١٨.

⑤ ((رحلة هتيوم الأول. الشرق تحت قلم أودريك. رسل شاهروخ في الصين)) - الطبعة الصينية، ترجمة خه قاو جي عن:

J.A.Boyle: *The Tourney of Hetum I,King of Little Armenia*

The Eastern Parts of the World Described by Friar Odoric

A Persian Embassy to China Being An Extract From Zubdatut Tawarikh of Hufiz-i-Abru

⑥ ((رحلة ابن بطوطة))، جـ ٢، ص ٢٥٤.

卜·菲达说，泉州是个著名的城市，临河，位于河的入海口。海船可以通过宽约15海里的海湾，驶抵该城。[1]马可·波罗记述泉州“商货宝石珍珠输入之多竟至不可思议，然后由此港转贩蛮子境内。我敢言亚历山大或他港运载胡椒一船赴诸基督教国，乃至此刺桐港者，则有船舶百余，所以大汗在此港征收税课，为额极巨。”[2]伊本·白图泰称赞泉州“是世界最大的港口之一，也可以说是世界最大的商港。我见港里有大船百来只，小船不计其数。”[3]广州宋末元初虽遭破坏，但恢复很快，各国外商纷纷前来贸易，港内帆樯林立，呈一派“万舶集奇货”[4]的盛况。鄂多立克谈到广州时说，整个意大利都没有这个城市的船只多。[5]伊本·白图泰也称赞广州，说它是“世界最大的城市之一，有世界上最美好的市场”。[6]

元时，来华阿拉伯商人更多，有来自亚洲的，也有来自非洲的。西域回回商人往往“擅水陆利，天下名城巨邑，必居其

① 艾卜·菲达：《地理志》(Abn al-Fidā'i: *Taqwīm al-Buldān*, Paris, 840)，第364—365页。
②《马可波罗行纪》中册，第156页。
③《伊本·白图泰游记》第2卷，第252页。
④ 吴师道：《送王正善提举广东舶司》，《钦定四库全书·礼部集》卷三之十七。
⑤《海屯行纪·鄂多立克东游录·沙哈鲁遣使中国记》，何高济译，北京：中华书局，1981年，第64页。
⑥《伊本·白图泰游记》第2卷，第254页。

معروفة، ولهم يد خاصة في خيراتها"[1]. وقد أفادت الإحصاءات الصادرة في فترة تشونغ تونغ في أسرة يوان (١٢٦٠ ـ ١٢٦٤) أنه كان في ولاية يانجينغ ٢٩٠٠ أسرة مسلمة، ضمنهم كثيرون من التجار الأغنياء[2]. وورد في الجزء الثاني من ((متفرقات عام قوي شين)) بقلم تشو مي "أن المسلمين الآن يفضلون أن يتخذوا أواسط الصين ديارا لهم، ولا سيما جنوب نهر اليانغتسي"، فقد كان في هانغتشو كثير من التجار المسلمين، وكانت (Bajianlou) (أي مجموع المباني الثمانية) الواقعة عند رأس جسر جيانتشياو من هذه المدينة هي كلها بيوتا لكبار الأثرياء المسلمين"[3] ويرجح أنه كان بين أولئك التجار المسلمين كثير من العرب، فكيف في كانتون والزيتون المدينتين الكبيرتين.

كان العرب يتاجرون بالبضائع التقليدية ويربحون مبالغ باهظة، فبرز منهم في كل بلد يتواجدون فيه أقطاب من الأثرياء الذين يمكن العودة إلى أسمائهم في المصادر التاريخية. منهم مثلا أوحد الدين العراقي الذي أقام في كانتون والذي امتلك أموالا طائلة، كان قاضيا وشيخا من شيوخ الإسلام وعمدة للتجار الأجانب؛ وقوام الدين من سبتة المغربية في فنجنفو[4]، وهوالرجل الذي أحسن التعامل بالمال وجمع من الثروة ما قدر بعشرات الآلاف من القطع الفضية؛ وعثمان التاجر المصري الكبير الذي أقام في هانغتشو وبنى فيها المسجد الجامع[5].

ومن بين التجار العرب الذين قدموا إلى الصين في عهد أسرة يوان أو قبلها من استوطنوا الصين وتكاثروا فيها حتى أصبحوا جزءا من أبناء قومية هوي في بلاد الصين في فترة تاريخية متأخرة[6].

① شيوي يو رن: ((شاهدة رسول المناطق الغربية الحاج حسين (؟)))، ((مجموعة تشي تشنغ))، جـ ٥٣.

② وانغ يون: ((عريضة بشأن طلب إعفاء الأسرة المسلمة المتواجدة في العاصمة من السخرة)) ضمن ((الأعمال الكاملة للأستاذ تشيو جيان)) جـ ٨٨.

③ تاو تسونغ يي: ((سجل التوقف عن الزراعة))، جـ ٢٨.

④ فنجنفو مدينة زارها ابن بطوطة في طريقه من مدينة الزيتون إلى هانغتشو، وموقعها قيد البحث والدراسة.

⑤ ذكر هؤلاء التجار جميعا في ((رحلة ابن بطوطة)).

⑥ ((موجز تاريخ قومية هوي))، ص ٩.

津要，专其膏腴。”[1]据中统年间（1260—1264）统计，燕京路有回回2900余户，内多富商。[2]又元周密《癸辛杂识》续集卷上说：“今回回皆以中原为家，江南尤多。”杭州有许多回回商人，“荐桥侧首有高楼八间，俗谓八间楼，皆富贵回回所居。”[3]上述回回商人中，当有不少阿拉伯人。至于广州、泉州，更是阿拉伯人汇集的大城市了。

阿拉伯商人贩运传统商品，获取巨额利润。其中富甲一方，有名可考者，不乏其人。广州有个名叫奥哈德丁的伊拉克人，富有资财，既是伊斯兰教法官，又是外商穆斯林首领。qanjanfu[4]的阿拉伯船主基瓦木丁，摩洛哥休达人，善理财，家产累万。定居杭州的埃及巨商奥斯曼，曾为该地伊斯兰教徒修建了一所大清真寺。[5]

元代和元代以前来华的阿拉伯商人，有些在中国安家落户，繁衍子孙，成为以后形成的中国回族的一部分。[6]

① 许有壬：《西域使者哈只哈心碑》，《至正集》卷五三。
② 王恽：《为在都回回户不纳差税事状》，《秋涧先生大全集》卷八八。
③ 陶宗仪：《辍耕录》卷二八。
④ qanjanfu为伊本·白图泰自泉州去杭州途中的一个城市，位置待考。
⑤ 这几个大商人，《伊本·白图泰游记》均有记述。
⑥《回族简史》，第9页。

٥ ـ تحريم التجارة البحرية مع البلدان الأجنبية وأثر ذلك في العلاقات الاقتصادية

كانت العلاقات الاقتصادية المتأثرة بسياسة تحريم التجارة البحرية مع البلدان الأجنبية في عهد أسرة مينغ تعتبر تجارة صينية عربية تحتكرها حكومة أسرة مينغ، متمثلة في التجارة المرافقة لتقديم الهدايا تحت شعار دفع الجزية والإتاوة، والتجارة الخارجية التي قام بها أسطول تشنغ خه في الموانئ العربية.

الصورة الشرعية الوحيدة للتجارة التي قام بها العرب في الصين ما يسمى بالتجارة تحت شعار تقديم الجزية والإتاوة

ومجمل القول إن تشو يوان تشانغ مؤسس أسرة مينغ مارس سياسة الانعزال برغم الجهود التي بذلها في الاتصالات بالعالم الخارجي بعد قيام دولته، فقد سبق له في العام السابع والعشرين من فترة هونغ وو في أسرة مينغ (١٣٩٤) أن أصدر، لأسباب داخلية وخارجية، أمرا صارما بتحريم التعاملات التجارية مع الأجانب، وأخذ من يخالف ذلك بالعقاب الشديد[1].

وقد ظلت سياسة تشو يوان تشانغ في تحريم التجارة البحرية، مطبقة على امتداد عهود أباطرة أسرة مينغ جميعا. أما ما يسمى بـ"رفع التحريم عنها" فإنما عبارة عن تخفيف الحدة في التنفيذ إلى حد معين. ونتيجة لسياسة تحريم التجارة البحرية مع البلدان الأجنبية، أمست التجارة التي تصاحب تقديم الجزية أو الإتاوة الصورة الشرعية الوحيدة التي قام بها العرب في الصين. وهذه التجارة هنا تعني السماح للرسل الأجانب بأن يتاجروا مع الصينيين في المنتجات المحلية التي يحملونها معهم إلى الصين بكميات هائلة إلى جانب الكميات القليلة من الهدايا، أي تلك المواد والسلع التي يأتون بها خصيصا إلى الصين ليقدموها للبلاط الصيني باسم الجزية والإتاوة. وسمح للتجار الأجانب أن يمارسوا

---

① وانغ تشي: ((تتمة الدراسات العامة للوثائق))، جـ ٢٦، تجارة الغذاء ٢.

五、海禁政策下的中阿经济关系

明代海禁政策下的中阿经济关系，表现为明朝政府垄断的对阿贸易：一为朝贡贸易，一为郑和船队到阿拉伯互市。

朝贡——阿拉伯商人来华贸易的唯一合法形式

明兴，朱元璋虽曾致力于对外交往，但总的说来，他奉行的是闭关锁国政策。洪武二十七年（1394），他下令严禁私下诸蕃互市，违者必置之重法。[①]朱元璋这样做，自有其国内国际因素。

朱元璋的海禁政策，作为祖宗之法，终明一代都在执行。所谓“开禁”，只是稍有松弛而已。

在海禁政策下，朝贡贸易成为阿拉伯等地外商来华贸易的唯一合法形式，朝贡贸易就是除少量“贡品”外，外国使者可以携大量土特产到中国进行交易。商人也可随贡使来做生意。朝贡贸易手续烦琐，有一套严格的制度。首先，朝贡

① 王圻：《续文献通考》卷二十六，市糴籴二。

الأعمال التجارية في الصين على أن يكونوا قادمين مع الرسل المتقدمين بالجزية والإتاوة. وكانت هذه التجارة مصحوبة بإجراءات معقدة مملة، وخاضعة لسلسلة من القوانين الدقيقة الصارمة. ولكن ما كان لدولة أن توفد رسولا ليقدم الجزية والإتاوة للصين إلا إذا وافقت عليها حكومة مينغ وسمحت قبل كل شيء ببراءة تقديم الجزية والإتاوة بوضع ختم على الخط الفاصل من ورقتها، ثم كان على الرسول المبعوث أن يلتزم بما فرضته حكومة مينغ فيما يخص تقديم الجزية والإتاوة من التحديدات الدقيقة حول الميعاد (مدة الدورة)، وخط المرور (بما فيه الميناء الذي ينزل إليه وخط سفره إلى العاصمة)، وعدد السفن التي تحمل مواد الجزية والسلع الإضافية، والعدد الكلي لأعضاء البعثة الموفدة إلى الصين، وعدد أعضاء البعثة المتوجهين إلى العاصمة، ومراسم تقديم الجزية والإتاوة وطريقة المكافأة، والتجارة المفتوحة وما إلى ذلك. وكان رئيس البعثة إذا ما وصل إلى العاصمة يقدم مواد الجزية والإتاوة إلى الإمبراطور، فيمنحه الإمبراطور "هبة" عظيمة، ومن ثم تشتري الحكومة نقدا جزءا من السلع الإضافية التي وصلت مع مواد الجزية والإتاوة، وتسمح للبعثة أن تعرض بضائعها في مقر قسم التشريفات لمدة تتراوح من ثلاثة إلى خمسة أيام لتبيعها إلى سواد الشعب. أما أعضاء البعثة الذين لم تتح لهم فرصة للسفر إلى العاصمة، فكان يسمح لهم بالتجارة مع سواد الشعب بواسطة السمسار.

أنشأت أسرة مينغ إدارة لشؤون السفن الأجنبية والتجارة الخارجية في مينغتشو (نينغبو) والزيتون وكانتون كما فعلت أسرة يوان، غير أن مسؤوليتها اختلفت عن مسؤولية الجهاز المماثل في العهدين السابقين. إذ أصبحت تتولى شؤون تقديم الجزية والإتاوة، وتشرف على تحريم الرحلة البحرية الخاصة وعلى جمع الضرائب عن السلع التي حملتها السفن الأجنبية مع مواد الجزية والإتاوة وعلى بيع تلك السلع إلى آخره.

وقد ورد في المصادر التاريخية أن كلا من مكة المكرمة وظفار والمدينة المنورة وعدن ومصر ومقديشو والأحساء، قد سبق لها أن بعثت رسلا إلى الصين ليقدموا المنتجات المحلية على شكل هدايا ويمارسوا التجارة، فاستقبلتهم حكومة مينغ بحفاوة بالغة. ولما خرج تشنغ خه في رحلته السابعة إلى المحيط الهندي في العام الخامس من

国家须经明朝政府挑选，发给勘合（盖有骑缝印信的朝贡证）始可来华。其次明朝政府对贡期（几年一次）、贡道（登陆港口及贡使进京路线）、贡船数、来华使团总人数、进京贡使一行人数、朝贡仪式、赏赐办法、开市贸易等都详细规定，必须切实遵照办理。贡使向皇帝赠送“贡品”，皇帝给予优厚“给赐”。贡品以外的附至货物，一部分由政府钞买，一部分在会同馆开市3—5日，向老百姓出卖。没有进京的使团人员，通过牙行与老百姓做生意。

明代，在明州（宁波）、泉州和广州也设市舶司。其职责和前代有所不同，主要掌朝贡，禁私人出海，征收贡船商品税，监管贡船商品出售等事务。

史籍记载，天方、祖法儿、默德那、阿丹、埃及、木骨都束、哈萨等阿拉伯国家，曾派遣使臣，到中国贡方物，做买卖，受

فترة شيوان ده من أسرة مينغ (١٤٣١)، حمل معه بين حمولته "ألياف القنب وغيرها من الأغراض التي اشترتها حكومة مينغ بالنيابة عن عدن وخمسة بلدان أخرى بأثمان المنتجات المحلية التي قدمتها هذه البلدان إلى الصين بصفة هدايا"[1]. وحكومة مينغ لم تشتر هذه السلع بالنيابة عن تلك البلدان فحسب، بل كلفت أسطول تشنغ خه بنقلها إلى كل منها، الأمر الذي دل على اهتمامها بتنمية العلاقات الاقتصادية بين الصين والبلدان العربية.

وصول أسطول تشنغ خه إلى البلدان العربية بهدف التجارة

لما اعتلى الإمبراطور تشنغ تسو العرش، تساهل في تنفيذ سياسة تحريم التجارة البحرية مع البلدان الأجنبية إلى حد معين، إذ قام إلى جانب تشجيعه التجارة المصاحبة لتقديم الجزية والإتاوة بإرسال أسطول ضخم من السفن البحرية بقيادة تشنغ خه محملا إياه كميات كبيرة من الحرير والخزف الصيني والمسك والأدوات النحاسية أو الحديدية وغيرها من السلع، وذلك في الرحلات السبع إلى المحيط الهندي لممارسة التجارة مع البلدان المطلة على المحيط الهندي وتنمية العلاقات الودية. وكانت جزيرة العرب هي المنطقة الرئيسية للتجارة التي قام تشنغ خه بها في المحيط الهندي، وكانت هرمز إحدى نقاط الارتكاز التجارية الثلاث لأسطوله (والنقطتان الأخريان كانتا ملقا الواقعة على شبه جزيرة ملايو، وكوزكود الواقعة على الشاطئ الغربي من الهند).

قام أسطول تشنغ خه بزيارات متعددة لمقديشو في الصومال وبراوة والأحساء وظفار وعدن ومكة، وقوبل بالترحاب أينما وصل.

ظلت عدن الواقعة على المدخل الجنوبي للبحر الأحمر همزة مواصلات بين الشرق والغرب، وميناء لعبور التجارة العالمية، حيث المناخ معتدل والمنتجات متوفرة. وفي العام السادس عشر من فترة يونغ له من أسرة مينغ (١٤١٨) وصل تشنغ خه في زيارة إلى عدن، فوجد أنها مكان صالح لشراء النفائس وإجراء التعاملات التجارية. وفي

[1] ((سجلات البلدان في المحيط الهندي))، المرسوم ٣.

到明朝政府的热情接待。宣德五年(1431)郑和第7次下西洋所带物品,有"原阿丹等六国进贡方物给赐价钞买到纻丝等"。①明朝政府不但用给赐价钞为阿丹等国代买纻丝等物,而且还命郑和船队分送各国,可见明朝政府重视发展中阿经济关系。

郑和船队到阿拉伯互市

明成祖即位后,海禁有所松弛。他在鼓励朝贡贸易的同时,派遣郑和率领庞大船队,满载丝绸、瓷器、麝香、铜铁器等商品,七下西洋,到印度洋沿岸国家进行贸易,发展友好关系。阿拉伯半岛是郑和船队在西印度洋的主要贸易区,半岛地区的忽鲁谟斯为船队的三大贸易据点之一(其他两个为马来半岛的满剌加和印度西海岸的古里)。

郑和船队多次访问索马里的木骨都束、不剌瓦以及阿拉伯半岛上的剌撒、祖法儿、阿丹和天方,受到当地人民的热烈欢迎。

阿丹地处红海南口,自古就是东西交通的枢纽,国际贸易的转运港。阿丹气候温和,物产丰富。永乐十六年(1418)

---

① 《西洋番国志》,敕书三。

العام التاسع عشر من فترة يونغ له (١٤٢١) وصلت فصيلة من أسطول تشنغ خه تحت إمرة شخص يدعى تشو إلى عدن لممارسة التجارة، فخرج سلطانها على رأس حاشيته إلى الشاطئ لاستقبالها. ولما تسلم السلطان مرسوم الإمبراطور الصيني وهباته، "أعلن لرعيته أنه يأذن لمن بحوزته نفائس أن يبيعها"[1]. فـ"استطاع رجال الفصيلة أن يشتروا هناك قطعا كبيرة من عين الهر يزن كل منها تشيانين (التشيان وحدة وزن تعادل ٣٢ر٠ غرام) وألوانا أخرى من التحف بما فيها الياقوت واللآلئ الكبيرة وعدد من شجيرات المرجان يزيد ارتفاع كل منها عن قدمين تقريبا، وخمسة صناديق من فروع المرجان والكهرمان الأصفر وماء الورد، وتشكيلة كبيرة من الحيوانات تشمل الزرافة والأسد وحمار الوحش والفهد والنعامة واليمامة البيضاء.. إلخ، ثم عادوا بها إلى الصين"[2]. ولولا الدعم الصادق من السلطان والتعاون الودي من جانب شعبه لما تمكن حاشية البلاط الصيني، اسمه تشو من شراء كل هذه الأنواع من التحف والنفائس والحيوانات النادرة دفعة واحدة.

كانت ظفار ميناء دوليا على الساحل الجنوبي الشرقي من شبه جزيرة العرب، وقد سبق لها أن كانت ملتقى للتجار القادمين من شتى الأرجاء. وقد زارها أسطول تشنغ خه أكثر من مرة. و"سكانها طوال القامة ضخام الجسم متناسقو التقاسيم بسطاء اللسان"[3]. والجو فيها "ليس باردا أبدا، كأنه جو الشهر القمري الصيني الثامن أو التاسع دائما. ويتوفر فيها الأرز والقمح والذرة والفول والدخن اللزج والقنب وألوان مختلفة من الخضروات. وفيها بقر وغنم وخيل وحمير وقطط وكلاب ودجاج وبط"[4]. ولما زار تشنغ خه ظفار في رحلته السادسة إلى المحيط الهندي، أحب سلطانها وأبناء شعبه أن يمارسوا التجارة مع أسطول تشنغ خه. فما انتهى السلطان من تلاوة الفاتحة وتوزيع الهبات حتى "كلف حاشيته بأن يطلبوا من المواطنين مقايضة ألياف القنب والخزف

① ((مشاهدات رائعة وراء البحار الشاسعة))، مادة عدن.

② نفس المصدر السابق، مادة عدن.

③ نفس المصدر السابق، مادة ظفار.

④ ((مشاهدات رائعة وراء البحار الشاسعة))، مادة ظفار.

郑和到阿丹访问，了解到阿丹是采购珍宝，开展互市的好地方。永乐十九年(1421)，郑和船队的一支分䑸，由内官周某率领到阿丹贸易。阿丹国王亲自率领大小官员至海滨迎接。在接到诏书和赏赐后，“国王即谕其国人，但有珍宝，许令卖易。”[①]分䑸在阿丹“买得重二钱许大块猫睛石，各色雅姑(即宝石)等异宝，大颗珍珠，珊瑚树高二尺者数株。又买得珊瑚枝五柜，金珀、蔷薇露、麒麟、狮子、花福鹿、金钱豹、驼鸡、白鸠之类而还。”[②]内官周某在阿丹一次就买了这样多的珍宝异物，没有国王的竭诚支持和人民的友好合作，是很难办到的。

祖法儿是阿拉伯半岛东南的重要国际港口，商旅云集。郑和船队不止一次到过祖法儿。该处“人体长大，貌丰伟，语言朴实。”[③]气候“常如八九月，不冷。米、麦、豆、粟、黍、稷、麻、谷及诸般蔬菜、瓜、茄、牛、羊、马、驴、猫、犬、鸡、鸭之类，亦皆不缺。”[④]郑和第六次下西洋访问祖法儿时，祖法儿国王和老百姓都乐意同船队做生意。开读赏赐毕，“其王差头目遍谕国人，皆将乳香、血竭、芦荟、没药、安息香、苏合油、木别

①《瀛涯胜览》，阿丹国条。
② 同上书。
③《瀛涯胜览》，祖法儿条。
④ 同上书。

الصيني باللبان ودم الأخوين والسولع والمرّ والجاوي وزيت الميعة وبذور مغض الكوشنشبن"[1]. وكانت حصيلة الصينيين من هذه المقايضة بأجمعها الأبخرة والعقاقير. وهذا يعني أن تشنغ خه ورجال أسطوله كانوا يضعون لوازم حياة الشعب في حسابهم حينما كانوا يمارسون التجارة مع البلدان العربية.

وكانت مكة متميزة بقوة أبنائها ووفرة إنتاجها وطيب تقاليدها. وقد اتفق لتشنغ خه خلال رحلته السابعة إلى المحيط الهندي أن أرسل رجالا إليها حيث قاموا بالتجارة مع أهلها، ورسموا الكعبة، وعادوا بهذا الرسم إلى البلاط الإمبراطوري.

لقد قام تشنغ خه برحلاته السبع إلى المحيط الهندي، وزار فيها عددا كبيرا من البلدان العربية، وهذا أسفر عن توافد رسل البلدان العربية إلى الصين في زيارات جوابية، كما أدى إلى كسر الجمود الذي أصاب التجارة من طرف واحد- التجارة المشروطة بدفع الجزية والإتاوة، فتحقق تقدم جديد في العلاقات الاقتصادية بين الصين والبلدان العربية، لكن الوضع الملائم مثل هذا لم تتح له أن يستمر طويلا.

① نفس المصدر السابق، مادة ظفار.

子之类，来换易纻丝、瓷器等物。”[1]这次互市，换来的全是香药，说明郑和船队同阿拉伯各国贸易，也考虑到了民间的生活需求。

天方国民康物阜，民风和美。郑和第七次下西洋曾派七人到天方贸易。他们还绘制了克而白图像回京，上报朝廷。郑和出访后，阿拉伯国家也纷纷遣使回访中国。郑和下西洋打破了朝贡贸易只来不往的消极局面，中阿经济关系有了较好的发展，惜为时不长。

①《瀛涯胜览》，阿丹国条

الباب الرابع دخول الإسلام إلى الصين

كانت اللفظة المقابلة للإسلام في اللغة الصينية في عهد أسرة تانغ، هي (Dashifa) أي ملة التازيان، وفي عهد أسرة سونغ هي (Dashifadu) أي "نظام التازيان". وكانت اللفظة المقابلة للمسلم أو المسلمين في اللغة الصينية في عهد أسرة يوان، هي (Huihui) أو (Meisuluman)، (Musuluman)، (Musurman)، (Musuman) و(Pusuman)[1]. ولم يكن هناك أحد قد وجد للإسلام تسمية ثابتة وشائعة الاستعمال في المصادر الصينية. وفي عهد أسرة مينغ كانت هناك عدة ألفاظ مقابلة للإسلام في اللغة الصينية، مثل (Huihui Jiaomen) أي مذهب هوي هوي و(Huihui Jiao) أي ديانة هوي هوي، أو (Tian Fang Jiao) أي "دين بيت الله". وفي نهاية أسرة مينغ وبداية أسرة تشينغ (المنشوريين) أصبحت اللفظة المقابلة للإسلام في اللغة الصينية هي (Qinzhen Jiao) بمعني "صراط الواحد الأحد والمنزه عن الرجس والمتعالي عن الدناءة دائما وأبدا". ولما بدأ عصر جمهورية الصين، أصبحت هي (Hui Jiao) أو (Xiao jiao) بمعنى دين أبناء أهل Huihui أو الديانة الصغرى (نسبة إلى الديانة الكبرى التي تدين بها هان القومية الكبرى)، ثم سميت بـ(Yisilanjiao) في عموم البلاد بعد تأسيس جمهورية الصين الشعبية.

إن المسلمين الصينيين يشكلون شطرا من الأمة الصينية الكبرى، أما القوميات التي يدين أبناؤها بالإسلام في هذه الأمة فهي العشر التالية:

١) قومية هوي: يزيد عدد نفوسها عن ثمانية ملايين نسمة، وهي متوزعة في

① جاءت كل هذه الألفاظ مقابلة لـ (Musulman) اللفظة الفارسية التي يعود أصلها إلى (Muslim) في اللغة العربية.

第四章　伊斯兰教传入中国

伊斯兰教，唐称“大食法”，宋称“大食法度”。元称伊斯兰教徒为“回回”“回纥”或“没速鲁蛮”“谋速鲁蛮”“木速儿蛮”“木速蛮”“铺速满”。[1]但伊斯兰教之固定通用名称，似未见诸典籍。明称伊斯兰教为“回回教门”、“回回教”或“天房教”；明末迄清称“清真教”。民国称“回教”或“小教”。中华人民共和国成立以后，统称伊斯兰教。

中国穆斯林是中华民族大家庭中的一员。中国有10个民族信仰伊斯兰教，这10个民族是：

一、回族。人口800多万，分布在全国各地，形成大分散

① 都是波斯文musulman的对音。Musulman来自阿拉伯文的muslim。

أنحاء البلاد كليا، ومجتمعة في بعض المناطق جزئيا، بحيث أن عدد أبنائها المتواجدين في مقاطعات قانسو ونينغشيا وتشينغهاي وشنشي وشينجيانغ، يبلغ خمسين بالمائة من مجمل عدد أبنائها في عموم البلاد. وهم أول من أسلموا في تاريخ الصين، واللغة المتداولة عندهم هي لغة هان حديثا وكتابة وهي لغة الأكثرية في هذه البلاد.

٢) قومية الويغور: يزيد عدد نفوسها عن سبعة ملايين نسمة، يقيم معظمهم في الشطر الجنوبي من شينجيانغ، وقد دخلوا في الإسلام في أواسط القرن العاشر، واللغة المتداولة عندهم هي اللغة الويغورية.

٣) قومية القازاق: يزيد عدد نفوسها عن مليون نسمة، يقيم معظمهم في الشطر الشمالي من شينجيانغ، وقد بدأوا يدينون بالإسلام في القرن الثامن، واللغة المتداولة عندهم هي اللغة القازاقية.

٤) قومية القرغيز: يزيد عدد نفوسها عن مائة وأربعين ألف نسمة، وأهم موطن لها هو الشطر الجنوبي من شينجيانغ، وقد بدأ أبناؤها يدينون بالإسلام في أواسط القرن العاشر، واللغة المتداولة عندهم هي اللغة القرغيزية.

٥) قومية التاجيك: يزيد عدد نفوسها عن ثلاثين ألف نسمة، وموطنها الرئيسي هو منطقة طشكورقان، وقد بدأ أبناؤها يدينون بالإسلام في أواسط القرن العاشر، واللغة المتداولة عندهم هي اللغة التاجيكية.

٦) قومية الأوزبك: يزيد عدد نفوسها عن عشرة آلاف نسمة، وموطنها الرئيسي هو إيلي وكاشغر ومنطقة تشانغجي الذاتية الحكم لقومية هوي في شينجيانغ، وموطنها الأصلي تاريخيا هو آسيا الوسطى، ولما فتح العرب آسيا الوسطى في القرن السابع، لم يلبث أبناؤها أن دخلوا في الإسلام، وفي القرن الثامن عشر قدموا إلى شينجيانغ، واللغة المتداولة عندهم هي اللغة الأوزبكية.

٧) قومية التتر: يزيد عدد نفوسها عن أربعة آلاف نسمة منتشرين في شينجيانغ، وقد بدأ أبناؤها يدينون بالإسلام في أواسط القرن العاشر، واللغة المتداولة عندهم هي اللغة التترية.

٨) قومية دونغشيانغ: يبلغ عدد نفوسها نحو أربعمائة ألف نسمة، وموطنها

小集中的特点。甘、宁、青、陕、新5省的回族人数,占全部回族人数的50%以上。回族信仰伊斯兰教最早,通用汉语。

二、维吾尔族。人口700多万,主要在新疆南部。10世纪中叶开始信仰伊斯兰教,通用维吾尔语。

三、哈萨克族。人口100多万,主要在新疆北部。8世纪开始信仰伊斯兰教,通用哈萨克语。

四、柯尔克孜族。人口14万多,主要在新疆南部。10世纪中叶开始信仰伊斯兰教,通用柯尔克孜语。

五、塔吉克族。人口3万多,主要在新疆西南的塔什库尔干地区。10世纪中叶信仰伊斯兰教,通用塔吉克语。

六、乌孜别克族。人口1万多,主要在新疆的伊犁、喀什和昌吉回族自治州。原居中亚,7世纪阿拉伯人入侵中亚后不久,即开始信奉伊斯兰教。18世纪进入新疆。通用乌兹别克语。

七、塔塔尔族。人口4000多,分布在新疆。10世纪中叶信奉伊斯兰教,通用塔塔尔语。

八、东乡族。人口近40万,主要在甘肃的东乡族自治县。

الرئيسي هو محافظة دونغشيانغ الذاتية الحكم في مقاطعة قانسو. وقد تعددت الآراء في أصل هذه القومية، فأحد هذه الآراء يقول بأنها تنحدر ممن أسلم من أبناء قبيلة (Sarta) الذين رحّلهم جنكيزخان من آسيا الوسطي إلى موقعها الحالي حيث امتزجوا بقومية هوي وقومية هان، وتكونت منهم هذه القومية. واللغة المتداولة عندها هي لغة دونغشيانغ المشابهة للغة المنغولية والتي تشتمل على بعض الألفاظ الدخيلة من اللغة التركية القديمة واللغة العربية واللغة الفارسية.

٩) قومية باوآن: يزيد عدد نفوسها عن عشرة آلاف نسمة، يقيم معظمهم في باوآن بمقاطعة قانسو، حيث سبق لبعض المسلمين من أهل دونغشيانغ والمغول أن عسكروا في مدينة باوآن بمنطقة تونغرن في عهدي يوان ومينغ لإحياء الأرض الموات ورعي المواشي، فاختلطوا بأبناء هوي وهان والتبت وتُو فترة تاريخية طويلة تكونت خلالها قوميتهم هذه تدريجيا، ولغتها مشابهة للغة المنغولية.

١٠) قومية سالار: يقارب عدد نفوسها مائة ألف نسمة، وموطنها الرئيسي هو محافظة شيونهوا الذاتية الحكم لقومية سالار في مقاطعة تشينغهاي، وهى تنحدر من المسلمين الذين هاجروا من سمرقاند إلى منطقة شيونهوا في تشينغهاي في عهد أسرة يوان، ثم امتزجوا بأبناء التبت وهوي وهان. ولغتهم تنتسب إلى أسرة اللغة التركية القديمة.

لقد لعب الإسلام دورا هاما في نشوء وتطور هذه القوميات العشر، وترك أثرا عميقا فيها سياسيا واقتصاديا وثقافيا، إذ ظل هذا الدين يربط بين الصين والبلدان العربية منذ دخوله إلى بلاد الصين.

وقد مضى على دخول الإسلام إلى الصين ١٣٠٠ سنة، وبلغ عدد المساجد فيها ٢٣ ألف مسجد في عام ١٩٨٨، كما بلغ عدد الأئمة في نفس العام ٣٥٠ ألف إمام[1]، وبلغ عدد المسلمين عام ١٩٩٠ سبعة عشر مليون مسلم.

يتوزع المسلمون في المناطق الداخلية من البلاد إلى ثلاث طوائف وأربعة

[1] راجع الكلمة التي ألقاها وان ياو بينغ المندوب الصيني في الدورة الثانية للمجلس الأعلى للشؤون الإسلامية ١١ يناير ١٩٨٩، وهي منشورة في ((جريدة الشعب اليومية))، ١٦ يناير ١٩٨٩.

东乡族源有多种说法，自称其祖先是成吉思汗从中亚签发东来的撒尔他族穆斯林，后与汉、回等民族融合形成东乡族。通用与蒙古语相似的东乡语，内有一些突厥语、阿拉伯语和波斯语借词。

九、保安族。人口1万多，主要在甘肃。元明时期一些信仰伊斯兰教的东乡人、蒙古人在青海同仁保安城驻军垦牧，同回、汉、藏、土各族长期交往，逐渐形成保安族。语言与蒙古语相似。

十、撒拉族。人口近10万，主要在青海的循化撒拉族自治县，族源是元代由撒马尔罕辗转迁徙到青海循化地区的穆斯林。以后同藏、回、汉各族融合，形成撒拉族，撒拉语属突厥语族。

伊斯兰教对上述10个民族的形成或发展，起了重要作用，对他们的政治、经济、文化产生过深远影响。伊斯兰教传入中国后，便成为联系中国和阿拉伯各国的重要纽带。

伊斯兰教传入中国已有1300多年。1990年共有1700万穆斯林。1988年有2.3万座清真寺，35万名阿訇。①

内地穆斯林有三大教派，四大门宦及其支派40多个。三

---

① 1989年1月11日，中国代表宛跃宾在伊斯兰事务最高委员会第二次会议上的发言，见1989年1月16日《人民日报》。

مذاهب، تتفرع عنها أربعون طريقة من الطرق الصوفية. أما الطوائف الثلاث فهي: القديم، والإخوان، وشي داو تانغ. وأما التفرع المذهبي فقد تولد من اندماج الصوفية بالفكر الإقطاعي والكونفوشي في الصين. والمذاهب الأربعة هي الخفية والجهرية والقدرية والكبرية. والأول ينحدر من الطريقة الشاذلية، والثاني من الطريقة النقشبندية، أما الثالث والرابع فينحدر كل منها من المذهب الذي يحمل نفس الاسم والذي يتواجد في الخارج؛ والناس يرون أن الطوائف الإسلامية في شينجيانغ تشمل الحنفية والصوفية (تسمى "Yichan" في شينجيانغ) والإسماعلية المتفرعة عن الشيعة. والحنفية تحديدا هي إحدى الطوائف السنية الأربع في مجال الفقه لا في مجال علم الكلام①.

سنعقد للإسلام في شينجيانغ فصلا خاصا في هذا الكتاب تحت عنوان ((انتشار الإسلام في شينجيانغ)) نتيجة لاختلاف أحواله عما في المناطق الداخلية.

١ - مشكلة التحديد الزمني لدخول الإسلام إلى الصين

ما يزال النقاش في الأوساط الأكاديمية مستمرا إلى الآن حول دخول الإسلام إلى الصين، فهناك روايات متعددة بهذا الشأن، منها:

رواية كاي هوانغ من عهد أسرة سوي

يرى أصحاب هذه الرواية أن الإسلام دخل الصين في فترة كاي هوانغ من عهد ون دي في أسرة سوي (٥٨١ - ٦٠٠)، وقد ورد ذلك في نقش على ((النصب المجدد في مسجد تشينغجينغ)) (١٥٠٧)، وفي ((تاريخ مينغ - أخبار المدينة المنورة))، وفي ((السجل الرسمي لرسائل أباطرة مينغ))، وقد حدد صاحب نقش ((النصب المجدد)) زمن دخول الإسلام إلى الصين بالعام السابع من فترة كاي هوانغ (٥٨٧)، فواضح أن هذه الرواية واهنة الحجة لأن النبي محمدا لم يبدأ الدعوة الإسلامية إلا عام ٦١٠.

① غالبا ما يسير المسلمون في المناطق الداخلية من بلاد الصين على هدى المذهب الحنفي في علم الفقه.

大教派为格底木派、伊赫瓦尼派和西道堂派。门宦为苏菲派传入中国后与中国封建制度和儒家思想紧密结合的产物。四大门宦为虎夫耶门宦、哲赫忍耶门宦、格底林耶门宦和库不忍耶门宦。前两派来源于也门的沙子林耶和乃格什板顶耶教团,后两派来源于国外同名的两个教团。一般认为,新疆的伊斯兰教派有哈乃斐派、苏菲派(新疆称依禅派)、什叶派的伊司马仪派。严格讲,哈乃斐派是逊尼四大教法学派中的一个派别,不是教义学派。①

新疆的伊斯兰教情况,与内地有所不同。为了叙述方便,另立了《伊斯兰教在新疆的传播》一节。

一、伊斯兰教传入中国的时间问题

伊斯兰教何时传入中国,学术界争论已久,迄无定论。大体上有以下几种说法:

隋开皇说

此说认为,伊斯兰教传入中国是在隋开皇年间(581—600)。主此说者为《重立清净寺碑》(1507)、《明史·默德那传》和《皇明世法录》。《重立清净寺碑》甚至把传入时间定在开皇七年(587)。穆罕默德于610年才开始传教,开皇说显然不能成立。

---

① 内地穆斯林在教法学上多遵循哈乃斐派。

رواية وو ده من عهد أسرة تانغ

ورد في ((كتاب فوجيان)) أن أربعة من صحابة النبي قدموا إلى كانتون ويانغتشو والزيتون للدعوة إلى الإسلام في فترة وو ده من أسرة تانغ①، وهي الفترة الممتدة من عام ٦١٨ إلى عام ٦٢٦. لكن الإسلام كان يعيش أقسى الظروف بين عامي ٦١٠ و٦٢٢ لأنها فترة ما بين بداية الدعوة إلى الإسلام في مكة المكرمة وهجرة النبي وأصحابه إلى المدينة المنورة، فمن المستبعد جدا في تلك الظروف أن يبعث النبي بعض أصحابه إلى الصين البعيدة عن جزيرة العرب لنشر الإسلام فيها، وهو لم يتمكن بعد من إثبات قدميه في المدينة المنورة، ناهيك عن مواجهته في الوقت نفسه للقبائل اليهودية المعادية له، وعليه فإن رواية وو ده هذه تعد هي الأخرى أضعف من أن تثبت للحقيقة.

رواية تشن قوان من عهد أسرة تانغ

يأخذ بهذه الرواية من العلماء صينيون وأجانب. فقد قال المؤرخ الأمريكي ويلز في الباب الثلاثين من كتابه ((الخطوط الكبرى لتاريخ العالم)) أن النبي قد بعث برسل إلى الصين عام ٦٢٨ (العام الثاني من فترة تشن قوان من أسرة تانغ). فقابلهم الإمبراطور تاي تسونغ بالحفاوة، وأثنى على آرائهم في اللاهوت، وساعدهم على إنشاء مسجد في كانتون، ليؤدي التجار العرب صلواتهم فيه.

ومن بين المصادر الصينية القديمة التي تتناول دخول الإسلام إلى الصين كتاب ((أصل هوي)) بقلم ليو سان جيه، وكتاب ((العقيدة الصحيحة في مكة)) بقلم لان شيوي تشي وغيرهما من المؤلفات. وقد ورد في ((أصل هوي)) أن الإمبراطور تاي تسونغ أرسل رسولا إلى سلطان هوي في المناطق الغربية في العام الثاني من فترة تشن قوان في عهد تاي تسونغ من أسرة تانغ، فأوفد السلطان إمام الإسلام في دولته إلى بلاط تانغ في زيارة جوابية، فقابله الإمبراطور تاي تسونغ بحفاوة. وفي ((نقش شاهدة السيد وقّاص)) ضمن الجزء السابع من كتاب ((العقيدة الصحيحة في مكة))، ورد ذكر بأن

① خه تشياو يوان: ((كتاب فوجيان))، جـ ٧، ((سجلات النواحي))، مادة جبل لينغشان.

唐武德说

《闽书》记载,唐武德中,穆罕默德门弟子4人来中国的广州、扬州、泉州传教。①唐武德中相当公元618—626年。从穆罕默德开始传教到迁往麦地那的10多年中(610—622),伊斯兰教处境最为困难。穆罕默德到麦地那后,立足未稳,还要对付敌对的犹太部落,派人到遥远的中国传教的可能性很小。因此,唐武德说似难成立。

唐贞观说

持此说者,中外皆有。美国史学家威尔斯在其《世界史纲》第30章中说,628年(唐贞观二年)穆罕默德曾遣使中国,唐太宗礼遇使者,赞扬他们的神学见解,并帮助他们在广东建立一所清真寺,供阿拉伯商人之用。

中国文献谈到贞观初年伊斯兰教传入中国的有刘三杰之《回回原来》,蓝煦之《天方正学》等著作。《回回原来》说,贞观二年唐太宗遣使西域回王。国王命其国伊寺教长报聘,受到唐太宗优待。《天方正学》卷七,《旺各师大人墓志》说,大人

---

① 何乔远:《闽书》卷七,《方域志》,灵山条。

وقّاصا لقب ديني، وأنه رجل ينحدر من أهل مكة لأنه أخو والدة النبي (رواية غير مؤكدة)، وأنه جاء إلى الصين بمهمة تقديم القرآن إليها، فوصل تشانغآن في العام السادس من فترة تشن قوان في عهد تاي تسونغ من أسرة تانغ. ولما رآه الإمبراطور تاى تسونغ إنسانا عفيفا نزيها متضلعا من العلوم الدينية، أبقاه في تشانغآن، وأمر بتشييد جامع أعظم تحت إشرافه ليقيم فيه هو ومرافقوه.

إن لعام ٦٢٨م أهمية بالغة في تاريخ الإسلام، إذ اتفق في هذا العام أن هزم المسلمون القبائل اليهودية في المدينة المنورة، واستولوا على خيبر المركز الهام في شمال شرقي المدينة المنورة، وفرضت عليهم الصلاة والصيام والزكاة والحج وغيرها من الفرائض، وأقاموا سلطة الحكم الجامعة بين الإدارة السياسية والإدارة الدينية؛ وحدث في هذا العام أيضا أن وقّع النبي محمد الصلح في الحديبية مع معارضيه القادمين من مكة حين كان في طريقه إليها مع ألف وأربعمائة مسلم لتأدية مناسك الحج، وهو الصلح الذي عرف بصلح الحديبية واتفق فيه على هدنة مدتها عشر سنوات، مما أتاح للسلطة الإسلامية أن تتوطد يوما بعد يوم، وللدين نفسه أن يحقق انتشارا كبيرا، كما وضع ذلك حدا للقوى المعادية للإسلام، إذ ذاك كان من المحتمل أن يوجه النبي محمد رسلا إلى بلاد الصين.

رواية العام الثاني من فترة يونغ هوي من عهد أسرة تانغ

وقد نقلت عن الأستاذ تشن يوان الذي رأى أن وصول رسل الخليفة عثمان بن عفان ثالث الخلفاء الراشدين إلى أسرة تانغ في العام الثاني من فترة يونغ هوي من عهد الإمبراطور قاو تسونغ (٦٥١)، هو بدء دخول الإسلام إلى الصين. لكن وصول الرسل لا يعني بالضرورة دخول الإسلام إليها، فبعض العلماء لا يوافقه على هذا الرأي. ومع ذلك ما تزال هي الرواية السائدة غالبا، إذ إنها تستند إلى حقيقة تاريخية ثابتة، وليس هناك رواية أصدق منها.

道号旺各师,天方人,西方至圣之母舅(母舅之说,尚待证实)。奉使护送天经来华,贞观六年,行抵长安。唐太宗见其为人耿介,讲经论道有实学,遂留住长安,敕建大清真寺,迎使率随从居之。

628年在伊斯兰教历史上具有十分重要的意义。是年,穆斯林战胜了麦地那的犹太部落,攻下了麦地那东北的重镇海巴尔,规定了礼拜、斋戒、天课、朝觐等制度,并在和麦加反对派的斗争中,建立了政教合一的麦地那政权。也是在628年,穆罕默德率众1400人去麦加朝观,和麦加反对派签订了侯德比叶和约,休战10年。在政权日益巩固,伊斯兰教有所发展,敌对势力被遏制的情况下,穆罕默德派出使者到中国是有可能的。

唐永徽二年说

此说初由陈垣先生提出,他以唐高宗永徽二年(651)第三任哈里发奥斯曼遣使唐朝作为伊斯兰教传入中国的开始。使节的到来,并不等于伊斯兰教的传入,有些学者不同意他的意见。尽管如此,一般仍采用"唐永徽二年说",因为它有确切的史料根据,而目前又无更可信的说法代替。

٢ - ((مذكرات في ديار الغربة)) أول المصادر الصينية التي تتناول أصول الإسلام

إن أول كتاب صيني يتناول أصول الإسلام هو ((مذكرات في ديار الغربة)) بقلم دو هوان. وبالرغم من أن هذا الكتاب قد فقد منذ زمن بعيد، إلا أنه ما يزال بإمكاننا أن نطلع على ما يخص الإسلام من المبادئ والمناسك من خلال ما اقتبس منه في كتاب ((موسوعة الأنظمة)) الذي ورد فيه "أن بلاد التازيان تدعى كذلك (Yajuluo)، وسلطانها يدعى (Mumen)؛ و(Yajuluo) هي مقرّ عاصمة بلاد التازيان أيضا. أما المرأة فيها فناعمة البشرة، طويلة القامة، زاهية الثياب، هادئة السيماء، ورشيقة الحركة، وتلبس الحجاب إذا ما خرجت من البيت. والمرء مهما كانت منزلته يصلّ لـ(Tian) (الله) خمس مرات في اليوم. وفي شهر الصيام يأكل اللحم في الليل. وهو يلبس الحزام الفضي ويتقلد السكين، ويحرم الخمر والموسيقى. وإن حصل جدال فذلك لا يؤدي إلى التضارب. وفيها مساجد تتسع لعشرات الآلاف من المصلين. والسلطان يخرج ليصلي صلاة الجمعة، فيعتلي المنبر ويعظ قومه بأن الحياة دار امتحان للإنسان، وأن اتّباع الحق الذي يقوله (Tian) (الله) ليس بالأمر الهين. فمن احتال وسرق أو عمل الفحشاء وقذف بالكلمة البذيئة أو سعى وراء المصلحة الذاتية على حساب غيره أو اضطهد الفقراء البائسين، ارتكب إثما عظيما، ومن ذهب في حملة وقتل في يد العدو، عاش في الجنة خالدا. ومن قتل من العدو، كتبت له سعادة كبرى. والبلاد التي تسودها الآداب ينقاد السكان لسلطانها بطواعية، والجناة يؤخذون بالقوانين لكن بتسامح، والمراسم الجنائزية بسيطة متواضعة"①.

"وفي هذه الأرض التي تمتد حتى المحيط الهندي، يتساكن التازيان والفرس، وتقاليدهم أن يصلوا لـ(Tian) (الله) ويحرّموا على أنفسهم الميّتة والدم ولحم الخنزير، ومن عادتهم أن يمسحوا الشعر بزيت السمسم"②.

① ((موسوعة الأنظمة))، جـ ١٩٣، الدفاع الحدودي ٩، مادة بلاد التازيان.

② نفس المصدر السابق ونفس المادة.

二、最早记述伊斯兰教教义的中国文献《经行记》

中国最早记述伊斯兰教教义的文献为唐代杜环的《经行记》。《经行记》原书久佚，从《通典》所引，尚能看到它对伊斯兰教教义和仪式的记载。《经行记》说："（大食）一名亚俱罗。其大食王号暮门，都此处。其士女瑰伟长大，衣裳鲜洁，容止闲丽。女子出门，必拥蔽其面。无问贵贱，一日五时礼天。食肉作斋，以杀生为功德。系银带，佩银刀。断饮酒，禁音乐。人相争者，不至殴击。又有礼堂，容数万人。每七日，五出礼拜，登高座为众说法，曰：'人生甚难，天道不易。奸非劫窃，细行谩言，安己危人，欺贫虐贱，有一于此，罪莫大焉。凡有征战，为敌所戮，必得生天，杀其敌人，获福无量'率土禀化，从之如流。法唯从宽，葬唯从俭。"[1]

"从此至西海以来，大食、波斯参杂居止，其俗礼天，不食自死肉及宿肉，以香油涂发。"[2]"诸国陆行之所经也，胡则一

① 《通典》卷一百九十三，边防九，大食条。

② 同上书。

و"كافة المناطق التي مررت بها في رحلاتي البرية ذات طبيعة مشتركة، إلا أن الأنظمة المتّبعة فيها متباينة، منها التازي والرومي والمجوسي. أما التازي، أي النظام الذي يتبعه التازيان، فينص على أن تجري المحاكمة عندهم دون إقحام أقرباء الجاني في القضية؛ ويحرم لحم الخنزير والكلب، ولا يقدس السلطان بل يؤكد على إجلال الوالدين، ولا يعتقد بوجود الأشباح والآلهة، وينص على تقديم القرابين لـ(Tian) (الله). وتقاليد التازيان أن يتعطلوا عن العمل يوم الجمعة"[1].

و(Yajuluo) عند ف. هيرث هي الكوفة، وفي رأيه أنها "هي اللفظة الصينية المقابلة لـ(Akula) السريانية"[2]. أما "و(Yajuluo) هي مقر عاصمة بلاد التازيان أيضا"، فذلك لأن الكوفة قد سبق لها أن كانت عاصمة الدولة العباسية. أما (Mumen) فهي الترجمة المختصرة للفظة "أمير المؤمنين"، وهي لقب الخليفة بمعنى حاكم المؤمنين، واللفظة المقابلة لها في ((كتاب تانغ القديم ـ سجلات بلاد التازيان)) هي (Danmimamuni).

ومعنى عبارة "مهما كانت منزلته، يصلّ لـ(Tian) (الله) خمس مرات في اليوم "هو أن الإنسان ما دام مسلما، فعليه أن يؤدي فريضة الصلاة لخمس مرات في اليوم، و"في شهر الصيام يأكل اللحم" قول يقصد به أن اللحم مباح للمسلم في ليالي شهر رمضان من التقويم الإسلامي، و"السلطان يخرج ليصلي صلاة الجمعة، فيعتلي المنبر يعظ قومه" قول يعني أن الخليفة يصلي بالمسلمين ويتلو عليهم الخطبة. و"لا يقدس السلطان بل يؤكد على إجلال الوالدين، ولا يعتقد بوجود الأشباح والآلهة، وينص على تقديم قرابين لـ(Tian) (الله)" هذا قول مقصود منه أن المسلمين لا يؤمنون إلا بالله، وبأنه لا إله إلا الله، ولا يعبدون إلا الله وحده.

و"يحرم الخمر والموسيقى" و"تقاليدهم أن يصلّوا لـ(Tian) (الله) ويحرموا على أنفسهم الميّتة والدم ولحم الخنزير، ومن عادتهم أن يمسحوا الشعر بزيت السمسم" و"أن

① نفس المصدر السابق، مادة الإمبراطورية الرومية.

② ف. هيرث وو.و. روخيل: ((تشاو رو كوه: ترجمة وتفسير (سجلات البلدان))) ،١٩١١، ص١١٠.

种，法有数般。有大食法，有大秦法，有寻寻法。……其大食法者，以弟子亲威而作判典，纵有微过，不至相累。不食猪、狗、驴、马等肉，不拜国王，父母之尊，不信鬼神，祀天而已。其俗每七日一假，不买卖，不出纳，唯饮酒谑浪终日。"①

亚俱罗，夏德认为就是库法，乃叙利亚文 Akula 的对音。②阿拔斯朝初都库法，故曰"都此处"。暮门是 Amīr al-mu'minīn 的省译，《旧唐书·大食传》作"噉密莫末腻"乃哈里发习用的称号，意为"信徒之君"。

"无问贵贱，一日五时礼天"，即不管地位高低，只要是穆斯林，就应履行每日5次礼拜的义务。"食肉作斋，以杀生为功德"，当指穆斯林于伊斯兰历9月斋戒时夜间可以食肉及12月的宰牲节。"每七日，五出礼拜，登高坐，为众说法"，是指聚礼日哈里发领导穆斯林礼拜，念"呼图白"。"不拜国王，父母之尊，不信鬼神，祀天而已"，是说伊斯兰教只信仰安拉，除安拉外，别无神灵，什么也不拜。

杜环谈到的"断饮酒，禁音乐"，"不食自死肉及宿肉"，"不食猪、狗、驴、马等肉"，"其俗每七日一假，不买卖，不出

① 《通典》卷一百九十三，边防九，大秦条。

② 夏德和柔克义著：《赵汝适〈诸蕃志〉译注》(F.Hirth and W.W.Rockhill: *Chau Ju-Kua:His work on the Chinese and Arab Trade in the Twelfth and Thirteenth Centuries, Entitled Chu-fan-chi*, St.Petersturg, 1911)，第110页。

يحرموا لحم الخنزير والكلب" و"تقاليد التازيان أن يتعطلوا عن العمل يوم الجمعة" كل هذه الأقوال من دو هوان قد جاءت وصفا دقيقا للتقاليد والمحرمات الإسلامية.

و"...أن تجري المحاكمة عندهم دون إقحام أقرباء الجاني في القضية"، فهذا يعني أن المحاكمة لا تشرك أهل الجاني وأقرباءه في تبعية الجريمة التي ارتكبها ابنهم أو قريبهم. إن ((مذكرات في ديار الغربة)) قد تناول في بضعة أسطر فقط ما يخص الإسلام من أركان الإيمان والصلاة والصيام والحج وما كان يتبع حينذاك من التقاليد والمبادئ الأخلاقية، ولكن "لم تتناول ذلك أية كتابة أخرى قبله أو بعده بين السجلات التاريخية في عهدي تانغ وسونغ"[1]. وذلك يدل على الأهمية البالغة التي يحملها ((مذكرات في ديار الغربة)) في تاريخ العلاقات الصينية العربية. لذلك يمكن القول بأن ظهور هذا الكتاب يعتبر حدثا هاما يستحق الثناء والتقدير.

وبعد ((مذكرات في ديار الغربة)) صدر ((كتاب تانغ - سجل داشي)) بطبعتيه القديمة والجديدة و((أحاديث بينغتشو)) بقلم تشو يوي، و((دليل ما وراء الجبال الجنوبية)) بقلم تشو تشيوفى، و((سجل البلدان)) بقلم تشاو رو كوه، و((نوادر الكلام وغرائبه)) بقلم يويه كه، وقد وردت في جميع هذه المؤلفات أحاديث عن أصول الإسلام، ولكن لم يظهر بينها أي كتاب يضاهي ((مذكرات في ديار الغربة)) اتساعا ووضوحا، حتى أصدر وو جيان ((زيارة لمسجد تشينغجينغ)) في العام التاسع من فترة تشي تشنغ من عهد يوان (١٣٤٩)، أي بعد صدور ((مذكرات في ديار الغربة)) بستمائة سنة تقريبا ، حيث كتب بقوله"إن هذا الدين يرى أن كل شيء يعود إلى (Tian) (الله) الحق الذي لا شريك له، فيقدس المسلمون (Tian) بمنتهى الخشوع، لكنهم لا يتخيلون له صورة فيعبدوها، إنما يصومون شهرا في السنة حيث يستحمون ويبدلون ثيابهم، إضافة إلى أدائهم الصلاة باتجاه الغرب (الكعبة) وتلاوة القرآن كل يوم". أما (Tian) فلا شبه له في السماء المرئية على الإطلاق، فبدا معنى (Tian) في مقالة وو جيان أقرب إلى الصحة منه في عبارة "أما المرء (المسلم) فمهما كانت منزلته يصلّ لـ(Tian) (الله)

① اقتباس من مقالة باللغة الصينية لباي شو يي تحت عنوان ((حديث في حملة طرّاز وأقدم المعلومات حول الإسلام))، راجع عمل باي شو يي تحت عنوان ((مخطوطات تاريخ الإسلام في الصين))، دار الشعب للنشر بنينغشيا، ينتشوان، ١٩٨٢.

纳,唯饮酒,谑浪终日"(按"唯饮酒,谑浪终日",应为"不饮酒,唯谑浪终日");以上这些反映伊斯兰教习俗和禁戒的记载,相当准确。

"以弟子亲戚而作判典,纵有微过,不致相累",是说法律裁判时,不至株连弟子亲戚。

《经行记》只用了几百字就概述了伊斯兰教的信仰、礼拜、斋戒以及当时的习尚和伦理道德。这"不只在《经行记》以前没有过,在《经行记》以后的唐宋记载中,也没有过。"①《经行记》一书在中阿关系史上和中国伊斯兰史上,具有十分重要的意义,是一件值得大书特书的事情。

《经行记》之后,虽然新旧《唐书》之《大食传》,朱彧之《萍洲可谈》,周去非之《岭外代答》,赵汝适之《诸蕃志》,岳珂之《桯史》等书,都谈到过伊斯兰教教义,但都不及《经行记》记述明白充实。元至正九年(1349),吴鉴《清净寺记》说:"其教(指伊斯兰)以万物本乎天。天一理,无可像。故事天至虔,而无像设。每岁斋戒一月,更衣沐浴,居必易常处。日西向拜天,净心诵经。"这里的所谓"天",因无作为形象的天之嫌,

---

① 白寿彝:《从怛逻斯战役说到伊斯兰教之最早的华文记录》,见白寿彝:《中国伊斯兰史存稿》,银川:宁夏人民出版社,1982年。

خمس مرات في اليوم"، وعبارة "تقاليدهم أن يصلّوا لـ(Tian)" وغيرهما من العبارات الواردة في ((مذكرات في ديار الغربة)). ولما نشر وانغ داي يوي وتشانغ تشونغ ووو تشون تشى وما تشو وليو تشى وغيرهم من علماء الإسلام أنواعا متعددة من الأعمال في الترجمة والتفسير في نهاية عهد أسرة مينغ ومطلع عهد أسرة تشينغ ليعرفوا أبناء شعبنا بالإسلام تعريفا ممنهجا ومفصلا، فقد مضت نحو تسعمائة سنة على صدور ((مذكرات في ديار الغربة)) لدو هوان.

٣ - تطور الإسلام في الصين

كان لدخول الإسلام إلى الصين وتطوره فيها ارتباط وثيق بالمسلمين الذين هاجروا إلى الصين من أرض التازيان وغيرها من البلاد، وتمسكهم بإيمانهم الصادق في الصين. ومن ثم كان الإسلام لا يفرض نفسه على أبناء الشعب الصيني، ولا يحمل على الكونفوشية، فوقف حكام الصين من الدين الإسلامي والمسلمين موقفا وديا مما أوجد مناخا لتطور الإسلام في هذا البلد العظيم أيضا.

هجرة المسلمين إلى الصين في عهد أسرة تانغ والمرحلة الأولى لنشر الإسلام في الصين

كان كثير من المسلمين في عهد أسرة تانغ يسكنون في تشانغآن عاصمة الصين ويانغتشو وكانتون والزيتون وهونغتشو وجزيرة هاينان ومقاطعتي سيتشوان ويوننان وغيرها من الأماكن، وكان معظمهم تجارا. ونورد فيما يلي بعض المعلومات عما سبق ذكره من أحوالهم:

١) اكتشف في عام ١٩٨٠ من بقايا قبور أسرة تانغ المتواجدة في شوقانغ شمال مدينة يانغتشو أثر إسلامي ذو قيمة عظيمة، وهو زمزمية من الخزف المطلي باللون الأخضر مكتوب عليها "الله أكبر".

٢) في العام الثاني من فترة تشي ده من عهد سو تسونغ في أسرة تانغ (٧٥٧) آزر

比《经行记》中的"一日五时礼天"和"其俗礼天"讲得准确,但这已是600年以后的事了。而等到明末清初,王岱舆、张中、伍遵契、马注、刘智等伊斯兰教学者发表多种译述,对伊斯兰教教义作系统翔实介绍,则离《经行记》已有将近900年的时间了。

三、伊斯兰教的发展

伊斯兰教传入中国及其以后的发展,与大食等地来华穆斯林世居中国并对伊斯兰教笃信不移,有着密切的关系。伊斯兰教不强加于人,不攻击传统的儒家思想,中国政府对待伊斯兰教和穆斯林的友好态度,为伊斯兰教在中国的发展创造了条件。

唐代穆斯林来华与伊斯兰教的初传

唐时,首都长安及扬州、广州、泉州、洪州、海南岛和川滇等地,居住着不少穆斯林,绝大部分是商人。他们的情况,前已述及,现有几点补充如后:

(一)1980年在扬州城北蜀岗的唐代残墓中,发现一件有绿色彩绘阿拉伯文的陶瓷背水壶,文意为"真主至大"。这是一件很有意义的伊斯兰文物。

(二)唐肃宗至德二年(757),大食兵曾助唐平安禄山之

الجنود التازيان أسرة تانغ في تهدئة تمرد آن لو شان. وفي العام السابع عشر من فترة تشن يوان من عهد ده تسونغ في أسرة تانغ (٨٠١) حدث لدوبيلو أحد القواد الكبار عند وى قاو المفوض العسكري في جيانان غربي سيتشوان أن باغت مركزا محصنا في التبت، "فوقع دا بن أسيرا في يده، واستسلمت له قوات يوي شي كانغ والجنود التازيان والأمير التبتي، وبلغ عددهم عشرين ألف رجل"①. ومن المرجح أن بعض الرجال التازيان من القوتين السابق ذكرهما قد بقوا في الصين.

٣) وفي عهد أسرة تانغ كان القرصان البحري فنغ رو فانغ المقيم في جزيرة هاينان يهجم كل عام على سفينتين فارسيتين أو ثلاثا، فيستولي على شحناتها ويستعبد من فيها من التجار"②. والسفن الفارسية هنا يقصد بها تلك السفن التي جاءت من الخليج الفارسي. ومن المفروض أنه كان هناك كثير من المسلمين بين أولئك الفارسيين والتازيان في تلك السفن. وقد وصل أولئك المسلمون الأوائل إلى جزيرة هاينان مختطفين على هذه الصورة.

٤) ذكر الكاتب العربي المروزي في كتابه ((الخواص الطبيعية للحيوانات)) أنه نتيجة للاضطهادات التي تعرضت لها الشيعة في السلوقية هرب عدد من مسلميها إلى الصين، واستقروا في جزيرة وسط نهر عظيم عام ٧٤٩③. وكانت هذه الجزيرة مواجهة لميناء تجاري، فراح هؤلاء المسلمون بعد أن أقاموا في الجزيرة لفترة من الزمن، يعملون تجارا وسطاء بين الصينيين والأجانب. وبالرغم من أننا لم نستطع أن نعثر في مصادر تاريخ الصين على شيء من المعلومات الخاصة بهذا الحدث، إلا أن ذلك يعتبر من الاحتمالات غير المستبعدة تاريخيا.

كان المسلمون العرب المقيمون في الصين في عهد أسرة تانغ يتمتعون بالحرية الدينية، وكانوا يلجأون إلى القانون للفصل في دعاويهم، ففي كانتون "وكل الحاكم الصيني إلى أحد المسلمين حلّ الخصومات بين المسلمين في هذه المنطقة، وذلك تنفيذا

① ((كتاب تانغ الجديد - سجلات البلدان الجنوبية)).

② ((الحملة الشرقية في فترة دا خه من عهد أسرة تانغ))، ص ٦٨.

③ نقلا عن ((ملاحة العرب في المحيط الهندي في العصور القديمة وأوائل العصور الوسطى))، ص ٦٣.

乱。唐德宗贞元十七年（801），剑南西川节度使韦皋部将杜毗罗潜袭吐蕃险要，"虏大奔。于时康、黑衣大食等兵及吐蕃大酋皆降。获甲二万首。"①上述两部分大食兵中，很可能有人留居中国。

（三）唐时，海南岛大海盗冯若芳，岁劫波斯舶二三艘，财宝据为己有，商人船员没为奴婢。②波斯舶系指来自波斯湾之海船，船上的波斯人和大食人中，当有许多伊斯兰教徒。海南岛的穆斯林，就是这样被劫持去的。

（四）阿拉伯作家马尔瓦兹在其《动物的自然特性》一书中说，一些因受迫害从呼罗珊逃出来的什叶派穆斯林，曾于749年到中国一条大河中的一个岛上定居。③这个岛面对一个商港。这些什叶派穆斯林住了一个时期，并充当中国人和外国人之间的中间商。迄今没有发现中国史籍有关此事的记载，但这种可能性是有的。

唐代，留居中国的阿拉伯穆斯林有信教自由，他们的诉讼按法律裁判。在广州，"中国官长委任一个穆斯林，授权他解决这个地区各穆斯林之间的纠纷；这是按照中国君主的特

---

① 《新唐书·南蛮传》。
② 《唐大和上东征传》，第68页。
③ 转引自《古代和中世纪早期阿拉伯人在印度洋的航行》，第63页。

للمرسوم الخاص الصادر عن سلطان الصين. فكلما حلت مناسبة صلى هذا المسلم بجميع إخوانه وألقى فيهم خطبة، ودعا دعاء لسلطانهم. ولم يثر التجار العراقيون اعتراضا على أي حكم أصدره هذا الرجل في حدود صلاحيته، إذ كانت أحكامه متفقة مع العدالة ومع كتاب الله عز وجل وأصول الشريعة الإسلامية"①. ونتيجة لمعاملة حكومة تانغ المسلمين معاملة حسنة واحترامها لعقيدتهم استوطن الصين عدد غير قليل من المسلمين العرب الذين كانوا يسمون "المقيمين في تانغ"، ويرجح أنهم بنوا الكثير من المساجد التي كانت مراكز لنشاطاتهم الدينية الدائمة في الصين.

تطور الإسلام في عهد أسرة سونغ وظهور عدد هائل من المساجد

جذبت سياسة أسرة سونغ – ولا سيما سونغ الجنوبية – في التجارة الخارجية عددا كبيرا من المسلمين من دولة داشي إلى الصين لممارسة التجارة، واستوطن كثير منهم في الصين جيلا بعد جيل حتى أطلق عليهم "الأجانب الصينيو المنشأ" و"الأجانب الذين يعيشون في الصين منذ خمسة أجيال". وجدير بالذكر أنه وجدت نساء بين المسلمين القادمين إلى الصين، وأن بعض أهل كانتون كانوا يدعون المرأة الأجنبية (Pusaman)②. وهي اللفظة المقابلة لـ(Bussurman) التي يرجع أصلها إلى لفظة (Musulman) أي المسلمة.

وكان أغنى التجار الأجانب الذين قدموا الصين وأعلاهم مكانة وأكثرهم تأثيرا في التجارة الخارجية هم التجار المسلمين التازيان، إذ كان لهم أحياء سكنية خاصة ومقابر عامة لأمواتهم، وكانوا يعيشون بحرية، محتفظين بكافة العادات والتقاليد الخاصة بهم، و"كانوا في حي الأجانب بكانتون يختلفون عن الصينيين في الملبس ويتفقون معهم في المأكل، غير أنهم ما زالوا يحرمون على أنفسهم لحم الخنزير... كما أنهم لا يأكلون من المواشي إلا إذا ذبحوها بأنفسهم"③. ولممارسة نشاطهم الديني بنوا الكثير من المساجد،

① ((أخبار الصين والهند))، الطبعة الصينية، ص ٧.
② ((أحاديث بينغتشو))، جـ ٢.
③ ((أحاديث بينغتشو))، جـ ٢.

殊旨意办的。每逢节日,总是他带领全体穆斯林作祷告,宣讲教义,并为穆斯林的苏丹祈祷。此人行使职权,做出的一切判决,并未引起伊拉克商人的任何异议;因为他的判决是合乎正义的,是合乎尊严无上的真主的经典的,是符合伊斯兰法度的。"①由于唐朝政府善待穆斯林,尊重他们的宗教信仰,不少"住唐"的阿拉伯穆斯林定居不返,还修建了永久性的宗教活动中心清真寺。

宋代伊斯兰教的发展与清真寺的大量建立

宋朝政府,特别是南宋政府的外贸政策吸引了大批大食穆斯林商人到中国做生意。许多人世居不返,成为"土生蕃客"和"五世番客"。值得注意的是,来华穆斯林中有了妇女。在广州有人呼蕃妇为菩萨蛮。②菩萨蛮为 Bussurman 之译音,源于 Mussulman 一词,意为穆斯林。

来华外商,以大食穆斯林商人最富,最有地位,对外贸最有影响。他们有自己的聚居区蕃坊和公共墓地,完全按照自己的习俗自由地生活。"广州蕃坊,蕃人衣装与华异,饮食与华同。至今,蕃人但不食猪肉而已……非手刃六畜不食。"③

---

① 《中国印度见闻录》,第7页。
② 《萍洲可谈》卷二。
③ 同上书。

أشهرها مسجد هوايشنغ في كانتون ومسجد شنغيو ومسجد تشينغجينغ في الزيتون ومسجد شيانخه في يانغتشو ومسجد هواجيويه في شيآن ومسجد فنغهوانغ في هانغتشو ومسجد نيوجيه في بكين. ومسجد هوايشنغ (مسجد الحنين إلى النبي) يسمى أيضا مسجد هوايشنغ قوانغتا (مسجد الحنين عند مئذنة النور) أو مسجد شيتسي (مسجد الأسد)، وقد حكي أنه بني في عهد أسرة تانغ، ويقدر أن زمن بنائه لم يتأخر عن عهد أسرة سونغ. وفي الركن الأمامي الأيسر لهذا المسجد تنتصب مئذنة تدعى مئذنة النور، يبلغ ارتفاعها ستة وثلاثين مترا، وتطل على المدينة برمتها.

ومسجد شنغيو (مسجد الأصحاب)، ويقع في شارع تونغهواى في جنوب شرقي مدينة الزيتون، وعلى الحائط الخلفي من هذا المسجد عند نهاية الممر المبلط نقوش تدل على أنه بني عام ٤٠٠ هـ، وهو التاريخ الذي يصادف العام الثاني والثالث من فترة داتشونغ شيانغفو في عهد الإمبراطور تشن تسونغ من أسرة سونغ الشمالية (١٠٠٩ - ١٠١٠). وفي عام ٧١٠ هـ (١٣١٠ - ١٣١١) قام أحمد بن محمد القدسي (؟) الشيرازي بمشروع هندسي لتجديد هذا المسجد وتوسيعه.

أما مسجد تشينغجينغ (مسجد الخلوة) فمتأخر عن مسجد شنغيو من حيث تاريخ بنائه، إذ بني في جنوبي مدينة الزيتون على يد نجيب مزهر الدين السيرافي في العام الأول من فترة شاو شينغ من عهد أسرة سونغ (١١٣١)، ولكنه تهدم في العام التاسع من فترة تشي تشنغ في عهد أسرة يوان (١٣٤٩) نتيجة الحرب التي دامت إلى أواخر أيام يوان. وحينذاك كان الشيخ برهان الدين يتولى شؤون المسجد بصفته (Shesilian)[①]، وكان إماما واسع الاطلاع ورجلا يجمع بين الكفاءة والفضيلة. وكان يتمتع بصحة جيدة برغم بلوغه المائة والعشرين سنة من العمر، وقد أفاد ((سجل منطقة تشيوانتشو)) أنه عاش مائة واثنتين وأربعين سنة، و"أنه من مواليد (Chazhelimian) في المحيط الهندي، وجاء إلى تشيوانتشو أي مدينة الزيتون مع أحد الرسل إلى الصين في فترة هوانغ تشينغ ليقدم الهدايا للإمبراطور، وأقام في شارع بايبو. وكان مسلما، فأبقاه أهل

① (Shesilian) لفظة مقابلة للفظة "شيخ الإسلام"، أي إمام المسلمين.

为了宗教生活的需要，他们修建了相当多的清真寺。其中最有名的为广州之怀圣寺，泉州之圣友寺和清净寺，扬州之仙鹤寺，西安之化觉寺，杭州之凤凰寺，北京之牛街礼拜寺等。怀圣寺又称“怀圣光塔寺”和狮子寺。相传唐时所建，当不晚于宋代。寺内左前角有一传呼礼拜的尖塔，叫做光塔。塔高36米，高耸雄伟。登塔远眺，广州风貌，尽收眼底。

圣友寺位于泉州东南之通淮街。据该寺通道后墙之阿文石刻，其创建年代为伊斯兰历400年，相当北宋真宗大中祥符2—3年（1009—1010）。伊斯兰历710年（1310—1311），来自设拉子的艾哈迈德·本·穆罕默德·贾德斯，曾修缮扩建此寺。

清净寺建造时间晚于圣友寺，宋绍兴元年（1131），纳只卜·穆兹喜鲁丁自西拉甫来泉州，创兹寺于泉州之南城。元至正九年（1349），兵乱被损。至正九年，清净寺的摄思廉[①]为夏不鲁罕丁，是一位博学而有才德的伊斯兰教长，那时他已120岁，仍很康健。《泉州府志》说他活了142岁，是“西洋查哻例棉人，皇庆间随贡使来泉，（住排铺街）修回回教，泉人延之

① 摄思廉shammas al-'Islām的译音，意为“伊斯兰教教长”，有译“主教的”者。

الزيتون إماما بالمسجد الذي تم إنشاؤه في فترة شاوشينغ من عهد أسرة سونغ"①. وأما (Chazhelimian) فهي مدينة كازرون الحالية في إيران. وعلما بأن فترة هوانغ تشينغ في أسرة يوان تصادف الفترة ما بين عام ١٣١٢ و١٣١٣، فبدا من ذلك أن الرسول الذي جاء الشيخ برهان الدين معه قد أوفدته إلى الصين دولة المنغول الإلخانية الواقعة في غربي آسيا. أما برهان الدين هذا فقد ورد ذكره في ((رحلة إبن بطوطة)) بأنه رجل كازروني الأصل وإمام معروف في مدينة الزيتون، وله زاوية خارج المدينة لا تقام فيها صلاة الجمعة②.

ومسجد شيانخه (مسجد الكركي)، ويقع في شارع البوابة الجنوبية بمدينة يانغتشو اليوم. وقد بني في العام الأول من فترة ده يو في عهد أسرة سونغ (١٢٧٥) على يد بهاء الدين الذي ينحدر من المناطق الغربية، وأعيد بناؤه في العام الثالث والعشرين من فترة هونغ وو من أسرة مينغ (١٣٨٠) على يد رجل اسمه حسن. وفي العام الثاني من فترة جيا جينغ من أسرة تشينغ (١٥٢٣) أعاد بناءه التاجر ما تسونغ داو والإمام أمين.

ومسجد هواجيويه، ويقع في زقاق هواجيويه في مدينة شيآن، ويسمى الجامع الشرقي أو الجامع الإسلامي أيضا، وقد بني في عهد سونغ، ثم أقيمت له أعمال توسعية في عهود يوان ومينغ وتشينغ حتى يشهد أبعادها الآن، ونقش النصب الذي أقيم فيه يفيد أنه قد سبق له أطلق عليه اسم "دار الصلاة" (أي المصلّى) أول ما بني في سونغ، ثم تبدل اسمه بـ"مسجد تشينغشيو" (مسجد الاختلاء بالتعبد) بعد ما أعيد بناؤه في فترة وان لي من عهد مينغ، ومبانيه بما فيها مبنى المسجد ذاته وجوسق العنقاء ومبنى الخلوة ومبنى تشيشيو والمبنى الخماسي كلها تقع على خط المحور من موقع المسجد باتجاه الجنوب بلا استثناء، فتشكل زخرفة هندسية جميلة. ومبنى تشيشيو هو ما تم تشييده بأمر من مؤسس أسرة مينغ الإمبراطور تاي تسو، وهو يشتهر بما فيه من ((نصب الهلال)) الذي عليه نقوش تتناول الظواهر الفلكية.

ومسجد فنغهوانغ (مسجد العنقاء)، ويقع في جنوب حي ونجينغفانغ، ويصل بين

① ((سجل منطقة تشيوانتشو))، طبعة تشيان لونغ، جـ ٧٥، ((استدراكات))، مادة الشيخ برهان الدين.

② ((رحلة إبن بطوطة))، جـ ٢، ص ٢٥٣.

住持礼拜寺，寺宋绍兴创也。”[①]查喏例棉即今伊朗之卡泽龙，皇庆间为1312—1313年，夏不鲁罕丁所随贡使当是统治西亚的蒙古伊儿汗国派来的。这个夏不鲁罕丁，《伊本·白图泰游记》也说他是卡泽龙人，为泉州城的著名教长，城外有他一座不举行聚礼的小清真寺。[②]

仙鹤寺位于今扬州南门大街，宋德祐元年（1275）西域普哈丁创建。洪武二十三年（1380）哈三重建，嘉靖二年（1523）商人马宗道同住持哈铭重修。

化觉寺在西安化觉巷内，又称东大寺或清真大寺。始建于宋，经元、明、清三代扩建，才具现在规模。据明代碑记，宋建寺时叫“礼拜院”，明万历重修，改称“清修寺”。寺内各种建筑组成一幅美丽的图案。礼拜殿、凤凰亭、省心楼、敕修殿和五间楼呈五凤朝阳之势，排列在寺的中轴线上。敕修殿为明太祖朱元璋敕建，殿内谈天象之《清真月碑》颇为有名。

凤凰寺在杭州文锦坊南，寺的大门直通今中山中路。它

① 乾隆《泉州府志》卷七十五，《拾遗》上，夏不鲁罕丁条。

②《伊本·白图泰游记》第2卷，第253页。

بوابة المسجد وشارع صون يات صن طريق مباشر. ولهذا المسجد أسماء أخرى مثل (Libaisi) أي المسجد، و(Zhenjiaosi) أي مسجد الدين الحق، وقاعة هوي هوي، وقد بدأ يدعى مسجد فنغهوانغ في أواخر عهد أسرة تشينغ، أما تاريخ إنشائه فقد اختلفت فيه الآراء، لكن على الغالب أنه أنشئ في عهد أسرة سونغ. ومباني هذا المسجد جميلة، ومئذنته التي تدعى (Wangyuelou) (مرصاد الهلال)، تطل على مدينة هانغتشو من جميع أطرافها. وكان في هذا المسجد أنصاب من مختلف العهود، لكن معظمها اندثر. والنصب الذي تم إنشاؤه في العام السادس من فترة هونغ تشي في عهد أسرة مينغ (١٤٩٣) يعتبر أقدم أنصابها المتبقية التي تحمل نقوشا عربية أو فارسية أو أردية، وقد نقش عليه أن علاء الدين القادم من المناطق الغربية بنى هذا المسجد في العام الأول من فترة تشي يوان في عهد أسرة يوان (١٢٦٤)①.

ومسجد نيوجيه ببكين (مسجد شارع البقر)، وبني في العام الثاني من فترة تشي داو من عهد الإمبراطور تاي تسونغ لأسرة سونغ (٩٩٦)، وحي نيوجيه هذا يدعى قانغشانغ (أي الرابية) أيضا لارتفاع موقعه، وقد ورد في ((سجل قانغشانغ)) "أن شيخا عربيا اسمه قوام الدين أتى بأولاده إلى الصين لنشر الدين. ولما منح الإمبراطور ابنه نصر الدين منصبا رسميا ولقب شرف، اعتذر عن قبولهما بإصرار، إذ كان قد صمم على التفرغ لشؤون المسجد، فطلب من الإمبراطور أن يمنحه هبات ليستطيع بها بناء مسجد في قانغشانغ هو مسجد نيوجيه اليوم"②. وتبلغ مساحة هذا المسجد زهاء ستة آلاف متر مربع، تقوم عليها مجموعة مبان متكاملة أكبرها قاعة المسجد التي تبدو من داخلها زاهية مشرقة والتي تتسع لأكثر من ألف مصلّ. وفي الناحية الجنوبية الشرقية من الفناء قبران لإمامين قدما الصين لنشر الإسلام، أحدهما أحمد البلدان (؟) الغساني الذي توفى عام ١٢٨٠، والآخر عماد الدين البخاري الذي توفى عام ١٢٨٣، والنقوش العربية على شاهدتيهما تتميز بالخط البسيط الواضح، وتعتبر من الآثار الهامة في تاريخ الإسلام في الصين.

---

① نقلا عن تشانغ بي لون: ((مسجد فنغهوانغ))، المنشورة في ((المسلمون في الصين))، عام ١٩٨٢، عدد ٢.

② شي كون بين: ((موجز التعريف بمسجد نيوجيه))، المنشورة في ((المسلمون في الصين))، عام ١٩٨١، عدد ٢.

又叫礼拜寺、真教寺、回回堂,清末始称凤凰寺。建造时间,说法不一,一般认为在宋代。凤凰寺建筑优美,登上望月楼,杭州全景一览无遗。寺内原有各代碑文多被毁损。现存中文及阿拉伯文、波斯文、乌尔都文古碑中,以明弘治六年(1493)者最早,有元至元元年(1264)西域人阿老丁重建之语。①

北京牛街礼拜寺建于宋太宗至道二年(996)。牛街地区地势较高,又称岗上。据《岗上志》载:"在公元960年前,有一位阿拉伯'筛海',名革瓦默定,携子来京传教。其子纳苏鲁丁,对皇帝赐于官爵,坚辞不受,一心为清真寺掌教,遂请颁赐于此建寺,即今日之牛街礼拜寺。"②牛街礼拜寺面积约6000平方米,以礼拜殿(可同时容纳1000多人礼拜)为主,形成一个比较完整的建筑群。礼拜殿内光辉灿烂,绚丽夺目。寺的东南跨院,有两座来中国传教教长的墓。一名艾哈麦德·布尔塔尼,伽色尼人,1280年卒。一名依玛顿丁,布哈拉人,1283年卒。这两座古墓的阿拉伯文碑文,字迹古朴清晰,为中国伊斯兰史的重要文物。

---

① 转引自张沛纶:《凤凰寺》,《中国穆斯林》1982年第2期。
② 石昆宾:《牛街礼拜寺简介》,《中国穆斯林》1981年第2期。

ومن المساجد المعروفة في الصين أيضا المسجد القائم في مركز محافظة دينغشيان بمقاطعة خبي، والمسجد اليمني خارج بوابة تومن بمدينة الزيتون، وقد بنى نانا عمر بوابة هذا المسجد وأسوار فنائه. ولعل تاريخ بناء كل من هذين المسجدين يعود إلى عهد أسرة سونغ.

وقد بنيت المساجد في مختلف الأماكن بعهد أسرة سونغ دليلا على انتقال عدد كبير من المسلمين من بلاد العرب وفارس وآسيا الوسطى إلى الصين، وعلى إقامة كثير منهم في الصين جيلا بعد جيل، وعلى توثق الصلات بينهم وبين الصين أكثر فأكثر، ومن ثم ازدياد صلة الإسلام بالصين تدريجيا.

لقد دخل الإسلام إلى الصين في عهدي تانغ وسونغ، وجاء ذلك نتيجة طبيعية للنشاطات التجارية التي قام بها المسلمون في أرض الصين وتوارثهم العقيدة الإسلامية، ولم ينتقل إليها نتيجة للدعوة من حيث الأساس، ولذلك شهد هذا الانتقال مراحل من التاريخ طويلة وبطيئة.

أوج التطور الذي بلغه الإسلام في عهد أسرة يوان

سارت إمبراطورية يوان المنغولية على سياسة "من كل واد عصا" في مجال العقائد الدينية، وقد أصدر جنكيزخان قانونا ينص على أن من قتل مسلما يفرض عليه غرامة من الذهب تبلغ قيمتها أربعين بالش (وحدة وزن)[①]. وكان مونغكه خان يحمي المسلمين، فتدفق في زمنه عدد كبير من المسلمين من مختلف الفئات من غربي آسيا وأواسطها إلى الصين، حتى تغلغلوا في مواطن المنغوليين، وكان حي السرسينيين من خراخوروم عاصمتهم مجتمعا للتجار المسلمين[②].

وفي عهد أسرة يوان أسلم بعض أبناء المنغول وهان والجنود المرابطين في تانغوو[③]، فطعّموا جموع المسلمين في الصين بعناصر محلية. وقد سبق لسلطان تانغوو

① ((تاريخ منغول لدوسانغ))، ترجمة فنغ تشنغ جيون، دار الصين، بكين عام ١٩٦٢، جـ ٢ ص ٢٠٦.

② راجع ((رسل البابا في منغوليا))، الطبعة الصينية، دار العلوم الاجتماعية، عام ١٩٨٣، ص ٢٠٣.

③ كانت سلطة شيشيا تسمى تانغوو عند أسرة يوان، وكانت تشمل ما يقابل شمالي نينغشيا وشمال غربي قانسو وشمال شرقي تشينغهاي وجزءا من غربي منغوليا الداخلية في الوقت الحالي.

此外,著名的清真寺还有河北定县城关镇的礼拜寺,泉州涂门外的也门教寺(也门人奈纳·奥姆尔修了寺的大门和围墙),这两座大寺可能都是宋代建筑的。

宋代各地清真寺的建筑,说明这时已有大批阿拉伯、波斯、中亚等地穆斯林把伊斯兰教传到中国。他们之中不少人世居中国,和中国的关系由是日渐密切起来,伊斯兰教和中国的关系也必就随之日渐密切起来。

唐宋两代,伊斯兰教传入中国,主要是穆斯林来华贸易的自然结果和信仰的世袭,而不是由于传教。因此,传入的过程是缓慢的。

元代伊斯兰教空前兴盛

蒙元帝国政府对宗教采取兼容并包政策。成吉思汗曾颁布法令:杀一穆斯林,罚黄金40巴里失。[①]蒙哥汗保护伊斯兰教徒。当时,西亚、中亚各阶层穆斯林大量涌入中国,遍布各地,并深入到蒙古本部。首都哈剌和林城的萨拉森人区,就是穆斯林商人聚居的地方。[②]

元代,一些蒙古人、汉人和驻扎在唐兀[③]的士兵,皈依伊

---

① 《多桑蒙古史》,冯承钧译,北京:中华书局,1962年,第2卷,第20页。
② 参看道森编:《出使蒙古记》,吕浦译,周良霄注,北京:中国社会科学出版社,1983年,第203页。
③ 元称西夏政权辖地曰唐兀,约当今之宁夏、陕西北部、甘肃西北部、青海东北部和内蒙西部部分地区。

حفيد قوبلاي خان، وهو آناندا أن رضع من إحدى نساء المسلمين، وترعرع في رعايتها، فاعتنق الإسلام وآمن به إيمانا صادقا. وكان في استطاعته أن يتلو ((القرآن الكريم)) عن ظهر قلب وأن يكتب مقالات جيدة باللغة العربية. ولما خلف أمير آنسي في تولي حكم تانغوو في العام السابع عشر من فترة تشي يوان في أسرة يوان (١٢٨٠)، جعل معظم جنوده البالغ عددهم مائة وخمسين ألف جندي يتحولون عن عقيدتهم السابقة إلى الإسلام[1]، ومما يؤكد نشاطهم الديني في القرن الرابع عشر هو ما اكتشف في شرقي لواء أجينا بمنطقة منغوليا الداخلية من أطلال مسجد من ذلك العصر بالإضافة إلى قطعة من نصب تحمل نقوشا فارسية. وفضلا عن إسلام جنود تانغوو حدث لبعض سكانها أن أسلم لأسباب اجتماعية مختلفة، فكان الرجل إذا أسلم، أسلمت معه امرأته أو بالعكس، وكان السيد أو الرئيس إذا أسلم، تبعه خدمه أو مرؤوسوه في اعتناق الإسلام. ويعتقد بأن عدد هؤلاء لم يكن قليلا.

بدأ المسلمون العرب وغير العرب يستوطنون الصين ويتكاثرون فيها منذ عهد أسرة تانغ، ثم انتشروا في مختلف أنحائها من حيث الكل وتجمعوا في مناطق معينة من حيث الجزء، وأقاموا اقتصادهم على الزراعة، بينما بقي جزء منهم يمارس التجارة والصناعة اليدوية. والتجارب المرة التي عاشوها والعقيدة المشتركة التي اعتنقوها طيلة الفترات التاريخية وضعت أساسا لعقليتهم المشتركة، حتى تهيأ لهم المناخ في عهد أسرة يوان لتكوين قومية هوي؛ فبدأت هذه القومية فعلا باعتبارها عضوا في أسرة الأمة الصينية تخطو على طريق النشوء والتكوين.

وتمشيا مع الازدياد الحاد في عدد المسلمين واستيطانهم في مختلف الأماكن أنشأت حكومة مينغ "مركز (Hadi) أبناء هوي للإشراف على الشؤون الدينية" ليكون مسؤولا عن القضاء. أما (Hadi) فهي اللفظة المقابلة لكلمة "قاضي" في اللغة العربية، وكان المأمور الأدنى من (Hadi) يدعى (Sishu). ومركز القاضي هذا قد ظهر في عهد أسرة تانغ وأسرة سونغ، إلا أنه كان مقتصرا على المدن التجارية الكبرى، أما في عهد

[1] راجع رشيد الدين: ((جامع التواريخ))، الترجمة الروسية، موسكو، عام ١٩٦٠، جـ ٢ ص ٢٠٨.

斯兰教,给中国穆斯林增添了新的土著成分。唐兀的统治者,忽必烈的孙子阿难答,从小由一伊斯兰教徒的妻子奶大。阿难答皈依伊斯兰教,信之甚笃。他能背诵《古兰经》,能写很好的阿拉伯文。至元十七年(1280)他嗣位安西王统治唐兀后,使所部15万士兵的大部分都改信了伊斯兰教。①内蒙古额济纳旗东发现的14世纪清真寺遗址及波斯文残碑,说明那时唐兀的穆斯林还有宗教活动。除唐兀士兵外,其他由于婚姻关系一方是穆斯林,因而另一方也信奉伊斯兰的;由于主人或长官是穆斯林,因而仆人、下属也信奉伊斯兰教的,恐亦为数不少。

自唐以来,留居中国的阿拉伯等地穆斯林,繁衍后代分布全国,形成"大分散,小集中"的特点。他们建立了以农业为主的经济,部分人经营商业或手工业。长期的共同遭遇和共同信仰为他们共同心理的形成提供了基础。至元代,这些穆斯林形成回族的条件开始具备,回族作为一个民族已在形成之中。

为适应穆斯林的急剧增加和定居各地,元朝政府曾设"回回掌教哈的所",掌管穆斯林之诉讼。哈的,阿拉伯文意为"法官"。哈的以下还有司属。哈的唐宋即有,但仅限于通商巨埠,元则遍及全国。此外,在中央和地方政府的一些部

---

① 参看拉世德丁:《史集》(Rashīd al-Dīn: Jamiʻ al-Tawāʻrīkh),俄译本,莫斯科,1960年,第2卷,第208页。

أسرة يوان فقد عم البلاد كلها. وبالإضافة إلى ذلك كان في الحكومة المركزية والحكومات المحلية أجهزة خاصة وموظفون متفرغون للعناية بشؤون المسلمين مثل "ديوان شؤون المسلمين" و"إدارة شؤون المسلمين" و"دار محفوظات المسلمين" و"مفوض فيلق المسلمين من القوات البحرية المنغولية" و"مأمور شؤون المسلمين" و"هيئة الأرصاد الفلكية الإسلامية" و"المؤسسة الخيرية العامة" (مؤسسة تعني بالعقاقير الطبية الخاصة بالمسلمين، والتي كانت الأسرة الإمبراطورية تستخدمها لعلاج المرض من الحرس المسنين والمساكين في العاصمة)، و"معهد اللغة الويغورية".. الخ.

كما أنشئت نتيجة لهذا الازدياد الحاد في عدد المسلمين مساجد وجوامع في مختلف الأماكن بما في ذلك المدن الواقعة في أطراف البلاد. فقد وجد في خراخوروم مثلا مسجدان، على جدران كل منهما لوحات في أصول الشريعة الإسلامية. وفي مسجد محافظة دينغشيان الذي أعيد بناؤه في العام الثامن من فترة تشي تشنغ في عهد أسرة يوان (١٣٤٨) نصب تذكاري لإعادة بنائه، عليه "نقش إعادة بناء المسجد" القائل "إن الجهة الغربية هي قبلة من يصلي سواء كان في هذا المسجد أو في أي من المساجد الأخرى بما في ذلك المساجد القريبة في العاصمة، والمساجد البعيدة في أنحاء البلاد، وعددها يزيد عن عشرة آلاف مسجد"①. وقال ابن بطوطة "في كل مدينة من مدن الصين حي خاص للمسلمين ينفردون فيه بسكناهم، ولهم فيها المساجد لإقامة الجمعة وسواها"②. ووصف كانتون يقول "في بعض جهات هذه المدينة بلدة المسلمين، ولهم بها المسجد الجامع والزاوية والسوق. ولهم قاض وشيخ. ولا بد في كل بلد من بلاد الصين من شيخ الإسلام، تكون أمور المسلمين كلها راجعة إليه، والقاضي يقضي بينهم"③. وبالرغم من أن القول الوارد في ((نقش إعادة بناء المسجد)) حول المساجد أن "عددها يزيد عن عشرة آلاف مسجد" لا يخلو من المبالغة، إلا أنه جاء دليلا أكيدا على أن

① سون قوان ون: ((تذييل نقش النصب لإعادة بناء المسجد))، المنشورة في ((الآثار)) عام ١٩٦١، عدد ٨، ومكتبة جامعة بكين تحتفظ بنسخة من الأوراق المنسوخة من هذه المقالة.

② ((رحلة ابن بطوطة))، ص ٢٤٧-٢٤٨.

③ نفس المصدر السابق، ص ٢٥٤.

门还设有专门处理有关穆斯林事务的机构和官员，如“回回书写”“回回省椽”“回回令史”“蒙古回回水军万户府达鲁花赤”“回回掾史”“回回司天监”“广惠司”（掌修制御用回回药物及和剂，以疗诸宿卫士及在京孤寒者）“回回国子监学”等。

由于穆斯林激增，清真寺普遍建立起来。远如哈剌和林也有两座清真寺，寺内公布着伊斯兰教的教规。定县清真寺元至正八年（1348）《重建礼拜寺记》碑说：“今近而京城，远而诸路，其寺万余，俱西向以行拜天之礼。”[①]《伊本·白图泰游记》说，“中国各城都有专供穆斯林居住的地区，区内有清真寺，用来举行聚礼及其他活动。”[②]又说：广州“城中有一地段，是穆斯林居住的地方。那里有一所大清真寺和一所小清真寺，有市场，有法官和谢赫。中国各地皆有伊斯兰谢赫，穆斯林的事务都由他们处理。法官审判穆斯林的案件。”[③]《重建礼拜寺记》说“其寺万余”虽有夸张，但证之伊本·白图泰的记

① 孙贯文：《重建礼拜寺记碑跋》，《文物》1961年第8期，北京大学图书馆有《重建礼拜寺记》拓本。

②《伊本·白图泰游记》第2卷，第247—248页。

③ 同上书，第254页。

المسلمين في عهد يوان قد بنوا المساجد في مختلف أنحاء الصين، وأنهم كانوا يتمتعون بالحرية في ممارسة عباداتهم.

كان المسلمون في عهد أسرة يوان متميزين بقوة اقتصادية هائلة ومكانة سياسية رفيعة. وكانت سلطة الحكم في الصين طوال عهد أسرة يوان، المركزية منها والمحلية، تضم مسلمين يتقلدون مناصب عالية. ولعل والي شيانيانغ شمس الدين الذي ذكر في الباب الثاني من هذا الكتاب و(Pushougeng) الذي ذكر في الباب الثالث دليل كاف على ذلك. وقد اكتشف الأستاذ باي شيو يي بالاستناد إلى ((تاريخ يوان - جدول كبار الوزراء)) و((تاريخ يوان - الجدول الزمني لكبار الوزراء)) أن عدد المسلمين الذين شغلوا مناصب وزارية في الحكومة المركزية قد بلغ ستة عشر شخصا. كما اكتشف بالاستناد إلى ((الجدول التاريخي لكبار الوزراء في المقاطعات في عهد أسرة يوان)) بقلم وو تينغ شي و((تاريخ يوان الجديد - الجدول التاريخي لكبار الوزراء في المقاطعات)) أن عدد المسلمين الذين شغلوا مناصب وزارية في المقاطعات قد بلغ اثنين وثلاثين شخصا. كما كان هناك عدد غير قليل من المسلمين الذين حققوا منجزات بارزة في مجال العلوم، منهم على سبيل المثال العالم الفلكي جمال الدين والأديب شمس الدين والعالم المعماري اختيار.

ويبدو أن تطور الإسلام في عهد أسرة يوان قد تميز إجمالا بالخصائص التالية[1]:

١) بينما استوطن عدد كبير من المسلمين في الصين في عهد أسرة يوان اعتنق الإسلام عدد كبير أيضا من أبناء مختلف القوميات في الصين، فأمدوهم بمزيد من العناصر الصينية الجديدة.

٢) سبق للمسلمين الذين قدموا الصين قبل عهد أسرة يوان أن اعتبروا أنفسهم أجانب، غير أنهم صاروا مع حلول ذلك العهد يعتبرون أنفسهم صينيين.

٣) كان المسلمون في بداية وصولها إلى الصين لا يسمح لهم بالاستيطان إلا في المراكز التجارية الكبرى، ومن ثم سمح لهم بالتنقل بين المدن الكبرى. أما في عهد أسرة

---

① ((المسلمون والإسلام في عهد أسرة يوان)) للأستاذ باي شو يي، ترد هذه المقالة في ((مخطوطات تاريخ الإسلام في الصين)).

载,元代穆斯林普遍建寺,自由进行宗教活动,这一事实则是可以肯定的。

元代,穆斯林具有强大的经济势力和很高的政治地位。有元一代,无论在中央或地方政权中,都不乏身居要职的穆斯林。第二章谈到的咸阳王赛典赤·赡思丁,第三章谈到的蒲寿庚,就是最能说明问题的例子。白寿彝先生仅据《元史·宰相表》和《新元史·宰相年表》统计,穆斯林在中央政府居宰执之位的,就有16人。在地方政府中,白寿彝先生仅据吴廷燮《元行省丞相平章政事年表》及《新元史·行省宰相年表》统计,穆斯林居行省宰执之位的,就有32人。在学术上,有成就的穆斯林也不少,天文学家札马剌丁,文学家赡思和建筑学家也黑迭儿丁都为发展中国之学术文化相继做出了贡献。

总括来看,元代伊斯兰教的发展,似有如下特点[①]:

1. 大量穆斯林来到中国,与此同时为数众多的中国各族人民皈依伊斯兰教,给中国穆斯林增添了新的、更多的中国成份。

2. 以前来华之穆斯林自视为外国人,现在逐渐自认为中国人。

3. 以前来华之穆斯林,最初仅可定居通商大埠,以后经主管机关许可,可往来于各大城市。现在,他们是中国人了,

---

① 主要参考白寿彝之《元代回教人与回教》,载《中国伊斯兰史存稿》。

يوان فكانوا منتشرين في مختلف أنحاء الصين لأنهم أصبحوا يعتبرون صينيين يحق لهم أن يقيموا في أي مكان يحلو لهم.

٤) بالرغم من أن المسلمين في الصين كانوا قد قوبلوا باحترام عقيدتهم، إلا أن أبناء البلاد لم يكونوا يعلمون عن الإسلام كثيرا. أما في عهد أسرة يوان فقد أصبح الإسلام يلقى من الحكومة ما تلقاه الديانات الأخرى من العناية، إذ أحاطته بالاهتمام، وبسطت حمايتها على المسلمين، وجعلت تكل إليهم المهمات العظيمة.

وهذه الخصائص كلها تدل على أن تغيرا جوهريا قد طرأ على أحوال نشر الدين الإسلامي في الصين، وهو أن الإسلام قد أخذ يتحول في الصين تدريجيا من مجرد دين دخيل إلى دين أهلي.

بداية اصطباغ الإسلام بالألوان الصينية في عهد أسرة مينغ

اتبعت حكومة مينغ مع المسلمين سياسة التقريب والتسامح، فقد أصدر الإمبراطور تاي تسو أوامر بإنشاء مساجد جنوب نهر اليانغتسي ومقاطعة شنشي. وفي العام الخامس من فترة يونغ له في أسرة مينغ (١٤٠٧)، أصدر الإمبراطور تشينغ تسو مرسوما خاصا أثنى فيه على أمير الحج الذي عمل على نشر الإسلام فقال إنه إنسان "مؤمن بدين محمد ومتفان في الأعمال الخيرية، يعين الصالحين ويبر ذوي الهيبة وينذر نفسه للبلاد"، ثم تابع يقول: "ونظرا للخدمات التي سبق له أن قام بها، والتي تستحق الثناء والتقدير، نصدر هذا المرسوم خصيصا، معلنين فيه عن رغبتنا في أن يكون هو وما يخصه تحت كنف الأسرة الإمبراطورية، حيث لا يسمح لأي فرد من الموظفين أو العساكر أو الرعية بأن يمسه بسوء. "كانت أسرة مينغ تهتم بإنشاء المساجد وحماية أئمة الإسلام رغبة في استمالة المسلمين. وربما كان لذلك صلة أيضا بالأمجاد الحربية التي سجلها القواد المسلمون لتأسيس أسرة مينغ ذاتها.

وبالرغم من أن سلطة مينغ كانت متسامحة مع الدين الإسلامي، غير أنها وضعت حدا لتطوره، فقد ورد في ((نظام مينغ)) مواد تقول "وكل من يعيش على وجه الأرض من أبناء شايمو المنغوليين يباح لهم أن يتزوجوا بالصينيات أو بالعكس، ولا يسمح لهم أن

居住不受限制,遍及中国各地。

4.以前,来华穆斯林之宗教信仰虽然受到尊重,但人们对伊斯兰教不很了解。现在,伊斯兰教与其他大宗教同样受到元朝政府重视,穆斯林受到保护和重用。

这些特点,说明了伊斯兰教在中国的传播,已有了质的变化。这就是,它由一种纯粹是外来的伊斯兰教开始中国化了,开始向中国的伊斯兰教变化了。

明代具有中国特色的伊斯兰教形成

明朝政府对穆斯林采取怀柔政策。明太祖曾敕修江南、陕西清真寺。永乐五年(1407)明成祖敕谕伊斯兰教传教师米里哈只,赞扬他"早从马哈麻之教,笃志好善,导引善类,又能敬天事上,益效忠诚。"敕谕接着说:"眷兹善行,良可嘉尚。今特授尔以敕谕,护持所在。官员军民,一应人等,毋得慢侮欺凌。"明朝统治者这样重视修建清真寺,保护伊斯兰教传教士,旨在争取穆斯林,也可能与穆斯林将领为明朝建国立下了汗马功劳有关。

明政府对伊斯兰教虽较宽容,但限制其发展。《明律》规定:"凡蒙古色目人,听与中国人为婚姻,不许本类自相嫁

يتزاوجوا فيما بينهم. ومن خالف من شاب أو شابة، يضرب بالعصا ثمانين ضربة ويصادر حقه المدني ويصبح قنا. والملاحظات الأصلية الملحقة بالنص تقول "أما تحريم الزواج فيما بين أبناء شايمو المنغوليين فمخافة أن يتكاثر أفراد قبائلهم". إذ إن المسلمين كانوا يشكلون السواد الأعظم منهم، فقد وضع هذا الحد رغبة في الاحتياط من المسلمين أو رغبة في احتوائهم.

إن قومية هوي باعتبارها جزءا من الأمة الصينية قد تم تكوينها في عهد أسرة مينغ، وكانت شنشي وقانسو ونينغشيا ويوننان أهم ديارها. كما كان أبناؤها يعيشون موزعين على امتداد شاطئ القناة الكبرى التي تمتد بين هانغتشو وتونغتشو، وفي بكين ونانجينغ وكانتون وغيرها من المدن، وفي تشجيانغ وهونان وقوانغشي وقوانغدونغ وسيتشوان وغيرها من المقاطعات. وكوّنوا لهم مشاعر قومية مشتركة، وإن شاركوا بني هان في اللغة حديثا وكتابة. وقام الإسلام باعتباره عقيدة أبناء قومية هوي بدور عظيم في تكوين عقلية وعادات وتقاليد خاصة بهم، وبدور عظيم أيضا في تطوير اقتصادهم الاجتماعي. وقد برز في عهد أسرة مينغ عدد غير قليل من الشخصيات المعروفة، مثل تشانغ يوي تشون الذي سجل أمجادا في تأسيس الأسرة الإمبراطورية، والذي شغل مختلف المناصب الرسمية حتى ولاية هوبي، ومنح بعد وفاته لقب أمير كايبينغ؛ ومو ينغ الذي منح لقب أمير تشيانيننغ بعد وفاته؛ وتشنغ خه الذي قام بسبع رحلات إلى المحيط الهندي؛ وكذلك المفكر النابغة لي تشي.

ومع تحسن اقتصاد مختلف القوميات التي تعتنق الإسلام وازدياد عدد نفوسها ظهر التعليم المسجدي في الصين في أواخر عهد أسرة مينغ. وكان الذي يدعو إلى هذا التعليم هو خو دنغ تشو (١٥٢٢ - ١٥٩٢) المكنى بمينغ بو الذي ينحدر من وينان في مقاطعة شنشي. فلما رجع من الحج، عقد عزمه على إنشاء التعليم الإسلامي لإعداد الأئمة، وأشرف بنفسه على قبول الطلبة في المسجد وتعليم ((القرآن الكريم)). وكان المسلمون يمولون المسجد الذي في حيهم، ويقيمون مراسم التخرج كلما أنهت دفعة من الطلبة دراستها، حيث يعلقون بعض الأبيات الشعرية ويكسون كلا منهم جبة اعترافا بأهليته. شهد هذا التعليم المسجدي تطورا تدريجيا حتى نشأ منه نظام التعليم الإسلامي المستقل

娶。违者,杖八十,男女入官为奴。"原注说,"夫本类嫁娶有禁者,恐其种类日滋也。"色目人中,穆斯林占大多数。此条规定,显系出自对穆斯林的防范。

明代,回族已经形成陕、甘、宁、滇回族的主要聚居区。从杭州到通县的运河两岸都有回民居住。北京、南京、泉州、广州等城市和浙江、湖广、广东、四川等省,也有回民散居其间。他们有了共同的语言文字——汉语,有了共同的心理素质和民族感情。回族信仰伊斯兰教,伊斯兰教对他们思想意识和风俗习惯的形成,对他们社会经济的发展,有重大影响。明时,回族出了不少有名人物,如开国功臣常遇春(官至鄂国公,追封开平王)和沐英(追封黔宁王),七下西洋的郑和和杰出的思想家李贽等。

随着信仰伊斯兰教各民族经济的发展和人口的增长,明末出现了伊斯兰教的寺院教育。寺院教育的倡导者为胡登洲(1522—1592)。登洲字明普,陕西渭南人。他朝觐回来后,立志兴办伊斯兰教教育,培养阿訇。他亲自在清真寺招收学生,讲授经典。经费由教坊穆斯林供给。学生学完规定的课程,由教坊穆斯林挂幛穿衣,以示毕业。寺院教育逐渐发展成一套伊斯兰教教育制度,使用的教材也日益广泛。除《古兰经》、圣训及解释这两大经典的著作外,还使用了有关

بذاته، والذي يستخدم مواد دراسية تتسع تدريجيا وتشمل علم التوحيد وعلم الفقه والمبادئ الأخلاقية واللغة العربية، إلى جانب ((القرآن الكريم)) و((الحديث النبوي)) وما يختص بهما من التفاسير. وقد خرج التعليم المسجدي آلافا مؤلفة من الأئمة، وربى الكثير من مشاهير علماء الإسلام مثل وانغ داي يوي الذي ولد في فترة وان لي من عهد أسرة مينغ (١٥٧٣ - ١٦١٩)، وتوفي في العام الرابع عشر أو الخامس عشر من فترة شون تشي (١٦٥٧ - ١٦٥٨)؛ وما تشو الذي ولد في العام الثالث عشر من فترة تشونغ تشن (١٦٤٠)، وعاش حتى العام التاسع والأربعين من فترة كانغ شي (١٧١٠) على أقل تقدير؛ وليو تشي الذي ولد في أول عام من فترة كانغ شي (١٦٦٢)، وعاش أكثر من ستين عاما؛ وما ده شين الذي ولد في العام التاسع والخمسين من فترة تشيان لونغ (١٧٩٤)، وتوفي في العام الثالث عشر من فترة تونغ تشي (١٨٧٤). هذا وقد لعب التعليم المسجدي دورا هاما في تاريخ التعليم الإسلامي في الصين. ومن ثم أنشأ وجهاء المسلمين عددا من المدارس الإسلامية الحديثة العهد على أساس التعليم المسجدي في فترة ما بين أواخر القرن التاسع عشر وأوائل القرن العشرين، مثل مدرسة المرحلة الابتدائية الأولى ومدرسة المرحلة الابتدائية العليا والمدرسة الثانوية ومعهد المعلمين وثانوية البنات.. الخ، حيث درست فيها المقررات الدينية والمعارف العامة.

ثم ظهرت حركة ترجمة وتفسير عقب إنشاء التعليم الإسلامي. وقد بدأت الترجمة والتفسير باللغة الصينية في نهاية عهد مينغ. أما الترجمة والتفسير المستقلان القائمان على حجج سليمة فلم يظهرا إلا ابتداء من وانغ داي يوي، ثم أعقبه تشانغ تشونغ الذي ولد زهاء العام الثاني عشر من فترة وان لي في عهد أسرة مينغ (١٥٨٤)، وكان لا يزال يتمتع بصحة جيدة في العام الثامن عشر من فترة شون تشي في عهد تشينغ (١٦٦١)؛ وتلاه وو تسون تشي المخضرم بين أواخر عهد أسرة مينغ وأوائل عهد أسرة تشينغ؛ ثم ما تشو؛ وليو تشي؛ وما ده شين؛ وما ليان يوان الذي ولد في العام العشرين من فترة داو قوانغ في أسرة تشينغ (١٨٤١)، وتوفي في العام العشرين من فترة قوانغ شيوي في أسرة تشينغ (١٨٩٥).. الخ. وقد كان هؤلاء جميعا مترجمين ومفسرين معروفين. وقد شهدت الترجمة والتفسير باللغة الصينية في أواخر أسرة مينغ وأوائل أسرة تشينغ

认主学、教法学、伦理道德及阿拉伯语的教材。寺院教育培养了成千上万的阿訇,造就了一批著名的伊斯兰教学者,如王岱舆〔生于明万历年(1573—1619),卒于顺治十四五年(1657—1658)〕、马注〔生于崇祯十三年(1640),至少活到康熙四十九年(1710)〕、刘智〔生于康熙初年(1662),享年60岁以上〕、马德新〔生于清乾隆五十九年(1794),卒于同治十三年(1874)〕等,在中国伊斯兰教育史上起了重要作用。19世纪末到20世纪初,穆斯林中的有识之士,在寺院教育的基础上,又兴办了一些新式的伊斯兰教学校,如初小、高小、中学、师范院校和女子中学等。这些学校既有宗教课程,也有普通知识课程。

继创办伊斯兰教育之后,兴起了译述之风。汉文译述始于明末,而真正自成体系,且立论正确者,则自王岱舆开始。岱舆之后,张中〔约生于明万历十二年(1584),清顺治十八年(1661)尚建在〕、伍遵契(明末清初人)、马注、刘智、马德新、马联元〔(生于道光二十年(1841),卒于光绪二十年(1895)〕等人,都是重要的译述者。明末及清,汉文译述可分两个阶

مرحلتين، مثل الأولى منهما وانغ داي يوي وليو تشي، وكانت جينلينغ (نانجينغ) تعتبر أهم الأماكن لنشر أعمال الترجمة والتفسير في هذه المرحلة. أما مضامينها فقد تمثلت إما في ترجمة كتاب معين وتفسيره، وإما في عرض نظرية معينة، وكاد مجالها يقتصر على الفلسفة الدينية والأنظمة الدينية. والمرحلة الثانية مثلها ما ده شين وما ليان يوان، وكانت يوننان أهم الأماكن لنشر أعمال الترجمة في هذه المرحلة، ومجالها لم يعد مقتصرا على الفلسفة الدينية والأنظمة الدينية، بل اتسع حتى شمل التقويم الفلكي والجغرافيا و((القرآن الكريم))①.

ولما أقبل عهد جمهورية الصين (١٩١٢ – ١٩٤٩)، استمرت حركة الترجمة والتفسير والتأليف لدى علماء الإسلام. وبعد تأسيس الصين الجديدة عام ١٩٤٩ شهدت البلاد مع تقدم الزمن تقدما جديدا في هذا المجال.

إن نشأة قومية هوي ونهوض التعليم الإسلامي والعلوم الإسلامية واحتلال الإسلام المركز المتفوق في شينجيانغ في نهاية القرن السادس عشر، كل ذلك يدل على أن الإسلام قد أصبح بعد انتقاله إلى الصين وتطوره فيها على مدى العصور الطويلة يتميز بالخاصية الصينية الواضحة.

وخلال عهد أسرة تشينغ الذي امتد ثلاثمائة سنة عانت مختلف القوميات الإسلامية من التفرقة والاضطهاد أكثر مما في عهد أسرة مينغ، وإن أتيح لأبنائها أن يتلقوا التعليم، ويتعلموا الفنون القتالية ويشاركوا في امتحانات الدولة للحصول على الدرجات العلمية الإمبراطورية، إذ إن حكومة تشينغ ظلت حريصة على شراء الفئة العليا من الأقليات وإثارة المشاكل بينها أو بين الطوائف الدينية، وممارسة القمع العسكري وغير ذلك من الوسائل لتوطيد سلطتها.

ثم جاءت السلطات الإقطاعية لأمراء الحرب ونظام الجمهورية الوطنية بسياستها القائلة بـ"ترويض الأقليات بالأقليات"، و"ترويض بني هوي ببني هوي"، بغية أن تستخدم النفوذ الإقطاعي في تشديد حكمها للجموع الغفيرة من المسلمين.

① باي شو يي: ((نبذة عن تاريخ الإسلام في الصين))، راجع ((مخطوطات تاريخ الإسلام في الصين))، ص ٣٩.

段。王岱舆至刘智为第一阶段,译述和发表的地域以金陵为主,内容或专译一经,或专述一理论体系,其兴趣几全限于宗教哲学和宗教典制方面。马德新和马联元为第二阶段,译述和发表地域以云南为主,内容较广,已由宗教哲学、宗教典制大到天文历法、地理和《古兰经》之翻译了。①民国时期(1912—1949),伊斯兰教学人译述、创作不衰。1949新中国成立后,译述、创作之风日益兴盛。

回族的形成,伊斯兰教育和学术文化的兴起,16世纪末伊斯兰教在新疆之处于优势(另章叙述),凡此等等说明,伊斯兰教传入中国后,经过长期发展,已明显具有中国特色。

有清300年间,信仰伊斯兰教的各民族,虽可读书习武,应举入仕,但受到的歧视、压制,较之明代更甚。清政府对穆斯林各民族采取收买上层分子,挑起民族、教派纠纷,实行武力镇压等手段来强化其统治。

封建军阀和民国政府时期,对各族穆斯林施行"以夷制夷""以回制回"的政策,利用大封建主来强化他们对广大穆斯林的统治。

---

① 白寿彝:《中国回教小史》,见《中国伊斯兰史存稿》,第39页。

وفي عام ١٩٤٩ تأسست جمهورية الصين الشعبية رمزا للانعتاق التام لجميع أبناء الشعب الصيني ومن بينهم أبناء مختلف القوميات، هذا، ففتحت صفحة جديدة في تاريخ الإسلام في الصين.

٤ ـ قدوم كبار أئمة المسلمين العرب إلى الصين

في دخول الإسلام إلى الصين وتطوره فيها قدم عدد كبير من الأئمة والشيوخ إلى الصين متجشمين مشقة السفر الطويل من غربي آسيا ووسطها للدعوة إلى الإسلام وإعلاء كلمته، وكثير منهم قدم من البلدان العربية.

وقد ورد في مادة جبل لينغشان ضمن ((سجلات النواحي)) في الجزء السابع من ((كتاب فوجيان)) بقلم خه تشياو يوان في عهد أسرة مينغ نص يقول "اتجه من جنوب شرقي المنطقة نحو الشرق، ثم تحول نحو الجنوب مع التلال على امتداد شاطئ البحيرة، تجد جبل لينغشان حيث مقبرة رجلين من دولة المدينة (المنورة) جدي بني هوي، ويقول بنو هوي: يُوجد في دولة المدينة النبي (Mahanbade) (النص كذا) ... من بين أتباعه أربعة أولياء جاءوا الصين في منتصف فترة وو ده من عهد أسرة تانغ للدعوة إلى الإسلام. وعمل أولهم على الدعوة في كانتون وثانيهم في يانغتشو؛ أما الثالث والرابع، فعملا على الدعوة في الزيتون. ولما توفيا دفنا في هذا الجبل. والجدير بالذكر أن الرجلين عاشا في عهد أسرة تانغ. وحين دفنا في هذا الجبل بدأت أنوار تنبعث من القبر بوضوح، فاستغرب القوم ذلك وقدسوا هذا القبر ودعوه قبر الوليين مقدمين له بقولهم إنه قبر الوليين اللذين قدما إلى الصين من الغرب. ووسط حافة القبر الدائري تنتصب شاهدة عليها نقش باللغة العربية، وقد بناها المسلمون لما جددوا القبر في العام الثاني من فترة تشي تشي في عهد أسرة يوان (عام ١٣٢٢م الذي يصادف عام ٧٢٢هـ). وهذا يعتبر أقدم نقش من نقوش شواهد الأولياء المكتشفة حتى الآن، وقد ورد فيه ذكر بأن بعض المسلمين جددوا هذا القبر المبارك طمعا بمرضاة الله تعالى ونيل ثوابه العظيم، كما ورد فيه ذكر للولي الثالث والرابع أيضا بأنهما قد "سبق لهما أن قدما البلاد في زمن

1949年中华人民共和国成立，标志着中国人民，其中包括各族穆斯林，获得了彻底解放。从此，中国伊斯兰教揭开了新的篇章。

四、阿拉伯伊斯兰大师来华

随着伊斯兰教的传入和发展，大量西亚和中亚宣教人士不远万里，到中国宣讲教义，弘扬伊斯兰教，其中不少是来自阿拉伯的宣教士。

明何乔远《闽书》卷七，《方域志》灵山条记载："自郡东南折而东，遵湖冈南行为灵山，有默德那国二人葬焉，回回之祖也。回回家言：'默德那国有吗喊叭德圣人……门徒有大贤四人，唐武德中来朝，遂传教中国。一贤传教广州，二贤传教扬州，三贤、四贤传教泉州，卒葬此山'。然则二人唐时人也。二人自葬是山，夜光显发。人异而灵之，名曰圣墓，曰西方圣人之墓也。"又圣墓巡廊正中竖有一座阴刻阿文的元至治二年（1322年，回历722年）穆斯林重修圣墓碑。这是迄今在圣墓发现的最古碑文。碑文说一批穆斯林修缮了这座被祝福的坟墓，以求得安拉的喜悦和丰厚的回报。又说三贤、四贤"此二人在法厄福尔时代来到这个国度。据传为有善行

(Faghfur)، وقيل إنهما كانا من المحسنين، فانتقلا من دار الفناء إلى دار الخلود بعد وفاتهما، فقدسهما القوم ليتباركوا بهما، وأصبحوا كلما حلت بهم مصيبة لا يهتدون إلى مخرج منها، لجأوا إلى الضريح لإلقاء نظرة الإجلال عليهما مع تقديم القربان إليها، رغبة في التماس الهداية والنور منهما، ويعودون من حيث أتوا وقد انتفعوا"①.

أما (Mahanbade) فهي اللفظة المقابلة لاسم النبي محمد. وأما فترة وو ده فتوافق الفترة ما بين ٦١٨ و٦٢٦ للميلاد. وأما (Faghfur) فهي لفظة ترجع إلى اللفظة الفارسية (Baghpur) أي "ابن السماء". وتفيد المعلومات التاريخية التي بين أيدينا بأن المؤرخين العرب لم يذكروا (Faghfur) لقبا لإمبراطور الصين إلا بعد منتصف القرن التاسع. وبرغم أن هذا الزمن يتعارض مع منتصف فترة وو ده من أسرة تانغ، غير أن هذين الرجلين الوليين عاشا في الصين في عهد أسرة تانغ فعلا. أما لينغشان فهو الجبل الذي يقع على شاطئ البحيرة الشرقية الجميلة خارج البوابة الشرقية من مدينة الزيتون، والذي يتميز بخضرته الداكنة وجماله الساحر، وضريح الوليين هو يقع في مهابة وبساطة بين أشجار السرو والصنوبر على سفح قليل الانحدار وسطه، حيث يحظى بإجلال أبناء الصينيين مسلمين أو غير مسلمين حتى إن البحار الصيني المسلم المعروف بتشنغ خه قد سبق له أن قام بزيارة خاصة لهذا الضريح عام ١٤١٧ قبل الانطلاق في رحلته الخامسة إلى المحيط الهندي، ليلقي عليه نظرة الإجلال. وقد ذكر في نقش على نصب هناك أن "تشنغ خه المبعوث الإمبراطوري قد جاء هذا الجبل في اليوم السادس عشر من الشهر الخامس من العام الخامس عشر من فترة يونغ له يطلب الحفظ والرعاية من هذين الوليين إذ كان على استعداد للتوجه في مهمة رسمية إلى هرمز وغيرها من البلدان". وكان المسلمون الصينيون حريصين على هذا الضريح، فقد جاء النقش المحفور باللغة الصينية على شاهدته دليلا على أن الضريح جدد خمس مرات في عهد أسرة تشينغ. ولما قامت جمهورية الصين الشعبية اعتبرته الحكومة وحدة رئيسية من الآثار التاريخية المحمية على مستوى المقاطعة، بل اعتمدت مرارا وتكرارا مخصصات

① ((منتخبات الرسائل للبحوث الإسلامية في تشيوانتشو))، دار الشعب بفوجيان، عام ١٩٨٣، ملحق ٢.

者,后卒,乃由朽世转入永世。人们因其福祥而信之,一旦遭遇艰难,彷徨无策,即前来瞻礼,祈求默示光明,并有奉献,俱获益平安而返。"①

吗喊叭德圣人,即伊斯兰教创始人穆罕默德。唐武德中,相当于公元618-626年。法厄福尔(Faghfur)源于波斯语baghpur,意为"天子"。据现在掌握的史料,阿拉伯史家用"法厄福尔"专称中国皇帝不早于9世纪中叶。这个时间与武德中有矛盾,但二人"唐时人也"则是肯定的。灵山位于泉州东门外美丽的东湖之畔,葱郁神秀。圣墓即坐落在灵山半坡的苍松翠柏之中,庄严朴素。圣墓不仅受到阿拉伯等国穆斯林的崇敬和保护,而且受到中国人民的崇敬和保护。著名的中国穆斯林航海家郑和于1417年第5次下西洋之前,特地到灵山拜谒圣墓,有碑记其事曰:"钦差总兵太监郑和,前往西洋忽鲁漠厮等国公干,永乐十五年五月十六日于此行香,望灵圣庇佑。"中国穆斯林爱护圣墓,据圣墓汉碑文记录,有清一代曾5次重修。中华人民共和国成立以后,政府把圣墓定为省级重点文物保护单位,多次拨款修葺,并成立了泉州

---

① 《泉州伊斯兰教研究论文选》,福州:福建人民出版社,1983年,附录2。

مالية لصيانته، كما أنشأت مركز تشيوانتشو لصيانة ضرائح الأولياء المسلمين.

وفي عهد أسرة سونغ الشمالية جاء شيخ عربي يدعى قوام الدين بصحبة ابنه نصر الدين إلى مدينة بكين لنشر الدين الإسلامي (راجع الفصل الرابع من هذا الباب). وخلال أعوام شيان تشون من عهد أسرة سونغ الجنوبية (١٢٦٥ - ١٢٧٥) وصل الإمام العربي الشيخ بهاء الدين إلى مدينة يانغتشو لنشر التعاليم الدينية. وقيل إن بهاء الدين هذا هو حفيد للجيل السادس عشر من النبي محمد. ولما وصل إلى يانغتشو، لم يلبث أن رجع إلى بلاده، ثم جاء الصين مرة ثانية بعد ثلاث سنوات، فوصل إلى تيانجين وتانغقو أولا، ثم عاد إلى يانغتشو، وأنشأ مسجد شيانخه (مسجد الكركي) في العام الأول من فترة ده يو في أسرة سونغ الجنوبية (١٢٧٥)، وتوفي في نفس العام فدفن في رابية شرق نهر شويقوان شرق مدينة يانغتشو الجديدة، ويدعى مدفنه ضريح "هوي هوي"، وهو لا يزال على حاله حتى الآن، حيث قبو يظلّل قبره، وهو مبني من مستويات المستطيلات من الحجارة، وله خمس درجات ترتفع عن الأرض ٨٨ر٠ مترا. وبوابة الحديقة المحيطة به تتجه غربا مطلة على النهر، وفي أعلاها لوحة مكتوب عليها باللغة الصينية "قبر المرحوم الولي بهاء الدين القادم من المناطق الغربية". كما توجد هناك زاوية على يمين الحديقة داخل البوابة. وقد دفن في حديقة ضريح هوي هوي هذا بعض الأئمة والشيوخ أيضا الذين سبق لهم أن جاءوا الصين في عهد أسرة سونغ وعهد أسرة مينغ للدعوة إلى الإسلام، كما دفن فيها عدد من المسلمين من مواليد البلد ذاته أو مناطق أخرى. وإن اشتراك المسلمين الصينيين وأئمة الإسلام العرب في حديقة ضريح واحد ليعتبر أمرا بالغ الأهمية في تاريخ العلاقات الدينية والثقافية بين الصين والبلدان العربية.

ولما فتح جنكيزخان سمرقند في عهد أسرة يوان قدم عبد الرحمن البلمباني الذي ينتسب إلى آل البيت من العراق إلى يوننان للدعوة إلى الإسلام، ثم استقر في مدينة شينينغ من إقليم تشينغهاي إلى أن توفي ودفن في مسجد نانتشان في هذه المدينة تاركا أثرا لا يُغفل عنه في قومية التبت وقومية منغوليا المتواجدتين في تشينغهاي نتيجة لدعوته إلى الدين في هاتين القوميتين.

وفي العام الأول من فترة هونغ وو في عهد أسرة مينغ جاء الشيخ (Baihazhi

伊斯兰圣墓保护所。

北宋时期,有个名叫基瓦木丁的阿拉伯谢赫,带着他的儿子纳苏鲁丁到北京传教(参看本章第四节)。南宋咸淳年间(1265—1275),阿拉伯传教士普哈丁来扬州传教。相传普哈丁为穆罕默德16世孙,到扬州不久即返阿拉伯。3年后,又到津沽,复南下扬州,于德祐元年(1275)创建仙鹤寺。是年,普哈丁逝世,葬扬州新城东水关河东高岗上。墓称"回回堂",又名"巴巴窑"。普哈丁墓仍保持原貌。墓在一圆拱顶形墓亭中,有用青石筑成的五级矩形层叠式墓塔高0.88米。回回堂的大门,向西临河,门额有"西域先贤普哈丁之墓"的匾额。进大门向右,有一清真寺。宋明两代来扬州传教的几位伊斯兰教谢赫去世后,也葬在回回堂墓园内。回回堂墓园还修有不少本地和外地伊斯兰教徒的坟墓。中国穆斯林和阿拉伯伊斯兰大师同葬一个墓园,在中阿宗教文化关系史上具有重要意义。

元代,天方圣裔故土布览巴尼·尔卜都·来海嘛,于成吉思汗征服撒马尔罕后从伊拉克来到中国云南,继又传教青海西宁,卒葬西宁南禅寺。这位圣裔曾在青海藏族和蒙古族中宣传伊斯兰教,对这两个民族有一定影响。

明洪武初年,麦地那伊斯兰教谢赫伯哈智慕义来朝,向

(Muyi) (مولاي البهروشي؟) من المدينة المنورة إلى الصين، فقابل الإمبراطور تشو يوان تشانغ وقدم له المشورة، وهذا أتاح له أن يسجل مآثر في توحيد أطراف الصين. وأراد الإمبراطور أن يمنحه منصبا رسميا يليق به، فاعتذر عن قبوله طالبا منه أن يأذن له بالتجول في البلاد للدعوة إلى الدين. فاستجاب الإمبراطور إلى طلبه، وأصدر أمرا بتحديد قطعة من الأرض وإنشاء مسجد عليها لاستبقائه.

كان (Baihazhi) رجلا رصينا متزنا في كلامه وحركاته مواظبا على الصلاة وتلاوة ((القرآن الكريم))، وكان يدعو للإمبراطور. وقيل إنه كان يعمل على نشر التعاليم الدينية معتليا ظهر جمل أبيض، ويعطي من نفسه مثلا، حتى استطاع أن يغير الأعراف الاجتماعية السائدة. ولما توفي دفن في مقبرة لا تزال قائمة حتى اليوم، والجمل الأبيض دفن شرق المقبرة، وموقع هذه المقبرة في شمالي قرية خجياينغ بمحافظة تشانغبينغ التابعة لبكين الكبرى. والقبر يبدو متوازي المستطيلات، يبلغ ارتفاعه نحو مترين، وكان أمامه أربعة شواهد لم تبق منها إلا واحدة. والمقبرة محاطة بحزام مستطيل من ثمانين شجرة من أشجار السرو والصنوبر تنتصب مستقيمة ممشوقة مضفية على المقبرة جوا مهيبا جليلا.

ويحكى أن أفعى عظيمة كانت تفتك بالناس المقيمين قرب مسكن (Baihazhi)، فهب هذا الرجل الصالح يصارعها إلى أن تمكن منها وقتلها بسيفه بعد أن لدغته، فمات هو الآخر متسمما. ويحكى أيضا أن آنتا خان غزا منطقة شيوانهوا ووصل إلى محافظة تشانغبينغ بضاحية بكين في العام التاسع والعشرين من فترة جيا تشينغ في عهد مينغ (١٥٥٠)، فتجمع سكان البلد في مقبرة (Baihazhi)، فإذا بهم يرونه يطارد هؤلاء الغزاة على جمله الأبيض ممسكا بيده فأسا ذا حربة، فعاد الهدوء إلى ما كان عليه في بلدهم. وهناك عدة حكايات مماثلة تجري على ألسنة أهل هذا البلد. وبرغم أن هذه الحكايات لا تستند إلى أي أساس من الصحة، فقد جاءت دلائل على أن (Baihazhi) قد قدم فعلا خدمات لهذا البلد، وصار في نظر أبنائه عامة روحا خالدة تبدي قدراتها الخارقة

朱元璋献策，为统一中国立了功。朱元璋授官嘉许，伯哈智谢而不受，祈游乡宣教。朱元璋允其所请，赐地，敕建寺宇居之。

伯哈智不苟言行，日诵《古兰经》，谨守礼拜，并为皇帝祝福。相传，伯哈智乘白驼，以身作则，风俗改观。死后，葬今墓地，白驼葬墓东侧。墓在北京昌平县东何家营村北，呈长方形，高约2米。原有墓碑4通，今仅存1。墓区四周为成长方形的大松柏林带。有松柏80余棵，挺拔葱郁，更增肃穆之感。

据说，伯哈智住地附近有巨蟒为患。伯哈智与之搏斗，带剑入蟒腹，剑刺蟒死，伯哈智亦受毒去世。又传，明嘉靖二十九年（1550），俺答攻宣府，直抵昌平京畿，老百姓齐聚伯哈智墓地，忽见伯哈智骑白驼，持戈逐虏，全境遂安。类似的传说，尚有几则。这些传说，固不可信，但它说明伯哈智确为老

مرة بعد أخرى[1]، وصار في نظر أبنائه المسلمين خاصة رجل البلد الفاضل ومؤسسه. وكلما حل الرابع والعشرون من جمادى الأولى الموافق ليوم وفاته، توافد المسلمون إلى مقبرته من الأماكن القريبة والبعيدة لإحياء ذكراه. وقد ظلت هذه المقبرة على حالها نتيجة لحرص المسلمين عليها، برغم الحروب التي دارت في هذه المنطقة عبر التاريخ.

لقد تجشم (Baihazhi) وهو شخص عادي من بلاد العرب مشقات السفر الطويل إلى الصين، وأسهم بجهوده في سبيل توحيدها وخدمة المسلمين فيها، وهذا هو الحدث الآخر الذي يستحق الثناء والتقدير في تاريخ العلاقات الصينية العربية.

وفي عهد أسرة تشينغ جاء بعض الأئمة الصوفيين في أواسط آسيا إلى الصين، من بينهم الحاج عبد الله الذي قيل إنه ينحدر من آل البيت، وقد عمل على الدعوة في العام الثالث عشر من فترة كانغ شي في أسرة تشينغ (١٦٧٤) في كانتون وقوانغشي ويوننان أولا، ثم واصل عمله في منطقة ختشو في مقاطعة قانسو.

وفي عهد أسرة مينغ توجه المسلم الصيني خو دنغ تشو إلى مكة المكرمة لأداء فريضة الحج. وفي عهد أسرة تشينغ كثر من المسلمين الصينيين من توجه إلى مكة للحج أو إلى البلدان العربية للدراسة، وكان من بينهم ما مينغ شين إمام الطائفة الجهرية (١٧١٩ - ١٧٨١) الذي زار اليمن بعد أدائه فريضة الحج؛ وما لاي تشي إمام مسجد هواتسي التابع للطائفة الخفيوية، الذي عاش بين عامي ١٦٨١ و١٧٦٦، وأدى فريضة الحج في مكة وزار اليمن ودمشق وبغداد والقاهرة؛ والعلامة المسلم ما ده شين (١٧٩٤-١٨٧٤) الذي قاد الانتفاضة في شرقي يوننان وجنوبيها؛ والعالم الشهير ما وان فو زعيم الطائفة الإخوانية بالصين (١٨٥٣ - ١٩٣٤) الذي سبق له أن سافر إلى مكة للحج، وتعلم فيها أكثر من خمس سنوات.. الخ.

وفي العصور المختلفة قدم الكثير من الشيوخ العرب إلى الصين لنشر الدين الإسلامي، وتوجه الكثير من المسلمين الصينيين إلى مكة المكرمة للحج، وزاروا البلدان العربية، وذلك كله من العوامل التي دفعت عجلة تطور الإسلام في أرض الصين،

① راجع (كانغ شي) ((سجل تشانغبينغ))، طبعة دار دانرانتانغ، جـ ٢٦، ((أخبار وأقاويل))، مادة عجائب هوي هوي.

百姓做了不少好事，因而才被尊为屡显灵异的大师。[1]回族穆斯林非常敬仰伯哈智，尊他为乡贤、祖师。每逢5月24日伯哈智忌辰，远近回民都来墓地集会悼念。他们对墓地的维护颇为重视。虽数经兵燹，墓地基本完好。

一位阿拉伯伊斯兰谢赫不远万里，跋山涉水，来到中国，为统一中国出力，为中国穆斯林做好事，这在中阿关系史上也是一件很值得称颂的事。

清代，一些中亚的苏菲派传教士来中国传播教义。康熙十三年（1674）在两广、云南等地，后又到甘肃河州传教的华哲·阿卜杜拉，相传为伊斯兰教创始人穆罕默德的后裔。

明代，胡登洲曾去麦加朝觐。清代，去麦加朝觐和去阿拉伯各国学习的中国穆斯林大为增多。其中著名人物有哲赫忍耶门宦教主马明心（1719—1781，曾到麦加朝觐，去过也门）、虎夫耶门宦的花寺门宦教主马来迟（1681—1766，曾到麦加朝觐，去过也门、大马士革、巴格达和开罗）、领导滇东和滇南起义的伊斯兰大学者马德新（1794—1874）、中国伊赫瓦尼派领袖和著名学者马万福（1853—1934，曾到麦加朝觐，在那里学习了五六年）等。

历代阿拉伯伊斯兰谢赫来华传教和中国穆斯林去阿拉伯朝觐、访问，促进了中国伊斯兰教的发展，同时也增进了中

① 参看（康熙）《昌平州志》（澹然堂木）第二十六卷《述闻》，回回显异条。

وساعدت على توثيق عرى الصداقة بين الشعب الصيني والشعوب العربية.

٥ - نشر الإسلام في شينجيانغ

في شينجيانغ سبع قوميات تعتنق الإسلام، منها قومية الويغور والقازاق والقرغيز والأوزبك وتاجيك والتتر وهوي. وقد تقدم الحديث عن قومية هوي من حيث نشأتها واعتناقها الإسلام في الفصل الثالث من هذا الباب. وقومية القرغيز بدأت تعتنق الإسلام في منتصف القرن العاشر. وقومية الأوزبك كان موطنها الأول في آسيا الوسطى، وبدأت تعتنق الإسلام بعد أن عبر العرب نهر أموداريا عام ٦٧٠، ودخلت في شينجيانغ في القرن الثامن عشر. وقوميتا تاجيك والتتر دخلتا الإسلام في منتصف القرن العاشر. أما قوميتا الويغور والقازاق فسنتحدث عن انتشار الإسلام فيهما فيما يلي:

نشر الإسلام لدى قومية الويغور

كانت قومية الويغور أصلا إحدى قبائل الترك، وكانت تعتنق دين "سامان" أول الأمر، ثم تحولت إلى البوذية فالموني والنسطورية؛ وبدأت تعتنق الإسلام في أواسط القرن العاشر.

وفي أواخر القرن التاسع أنشأت بالتحالف مع (Geluolu) وبعض القبائل التركية الأخرى الدولة القرخانية (أي أسرة خان السوداء) في غربي شينجيانغ وآسيا الوسطى. وكانت هذه الدولة تسير على نظام "الخانين"، يقيم الخان الكبير في (Balasagun)[1]، ونائبه في طراز. وفي أواسط القرن الحادي عشر انقسمت الدولة القرخانية إلى قسمين: القسم الشرقي الذي يضم أودية الأنهر السبعة في آسيا الوسطى، وشرقي فرغانة وكاشغر؛ والقسم الغربي الذي يشمل مناطق ما وراء الأنهر السبعة والشطر الغربي من

① (Balasagun) تدعى (Ghuz-ordo) أيضا، وهي المدينة القديمة من (Bulana) الواقعة جنوب غربي (Tumak) بجمهورية القرغيز الحالية.

国人民和阿拉伯人民的友谊。

五、伊斯兰教在新疆的传播

新疆有7个信奉伊斯兰教的民族:维吾尔族、哈萨克族、柯尔克孜族、乌孜别克族、塔吉克族、塔塔尔族和回族。回族形成及其与伊斯兰教关系见本章第三节。柯尔克孜族于10世纪中叶开始信仰伊斯兰教。乌孜别克族原住中亚,670年阿拉伯人渡过阿姆河后信仰了伊斯兰教,18世纪进入新疆。塔吉克族和塔塔尔族均于10世纪中叶开始信仰伊斯兰教。伊斯兰教在维吾尔族和哈萨克族中的传播情况,分述如下。

伊斯兰教在维吾尔族中的传播

维吾尔族原是突厥的一个部落,初奉萨满教,后又信仰了佛教、摩尼教和景教,10世纪中叶开始信仰伊斯兰教。

9世纪末叶,回鹘人(维吾尔)联合葛逻禄等突厥部落,在新疆西部和中亚建立了哈拉汗王朝,又意译为黑汗王朝。这个王朝实行"双汉制",大汗驻巴剌沙衮,[①]副汗驻怛逻斯。约在11世纪中叶,哈拉汗王朝分为东西两支。东支领有中亚七河流域、费尔干纳东部与喀什,西支领有河外地区和费尔干

① 巴剌沙衮又名虎思斡耳朵,今吉尔吉斯共和国托克马克西南布拉纳古城。

فرغانة[1]. وكان سكانها ينسبون أنفسهم إلى أهل الصين، وغالبا ما كان زعيمها يلقب (Tamghaj Kham) أي الخان الصيني.

وكان الملك الثالث للدولة القرخانية شاتوك بقلاي خان أول من أسلم، وأطلق على نفسه الاسم الإسلامي عبد الكريم. لقد أعلن إسلامه في ظروف تاريخية خاصة، إذ تدهورت أسرة تانغ عقب فتنة آن – شي، فدخل التبتيون في شينجيانغ وبسط نبلاؤهم حكما قاسيا على كاشغر ويانتشي ويويتيان (هي خوتان الحالية)، وأوقعوا أبناء الشعب في حالة يرثى لها. ومن ناحية أخرى ظلت الدولة القرخانية تعاني منذ إنشائها من غارات وتهديدات الدولة السمانية المتواجدة في آسيا الوسطى مما أدي إلى نشوء اضطرابات اجتماعية فيها، وهجرة القبائل التركية الإسلامية من آسيا الوسطى إلى غربي شينجيانغ. إذ ذاك أعلن بقلاي خان إسلامه بحزم رغبة في كسب تأييد القبائل التركية الإسلامية وطمأنة السكان الأصليين بواسطة هذا الدين الجديد والاستعانة بنفوذ الخلفاء العرب للتخلص مما كان فيه من مأزق في الداخل والخارج، وهكذا استطاع أن يوطد السلطة السياسية. وقد ترك شاتوك بقلاي خان بتغلبه على القوة المعادية له وتوطيد سلطته السياسية أثرا بالغا في نشر الإسلام بين أبناء الويغور.

وبعد وفاة شاتوك بقلاي خان عام ٩٥٥ أو ٩٥٦ بذل ابنه موسى جهودا عظيمة لمواصلة قضية نشر الإسلام، وقد ذكر المؤرخ العربي ابن الأثير (١١٦٠ - ١٢٣٣) أن مائتي ألف خيمة من الأتراك قد تبنوا الإسلام عام ٩٦٠[2]. وربما عني بذلك أن عدد الأتراك المسلمين في الدولة القرخانية قد بلغ مائتي ألف خيمة حينذاك. ولو كان معدل الخيمة خمسة أفراد، فمائتا ألف خيمة تعني مليون شخص، وهذا يعني أن عدد من كان يقيم في شينجيانغ منهم ربما تراوح ما بين ثلاثمائة وأربعمائة ألف شخص. ويرى العلماء أن عام ٩٦٠ هو تاريخ بدء الإسلام باعتباره دينا سائدا في الدولة القرخانية.

وفي عهد بقلاي خان هارون بن موسى بلغت الدولة القرخانية ذروتها، حيث

---

① راجع آنبو كنفو: ((دراسة تاريخ الويغور الغربية))، الطبعة الصينية ترجمة سونغ سو ينغ وزملاؤه، دار الشعب بشينجيانغ، أورومتشي عام ١٩٨٦، ص.٣٠٣-٣١٢.

② ابن الأثير: ((الكامل في التاريخ))، بيروت جـ ٨ ص ٥٣٢.

纳西部。[1]哈拉汗王朝认为自己是中国人，王朝首领往往在自己的名字前面冠以"桃花石汗"的称号"桃花石汗"就是"中国汗"的意思。

哈拉汗王朝的第三代国王沙土克·布格拉汗第一个信奉了伊斯兰教，他的伊斯兰教名字叫"阿卜杜勒·克里木"。沙土克·布格拉汗信奉伊斯兰教，有其特定的历史条件。安史之乱后，唐室衰微，吐蕃进入新疆，喀什、叶尔羌、于田（今和田，下同）遭到吐蕃贵族的残暴统治，人民处境极为悲惨。哈拉汗王朝建立后，一直受到中亚萨曼王朝的侵袭和威胁，社会动荡不安，大批信奉伊斯兰教的突厥部落不断从中亚进入新疆西部。为了争取穆斯林突厥部落的支持，给土著居民以新的宗教慰藉；为了借重阿拉伯哈里发的权威，摆脱所处内外困境，沙土克·布格拉汗决然皈依伊斯兰教。沙土克·布格拉战胜敌对势力，牢固建立自己的统治，对伊斯兰教在维吾尔人中的传播影响重大。

沙土克·布格拉汗去世（955—956），其子穆萨继续大力传播伊斯兰教。阿拉伯历史学家伊本·艾西尔（1160—1233）提到，960年有20万帐突厥人皈依了伊斯兰教。[2]这可能就是指哈拉汗王朝境内信奉伊斯兰教的突厥人已达20万帐。1帐以5人计，20万帐即有100万人。其中住在新疆境内的估计约三四十万人。一般认为，960年这年伊斯兰教成了哈拉汗王朝的国教。

① 参看安部健夫：《西回鹘国史的研究》，宋肃瀛等译，乌鲁木齐：新疆人民出版社，1986年，第303—312页。

② 伊本·艾西尔：《历史大全》（'Ibn 'Athīr: *al-Kāmil fi al-Tārikh*, Beirut, 1982）第8卷，第532页。

أصبحت كاشغر قاعدة دائمة لنشر الإسلام.

وفي أوائل القرن الحادي عشر سيّر قدر خان يوسف بن هارون قوة من أربعين ألف رجل لمحاربة دولة يويتيان البوذية أربعة وعشرين عاما[1]، حتى انتهت الحرب بسقوط ملك يويتيان ومقتله وضم يويتيان إلى الدولة القرخانية. ولما توفي قدر خان يوسف في عام ١٠٣١ أو ١٠٣٢، كان الإسلام قد حقق التفوق المطلق في كاشغر وينغجيشا ويانتشي ويويتيان، حتى إن الخلافة العربية منحت قد رخان يوسف وهو على قيد الحياة، لقب "نصير الدولة" و"سلطان الشرق".

وكانت الدولة القرخانية الإسلامية لا تكف عن التوسع نحو الخارج حتى شكلت مجابهة خطيرة بينها وبين دولة قاوتشانغ الويغورية التي تقع في منطقة توربان الحالية وتدين بالبوذية. وقد أسفر هذا الخلاف الديني والثقافي عن عداوة شديدة دامت بينهما فترة تاريخية طويلة.

وبعد عام ١١٣٢ هاجر بنو تشدان (الخاطا) من شمال الصين إلى أرض الدولة القرخانية، وأقام فيها سلطنة لياو الغربية التي تدين بالبوذية لكنها لا تقاوم الديانات الأخرى. وفي أوائل القرن الثالث عشر كان الإسلام قد وصل إلى آكسو وكوتشار. ولما اغتصب تشيو تشو لو زعيم قبيلة نيمان سلطة لياو الغربية عام ١٢١١، أخذ يضطهد المسلمين فيها بقوة، فأثار لديهم مقاومة شديدة. ولما هاجم المنغول دولة لياو الغربية، هرب تشيو تشو لو إلى كاشغر، فهب أولئك المسلمون الذين عانوا على يده صنوف الظلم والاضطهاد يقتلون كل من احتل بيوتهم من جنوده"[2].

كان المنغول أول ما دخلوا شينجيانغ يطبقون فيها سياسة حرية الاعتقاد الديني، فتواجدت فيها المعابد والمساجد والكنائس النسطورية في آن واحد. وفي أواخر القرن الثالث عشر هاجت "فتنة هايدو ودووا"، فأسفرت عن فوضى دامت أربعين عاما وعرضت المسلمين في قاوتشانغ لنكبة عظيمة، حيث أقفرت الأراضي وفرغت الأكواخ.

---

① راجع ستيرن: ((خوتان في العصور القديمة)) ضمن ((موجز المعطيات التاريخية عن قومية الويغور))، إعداد فنغ جيا شنغ وتشنغ سو لوه ومو قوانغ وزملائهم، جـ١، دار القوميات عام ١٩٥٨، ص ٥٤.

② ((تاريخ المنغول لدوسانغ))، الطبعة الصينية، جـ ١ ص ٨١.

穆萨的儿子布格拉汗·哈伦时期,哈拉汗王朝臻于极盛,喀什成为伊斯兰教在新疆进一步传播的基地。

11世纪初,哈伦的儿子噶迪尔汗·玉素甫以4万之众围攻佛教的于田国达24年之久。①于田国王战败身死,于田国并入哈拉汗王朝,老百姓改奉伊斯兰教。1031—1032年,噶迪尔汗·玉素甫逝世。这时,伊斯兰教在喀什、英吉沙、叶尔羌及于田一带已占绝对优势。噶迪尔·玉素甫生前,阿拉伯哈里发曾赐以"国之辅士"和"东方之王"的称号。

信仰伊斯兰教的哈拉汗王朝不断向外发展,形成与盛行佛教的回鹘高昌国(吐鲁番一带)的严重对峙。双方宗教不同,文化各异,长期处于敌对状态。

1132年后,哈拉汗王朝的领地,被来自中国北部的契丹人占领。契丹人在那里建立的西辽政权,崇奉佛教,但不排斥其他宗教。到13世纪初期,伊斯兰教已传播到阿克苏、库车一带。1211年,乃蛮首领屈出律篡夺西辽政权,残酷迫害伊斯兰教徒,引起广大穆斯林的激烈反抗。蒙古攻打西辽,屈出律逃喀什噶儿,"于是向受压迫之穆斯林城民,乃尽屠屈出律士卒之居民舍者。"②

蒙古统治新疆初期实行宗教自由政策,在一些城市佛教寺院、伊斯兰教清真寺和景教教堂同时存在。13世纪下半叶,海都、都哇之乱引起持续40年的大战乱,给高昌回鹘带

---

① 斯坦因:《古代和田》,见冯家升、程溯洛、穆广文等编辑的《维吾尔族史料简编》上册,北京:民族出版社,1958年,第54页。
② 《多桑蒙古史》第1卷,第81页。

ولما تعرض أبناء الشعب للتشرد، أدركوا أنه لم يعد في مقدور العقيدة البوذية أن تعبر بالمخلوقات إلى عالم السعادة، وهكذا أخذت البوذية تتدهور يوما بعد يوم. فاستغل الإسلام هذه الفرصة ليتقدم نحو الشرق.

وبعد فتنة هايدو قام تشاختاي خان بضم قاوتشانغ إلى إقطاعياته التي تشمل آسيا الوسطى ومعظم أراضي شينجيانغ. وفي القرن الرابع عشر انقسمت إقطاعات تشاختاي خان إلى قسمين، قسم شرقي وآخر غربي. وقد سمي القسم الشرقي منغورستان، وكان يشمل إقطاع تشاختاي خان السابق في سيكيانغ. وفي عام ١٣٤٦ اعتلى تغرول تيمور عرش دولة تشاختاي خان الشرقية، واستمر حكمه من عام ١٣٤٦ حتى ١٣٦٣، وفي عام ١٣٥٢ أعلن إسلامه، رغبة في اكتساب التأييد والثقة من أبناء القوميات الإسلامية، فأسلم مائة وستون ألف شخص في ظل تأثيره. ولما انقرضت أسرة يوان، حدث لخدير حاج ابن تغرول تيمور، الذي اعتلى العرش ما بين عامي ١٣٦٨ - ١٣٩٩، أن أعلن الجهاد، فاحتل توربان البوذية، وقوّض ما فيها من المعابد، وألزم سكانها باعتناق الإسلام. ومع ذلك كانت البوذية لا تزال منتشرة في المناطق الواسعة شرق توربان والأماكن العديدة من شمالي شينجيانغ خلال القرن الخامس عشر. ولما أقبلت نهاية القرن السادس عشر، كان الإسلام قد انتشر في شينجيانغ بأجزائها المتعددة سوى ما احتله الوروتيون (جزء من المنغول) من المنطقة شمال جبال تيانشان.

لقد ترك الإسلام بعد انتشاره في شينجيانغ أثرا بالغا في التطور الاقتصادي والاجتماعي الذي شهدته قومية الويغور، والتوحد الذي حققته في الديانة واللغة والعادات والتقاليد ونشأة الحضارة الويغورية ذات المميزات الإسلامية وما بلغته من الازدهار.

نشر الإسلام لدى قومية القازاق

يعتبر شمالي شينجيانغ أهم ديار القازاق، وتتوزع مراعيها على السفوح الشمالية من جبال تيانشان، وعلى جبال ألتاي وجبل تلبختاي وجبل برلوك وجبل زئير وجبل مائيل وألتاو وغيرها من المناطق الواسعة.

كانت قومية القازاق هي الأخرى قبيلة تركية الأصل، وقد سبق لها أن اعتنقت دين

来巨大灾难,田园荒芜,庐舍一空,人民流离失所,感到佛法再也不能普度众生。由是佛教逐渐趋向衰落,伊斯兰教则乘势向东发展。

海都乱后,高昌并入察合台汗领地(包括中亚和新疆大部分)。14世纪察合台汗分为东西两部。东部察合台汗又称蒙兀儿斯坦,原察合台的新疆领地属于东察合台汗。1346年,秃黑鲁·贴木儿登上东察合台汗汗位(1346—1363在位)。1352年,为了获得信仰伊斯兰教各民族的支持和信任,秃黑鲁·贴木儿皈依了伊斯兰教。在他的影响下,有16万人成了穆斯林。元亡,秃黑鲁·帖木儿的儿子黑的儿火者(1368—1399在位),发动"圣战",攻取了佛教的吐鲁番,破坏寺院,强使居民改信伊斯兰教。尽管如此,15世纪佛教在吐鲁番以东地区以及北疆的许多地方仍然盛行。16世纪末,除天山以北为瓦剌占据的地区外,伊斯兰教已传播到新疆全境。

伊斯兰教传入新疆,对维吾尔族的经济发展、宗教信仰、语言文字和风俗习惯等的统一,对具有伊斯兰特色的维吾尔文化的形成与繁荣,产生了巨大影响。

伊斯兰教在哈萨克族中的传播

新疆的哈萨克族主要分布在北疆。天山北坡、阿尔泰山、塔尔巴哈台山、巴尔鲁克山、扎衣尔山、马衣尔山、阿拉套等广大地区都是哈萨克族放牧之地。

哈萨克族原来也是突厥的一个部落,信奉过萨满教、袄

"سامان" والمجوسية والنسطورية والبوذية واليهودية. وبعد حملة طراز أخذ الإسلام يزحف نحو مروج القازاق إلى أن انتشر فيها في نهاية القرن الثامن. وفي عام ٨٩٣ احتل السامانيون طراز، فلم تلبث القبائل التركية هناك، بما فيها قبيلة القازاق أن اعتنقت الإسلام؛ وصارت للسكان المسلمين في شرقي طراز مساجد في النصف الثاني من القرن العاشر[①]. وذكر ابن الأثير أن السكان الأتراك الذين عاشوا في مروج القازاق الحالية قد دخلوا الإسلام عام ١٠٤٣م (الموافق لعام ٤٣٥ هـ)[②]. وفي الستينات من القرن الحادي عشر، الفترة التي توافق عهد تغرول القرخاني محمد، عبر (Aerslanteqin) نهر إيلي ونهر أمين على رأس قوات مكونة من أربعين ألف مسلم، واضطر بعض السكان في مناطق الأنهر السبعة إلى اعتناق الإسلام. وقد ذكر محمد كاشغري في قاموسه ((ديوان اللغات التركية)) أحوال الدولة القرخانية في قهر السكان غير المسلمين في شمال شرقي مروج القازاق بقوة السلاح، فقال: "وزحفنا تحت جنح الظلام ليالي متعاقبة، وعبرنا نهر يميلي، فقضينا على فلول العدو كأننا ارتوينا من الينابيع ارتواء"[③]، "وكنا منطلقين كالسيول، فقوضنا المعابد تقويضا..."[④]

وفي الفترة التي اتبع حكام لياو الغربية فيها سياسة حرية الاعتقاد الديني برز من القازاق أحمد آثروي مصلحا إسلاميا، فقام هذا الرجل الذي ولد في سلان بمروج القازاق، بتبسيط الطقوس الدينية الإسلامية وفقا للعادات والتقاليد القازاقية؛ فأدخل بعض العقائد الدينية التي كان القازاقيون يعتنقونها، وكذلك بعض الطقوس الدينية القديمة في العقيدة الإسلامية مما مكن الإسلام من الانتشار بسرعة في مختلف قبائل القازاق. وصار أحمد آثروي نفسه شيخا صوفيا وإماما للمذهب الآثروي فيما بعد. ولما توفي عام ١١٦٦ أو ١١٦٧، كان أتباعه قد حققوا جانبا عظيما من النجاح في نشر الإسلام. وفي أوائل القرن الثالث عشر كانت منطقة تشانغبالي تقف فاصلا بين الإسلام والبوذية، وهذا يعني

---

① و.و. بارتولد: ((موجز تاريخ آسيا الوسطى))، ترجمة قنغ شو مين، دار الشعب بشينجيانغ، أورومتشي، عام ١٩٨١، ص ٢٢.

② ((الكامل في التاريخ))، جـ ٩، ص٥٢٠.

③ محمد كاشغري: ((ديوان اللغات التركية))، الطبعة الويغورية، أورومتشي، عام ١٩٨٣، جـ ٢، ص ٥.

④ محمد كاشغري: ((ديوان اللغات التركية))، الطبعة الويغورية، أورومتشي، عام ١٩٨٣، جـ ١ ص ٣٤٣.

教、景教、佛教和犹太教。怛逻斯战役后,伊斯兰向哈萨克草原推进。约8世纪末,伊斯兰开始在哈萨克族中传播。893年,萨曼王朝占领怛逻斯。不久,该地区包括哈萨克族在内的各突厥部落都信仰了伊斯兰教。10世纪下半叶,怛逻斯东部信仰伊斯兰教的居民已有了礼拜寺。① 伊本·艾西尔提到1043年(回历435年)居住在今哈萨克草原的1万帐突厥人,皈依了伊斯兰教。② 11世纪60年代,托格鲁勒哈拉汗·麦赫穆德时期,阿尔斯兰特勤率领4万穆斯林军,渡过伊犁河和额敏河,迫使七河地区的一部分哈萨克人信奉了伊斯兰教。麦赫穆德·喀什噶里《突厥语大词典》曾谈到哈拉汗王朝用武力征服哈萨克草原东北部非伊斯兰教徒的情况:"我们连夜迁移,涉过叶密立河,我们饮足泉水,让残敌完蛋。"③"我们像急流奔驰……我们毁坏佛寺……"④

西辽统治者奉行宗教信仰自由政策时期,出现了一位哈萨克伊斯兰改革家——艾哈迈德·亚塞维。亚塞维,哈萨克草原赛兰人,他根据哈萨克族的风俗习惯,简化伊斯兰教的仪式,并把原来哈萨克族信奉的神灵和宗教仪式引入伊斯兰教的教义和仪式中,从而使伊斯兰教得以在哈萨克各部族中很快传开。亚塞维后来成为苏菲派谢赫,奉行其教义的称为"亚塞维派"。1166或1167年,亚塞维去世。亚塞维派的传教获得了很大的成功。13世纪初伊斯兰教与佛教的分界线在

---

① 维·维·巴尔托里德:《中亚简史》,耿世民译,乌鲁木齐:新疆人民出版社,1981年,第22页。
② 《全史》第9卷,第520页。
③ 麦赫穆德·喀什噶里:《突厥语大词典》(Mahmūd·Kāshgari: *Dīwān Lughāt al-Turk*),维吾尔文版,乌鲁木齐:新疆人民出版社,1983年,第2卷,第5页。
④ 同上书,第1卷,第343页。

أن الإسلام قد استطاع أن يصل إلى منطقة تشانغجي شمالي جبال تيانشان. وفي أواسط القرن الثالث عشر كان بعض الحكام المنغوليين في دولة تشاختاي خان، إما قد أعلنوا الإسلام وإما يتباهون بأنهم حماة الإسلام. وفي عام ١٣٥٢ أسلم تغرول تيمور خان سلطان الدولة المنغورستان، وقام بدور هام في المساعدة على نشر الإسلام على نطاق أوسع وأعمق بين القازاقيين في منغورستان، ولا سيما لدى قبيلتي تشولو وكانغلي. وفي نهاية القرن السادس عشر كان الإسلام قد شمل كافة الأراضي الواقعة شمال جبال تيانشان، ما عدا المنطقة التي احتلها الوورتيون، وذلك قد ذكر قبل هذه الفقرة.

昌八里，也就是说，伊斯兰教的势力在天山以北已推进到昌吉地区。13世纪中叶，察合台汗国的一些蒙古统治者，已开始信仰伊斯兰教，或以伊斯兰教的保护人自居。1352年蒙兀儿斯坦汗国可汗秃黑儿·帖木儿皈依伊斯兰教，对伊斯兰教在蒙兀儿斯坦哈萨克族中（主要是咄陆和康里两部）更加深入和更为广泛的传播起了重大作用。如前所述，到16世纪末，天山以北除瓦剌占据的地区外，都信奉了伊斯兰教。

الباب الخامس التبادل الحضاري بين الصين والبلدان العربية

لقد نشأت علاقات حضارية وثيقة بين الصين والبلدان العربية خلال الاتصالات الودية بُينهما في العصور التاريخية الطويلة، فتطورت حضارة كل من الجانبين عبر الاستفادة المتبادلة. وقد تركت هذه التبادلات الحضارية تأثيرا بعيد المدى في المجال الاجتماعي والاقتصادي والثقافي.

١ - إسهامات الحضارة العربية في الحضارة الصينية

شهدت الخلافة العربية الإسلامية ازدهارا في العلوم وتقدما في التقنية، وقد اتسمت الحضارة العربية بالسمات الإسلامية الواضحة، فسميت لذلك بالحضارة العربية الإسلامية.

علم الفلك والرياضيات

قدم الكثير من علماء الفلك المسلمين إلى الصين في عهد يوان حاملين معهم بعض الأجهزة والمصادر الفلكية العربية، وفي الوقت نفسه اتجه عدد من الفلكيين الصينيين إلى دولة المغول الإلخانية[1]، حيث قدموا إلى الفلكيين فيها طريقة حساب التقاويم، وطريقة

① جورج سارتون: ((مدخل تاريخ العلوم))، ١٩٣١، جـ ٢، ص١٠٠٥.

第五章　中国和阿拉伯之间的文化交流

中国和阿拉伯长期友好往来,因而文化关系密切。中国人民和阿拉伯人民互相学习,互相吸收,使各自的文化得到充实和发展。中阿之间的文化交流,对欧洲社会、经济、文化的发展产生了很大影响,具有世界意义。

一、阿拉伯文化对中国文化的贡献

阿拉伯帝国时期,学术繁荣,科技发达。这一时期的文化,带有显著的阿拉伯——伊斯兰特色,故又称阿拉伯——伊斯兰文化。

天文学和数学

元代,许多穆斯林天文学家来到中国,一些阿拉伯天文仪器和天文书籍随之传入。与此同时,中国的天文学家被派到伊儿汗国服务[①],他们把中国的天文推步术和干支纪年

---

① 萨敦:《科学史入门》(George Sarton: *Introduction to the History of Science*, Baltimore, 1931),第2卷,第1005页。

"قيان – تشي"[1] لتحديد الزمن وبعض المصادر الصينية في مجال التقويم الفلكي. غير أن تلك الكتب الفلكية العربية التي نقلت إلى الصين قد فقدت، فلا يعرف إلا بعض عناوينها من ((سجل ديوان وثائق يوان)) من تأليف وانغ شي ديان وشانغ تشي ونغ في عهد أسرة يوان، مثل ((الزيجات – مختلف التقاويم)) ٤٨ جزءا و((صناعة الآلات الفلكية)) ٨ أجزاء، و((الهيئات – الدراسات في التقاويم الفلكية)) ٧ أجزاء، و((صور الكواكب – خريطة النجوم)) ٤ أجزاء.

ولما دخلت الصين في عهد يوان، أرسل هولاكو فلكيا مسلما يدعى جمال الدين من مدينة مراغة إلى الصين للعمل فيها. فأحضر الرجل معه ((جامع المبادئ والغايات)) للفلكي العربي علي أبو حسن المراكشي، ولعل جمال الدين هذا هو جمال الدين بن محمد النجاري. وفي العام الرابع من فترة تشي يوان في أسرة يوان (١٢٦٧) تقدم جمال الدين إلى بلاط يوان بـ((التقويم الدائم)) المعتمد على التقويم العربي. فعمل به فترة من الزمن بأمر من الإمبراطور شي تسو في أسرة يوان. وفي العام نفسه أنشأ جمال الدين مرصدا في بكين، وصنع سبعة أنواع من الأجهزة الفلكية العربية وهي كما يلي:

١) ذات الحلق

٢) ذات السموت

٣) لحمة المعوج

٤) لحمة المستوى

٥) كرة السماء

٦) كرة الأرض

٧) الأسطرلاب

---

① هي طريقة لحساب التواريخ، تتمثل في تركيب مجموعتين من الرموز الصينية - المجموعة الأولى "الجذوع السماوية" التي تسمى "تيانقان" والتي تشتمل على عشرة رموز هي (jia yi bing ding wu ji geng xin ren gui)، والمجموعة الثانية "الروافد الأرضية" التي تسمى "ديتشي" والتي تشتمل على اثني عشر رمزا، هي (zi chou yin mao chen si wu wei shen you xu hai) بحيث يقترن كل رمز من المجموعة الأولى مع رمز من المجموعة الثانية، حتى إذا دارت المجموعة الأولى ست دورات، والمجموعة الثانية خمس دورات، ركبت ستون رمزا مزدوجا للدلالة على الأعوام المتعاقبة، وعندئذ تعود عملية التركيب من جديد، وهكذا دواليك.

法①介绍给当地天文学家,并带去了有关天文历学的书籍。

传入的阿拉伯天文书籍,今已散佚,仅从元王士点、商企翁所著《元秘书监志》的回回书籍条中,可以看到部分书籍的名称。如《积尺诸家历》48部、《撒那的阿剌忒造浑天仪香漏》8部、《海牙剔究穷历法段数》7部、《速瓦里可瓦乞必星纂》4部等。"积尺"是Zīj的译音,意为"天文历表""诸家历"为译名。"撒那的阿剌忒"为Ṣinā'at'ālāt的译音,意为"仪器的制造""造浑天仪香漏"为译名。"海牙剔"为Hay'āt的译音,意为"天文学""穷历法段数"为译名。"速瓦里可瓦乞必"为Ṣuwar-kawākib的译音,意为"星象图""星纂"为译名。

元时,旭烈兀派马腊格的穆斯林天文学家札马鲁丁到中国工作。这个札马鲁丁,可能就是阿拉伯天文学家札马鲁丁·伊本·穆罕默德·纳加理。札马鲁丁曾带来阿拉伯天文学家艾卜·阿里·哈桑·马拉库西的历学著作《开始和终结之书》。元世祖至元四年(1267),他参考阿拉伯历书,撰进《万年历》,世祖稍颁行之。同年,札马鲁丁在北京建立观象台,并制造了7种阿拉伯天文仪器。据《元史·天文志》,这7种仪器的名称是:

1."咱秃哈剌吉,汉言浑天仪也",即多环仪。

2."咱秃朔八台,汉言测验周天星曜之器也",即方位仪。

3."鲁哈麻亦渺凹只,汉言春秋分晷影堂",即斜纬仪。

4."鲁哈麻亦木思塔余,汉言冬夏至分晷影堂",即平

---

① 天干即甲、乙、丙、丁、戊、己、庚、辛、壬、癸和地支即子、丑、寅、卯、辰、巳、午、未、申、酉、戌、亥合称干支。以六组天干和五组地支循环相配,可成甲子、乙丑、丙寅……直至癸亥共六十组,称为六十甲子,或"花甲",完了之后重又回头连续下去,可周而复始,循环使用。中国古代用此来表示年、月、日和时的次序。这种用十天干和十二地支相配计年的方法称做"干支纪年法"。

غير أن أسماء هذه الأجهزة لم ترد في ((تاريخ يوان - سجل الفلكيات)) مكتوبة بالمقاطع الصينية المقاربة إلى الألفاظ المقابلة لها في اللغة العربية تماما، لأنها في الوقت نفسه مثلت الصياغة الفارسية والطريقة الفارسية في النطق أيضا.

وهذه المصادر والأجهزة الفلكية العربية قد ساعدت مساعدة فعالة على صنع الأجهزة الفلكية والرصد الفلكي ووضع التقاويم في الصين. وإنما على أساس صناعة الأجهزة الفلكية السابقة استطاع قوه شو جينغ (١٢٣١-١٣١٦) الفلكي الصيني الشهير أن يبتكر جهاز الرصد المبسط وغيره من الأجهزة الفلكية الجديدة في العام الثالث عشر من فترة تشي يوان (١٢٧٦). وأفاد ((تاريخ يوان الجديد)) بأن الأجهزة التي أوجدها قوه شو جينغ قد عملت في المراصد مدة مائة سنة، وفاقت جميع ما تقدمها في العصور الماضية من الأجهزة المماثلة لدقة عملها[①]. وكان "جهاز الرصد المبسط" الذي يجمع بين الدقة والكمال والبساطة قد ظهر قبل الجهاز الاستوائي المماثل له الذي صنعه الفلكي الدانمركي تيكو براهي (Brahe,Tycho، ١٥٤٦ - ١٦٠١) بثلاثة قرون[②].

إن للتقويم العربي فضلا عظيما في تحسين التقويم الصيني. فالتقويم الذي أوجده قوه شو جينغ قد استوعب كل ما حققه علماء الفلك السابقون من نجاحات. وقد مضت عليه ثلاثة أو أربعة قرون ابتداء من عهد يوان وانتهاء بعهد مينغ دون أن يلاحظ فيه أي خطأ. و"لم يكن هناك أي تقويم أدق منه قبل تبني التقويم الأفرنجي."[③] أما عبارة "استوعب كل ما حققه علماء الفلك السابقون من نجاحات"، فتعني الاقتباس من مزايا التقاويم السابقة، بما فيها منجزات التقاويم الصينية، وصفوة التقاويم العربية، فقد جاء ((تقويم التوقيت)) اقتباسا من الزيج الكبير الحاكمي لابن يونس (توفي عام ١٠٠٩) أكبر علماء الفلك في أيام الفاطميين (٩٠٩ - ١١٧١). وبالرغم من أن الصين استخدمت تقويم التوقيت في عهد يوان، واستخدمت ما يسمى بالزيج العام الكبير في عهد مينغ، فقد ظل

① ((تاريخ يوان الجديد))، جـ ٤١.

② راجع شي تسه تسونغ: ((ذات الحلق وجهاز الرصد المبسط - منجزات الصين في العصور القديمة في صناعة أجهزة الرصد الفلكي))، ضمن ((منجزات الصين في العصور القديمة في ميدان العلوم والتقنية))، دار شباب الصين للنشر، عام ١٩٧٨.

③ ((تعدد التقاويم))، أ.

纬仪。

5."苦来亦撒麻,汉言浑天图也",即天球仪。

6."苦来亦阿儿子,汉言地理志也",即地球仪。

7."兀速都儿剌不定,汉言昼夜时刻之器也",即星盘。

上面这些仪器的名字,有人说是波斯文,有人说是阿拉伯文。正确的说法是,阿拉伯文的词汇,波斯文的结构和读音。传入中国的阿拉伯天文书籍和仪器,对中国的天文仪器制造、天文观测和历法制定,都有帮助。

至元十三年(1276),著名天文学家郭守敬(1231—1316),就是在原有天文仪器制造技术的基础上,创造出简仪等新天文仪器的。《新元史》说:"郭守敬创制诸仪表,台官遵用百年,测验之精,远逾前代。"①郭守敬创造的简仪,精密、完善而又简单,它比丹麦天文学家第谷(1546—1601)制造的,类似简仪的赤道浑仪要早3个世纪。②

阿拉伯历法对中国历法的改进起了很大作用。郭守敬作授时历,集诸家之大成,自元迄明,承用三四百年,法无大差。"盖自西历以前,未有精于授时者。"③所谓集诸家之大成,就是吸取了各种天文历算的优点。其中有中国历法的成就,也有阿拉伯历法的精华。授时历所本的哈克木历,就是埃及法特梅王朝(909—1171)天文学家伊本·优尼斯(1007卒)编

---

① 《新元史》卷四十一。
② 参看席泽宗:《浑仪和简仪-中国古代测天仪器的成就》,见《中国古代科技成就》,北京:中国青年出版社,1978年。
③ 《历学骈枝》一。

التقويم العربي يتمتع بمكانة عالية في هذين العهدين، إذ أنشأت أسرة يوان "هيئة الأرصاد الفلكية الإسلامية" التي تتولى الأرصاد الفلكية والحسابات التقويمية في البلاد"①. وكانت، شأنها شأن هيئة الأرصاد الفلكية في عموم البلاد، تشغل الدرجة الرابعة من سلم الإدارات الإمبراطورية، ثم ارتقت إلى الدرجة الثالثة لفترة من الزمن مما دل على علو مكانتها. ولما دخلت الصين في عهد مينغ حظي التقويم العربي باهتمام الدولة المستمر. ففي العام الأول من فترة هونغ وو في أسرة مينغ (١٣٦٨) أنشأت الحكومة الصينية هيئة الأرصاد الفلكية الإسلامية، وفي العام التالي دعت أحد عشر موظفا إلى نانجينغ لمناقشة مشكلة التقويم، بينهم تشنغ علي من مرصد هوي هوي الذي تم إنشاؤه في عهد يوان، والذي لم يلبث أن رقي إلى هيئة الأرصاد الفلكية في عهد مينغ الجديد. وفي العام الثالث من فترة هونغ وو (١٣٧٠) "حولت الحكومة هيئة الأرصاد الفلكية إلى هيئة أرصاد فلكية إمبراطورية، وعينت لها رئيسا، وكانت تنقسم إلى أربعة أقسام: قسم الفلكيات، وقسم الساعة المائية وقسم التقويم العام الكبير، وقسم التقويم الهجري. وفي العام الخامس عشر، كلفت العلامة وو بوه تسونغ وزملاءه بترجمة كتب عن التقويم الهجري وخطوط الطول والعرض وعلم الفلك"②. وقد ظل التقويم الهجري مستخدما فترة من الزمن في أوائل عهد تشينغ إلى أن ألغي في العام الثامن من عهد كانغ شي في أسرة تشينغ (١٦٦٩).

وبما أن الرياضيات هي أساس علم الفلك، فقد انتقلت الرياضيات العربية مع علم الفلك العربي إلى الصين في آن واحد. ويرجح أن المثلثات القوسية التي بادر قوه شو جينغ إلى استخدامها في عهد يوان قد نقلت من بلاد العرب أيضا. وقد ذكر في مادة كتب هوي هوي من ((سجل ديوان وثائق يوان)) سبعة عشر جزءا من علم الهندسة وثمانية أجزاء من المسائل الحسابية وغيرها من كتب الرياضيات العربية.

① ((تاريخ يوان - سجل الوظائف)) جـ ٧٣.

② ((الوقائع الكبرى في عهد مينغ))، جـ ٧٣.

写的。即使元代采用授时历，明代采用大统历，阿拉伯历法在元明两代及清初仍然占有重要位置。元设回回司天监，"回回司天监秩正四品，掌观象衍历。"①元代的司天监秩正四品，回回司天监也秩正四品，且一度升为三品，可见其地位之高。明时，阿拉伯历法受到重视，洪武元年(1368)专门设立回回司天监。次年，把元时的回回司天台(后改司天监)官郑阿里等11人，召至南京，讨论历法。洪武三年(1370)"改司天监为钦天监，设钦天监官，其实习者分四科：曰天文，曰漏刻，曰大统历，曰回回历……十五年，命大学士吴伯宗等译回回历、经纬度、天文诸书。"②清初，回回历仍沿用了一段时间，直到康熙八年(1669)才被废除。

数学是天文学的基础。阿拉伯数学和阿拉伯天文学同时传入中国。元代郭守敬首先采用的弧三角学，很可能就是来自阿拉伯的。《元秘书监志》的回回书籍条中，载有《撒唯那罕答昔牙诸般算法段目仪式》17部、《呵些必牙诸般算法》8部等阿拉伯数学书名。"撒唯那罕答昔牙"，Safīna Handasiya的译音，意为"几何学""诸般算法段目仪式"是译名。"呵些必牙"，ḥisābiya的译音，意为"算学""诸般算法"是译名。

① 《元史·百官志》。
② 《明史·纪事本末》卷七十三。

الطب والصيدلة

إن العقاقير الطبية العربية بما فيها اللبان ودم الأخوين والصبار والمر والميعة والحلبة والقرنفل والزراوند والحلتيت والإهليلج واللؤلؤ وكافور بورنيو وما إلى ذلك من العقاقير العربية قد استخدمت في أوساط الطب والصيدلة في الصين على نطاق واسع، وبعض أسمائها لا يزال باقيا في اللغة الصينية كما هو في اللغة العربية تقريبا، مثل (muyao) (دواء مر) و(Huluba) (الحلبة) و(Helile) (الإهليلج)..الخ. وتظل الأبخرة العربية تحتل مكانة هامة بين العقاقير الطيبة الصينية، وقد ورد في وثائق سونغ أن عدد الحبيبات والكريات والمساحيق من مصنعات اللبان بين الأدوية الصينية الجاهزة يبلغ اثني عشر نوعا، وعدد الطبخات من مركبات الزراوند والكريات من مصنعاته يبلغ ستة أنواع، وعدد الكريات والمساحيق من مصنعات المر يبلغ سبعة أنواع. وبعد عهد سونغ شهدت الأبخرة العربية استخدامات أوسع من ذي قبل.

لقي الطب العربي والصيدلة العربية إقبالا عظيما من أهل الصين، وقد ورد في مصادر الطب في عهد سونغ قول بأن مسحوق الزراوند له قوة سحرية في شفاء الأمراض، وأن كريات الميعة لها قدرة على تنظيم النشاط الحيوي لدى المرضى من جديد أو شفائهم من تف الدم، حتى تعيد المشرف على الموت منهم إلى كامل صحته. وكانت العملية الجراحية العربية في عهد يوان تتمتع بشهرة عظيمة جدا داخل الصين، فقد ظلت ألسنة العامة تتناقل الحكايات عن القدرة السحرية لدى بعض الأطباء المسلمين في الصين في علاج الصداع باستخراج "السرطان (السلطعون) الصغير" من الجمجمة، أو في شفاء الفرس من تضخم البطن باستئصال النسيج المتصلب من فخذه①.

كانت سلطة يوان الإمبراطورية تهتم بالطب العربي والصيدلة العربية، فأنشأت في المستشفى الإمبراطوري المؤسسة الخيرية العامة التي "تعني بالعقاقير الطيبة العربية ومصنعاتها التي كانت الأسرة الإمبراطورية تداوي بها المرضى من الحرس المسنين والمساكين في العاصمة"②، ثم ألحقت بها دار الأدوية الإسلامية في دادو - العاصمة

① تاو تسونغ يي: ((سجل التوقف عن الزراعة))، جـ ٢٢، مادة الفن النادر من المناطق الغربية.

② ((تاريخ يوان - سجل الوظائف))، مادة المستشفى الإمبراطوري.

医药学

阿拉伯的乳香、血竭、芦荟、没药、苏合香、葫芦巴、丁香、木香、阿魏、诃黎勒、珍珠、龙脑（冰片）等药材，为中国医药界广泛采用。有些药材还用原名，如没药（Murr）、葫芦巴（Hulbah）,诃黎勒（Halīlaj）等。阿拉伯香药在中国药剂中占有重要地位。宋代有关文件记载，以乳香为主制成的丹、丸、散有12种，以木香为主的汤、丸有6种，以没药为主的丸、散有7种。宋以后，阿拉伯香药运用的范围更广。

阿拉伯医药学深受中国人民欢迎。宋时医书称木香散治病其验如神，说苏合香丸治气疾、呕血等病有起死回生之效。元代，阿拉伯的外科手术特别有名，民间流传回回医官开额取小蟹治头疼和割腿取块儿疗马腹膨胀神效的故事。①

元朝政府重视阿拉伯医药学。在太医院中，有专门研究和使用阿拉伯医药的广惠司，它的职责是"掌修制御用回回药物及和剂，以疗诸宿卫士及在京孤寒者。"②在它下面还设

---

① 陶宗仪：《辍耕录》卷二二，西域奇术。
②《元史·百官志》，太医院条。

الكبرى (بكين اليوم) ودار الأدوية الإسلامية في شانغدو - العاصمة العليا (خراخوروم اليوم) لتتوليا شؤون الأدوية الخاصة بالمسلمين في الصين. وفي الوقت نفسه حفظت السلطة الإمبراطورية بعض المصادر الطبية التي نقلت من بلاد العرب، فقد ذكر في مادة كتب هوي هوي من ((سجل ديوان وثائق يوان)) كتاب بعنوان ((Tuibi Yijing)) (من ثلاثة عشر جزءا)، أي "كتاب الطب"، ولفظة "Tuibi" تحريف للفظة "الطب" العربية.

وقد ورد الكثير من الأدوية أو العقاقير العربية في كتاب ((وصفات هوي هوي)) الذي تم تأليفه في عهد مينغ، والنسخة المخطوطة الناقصة من هذا الكتاب لا تزال محفوظة في مكتبة بكين إلى الآن.

وبانتقال الطب العربي والصيدلة العربية إلى الصين صار التراث الصيني في الطب التقليدي والصيدلة التقليدية أغنى من ذي قبل. وقد ذكر لي شي تشنغ علامة الطب التقليدي الصيني في عهد مينغ الكثير من الأدوية العربية وطرق المداواة العربية في عمله ((الخلاصة الوافية من العقاقير الشافية)). فورد فيه مثلا أن زيت الميعة من إنتاج دولة داشي، ورائحته مماثلة لنبات يسمى (Dunuxiang)، وأن الشيوخ التازيان يزعمون أن الإنسان إذا حمل معه الإهليلج يشفي من كل الأمراض، وأن البلح مغذ ويزيد سيماء الوجه بهاء.

طريقة تكرير السكر

لما دخلت الصين في زمن الأسر الإمبراطورية الست (٢٢٠-٥٨٩)، بدأت تصفي السكر من عصير قصب السكر. وفي أواسط القرن السابع أرسل الإمبراطور تاي تسونغ في أسرة تانغ رجالا إلى (Magadha) في الهند حيث تعلموا فن استخلاص السكر بطريق الغلي. ولما عادوا إلى البلاد استطاعوا أن ينتجوا سكرا أجود مما ينتج في المناطق الغربية من حيث اللون والمذاق[1]. فبدا من ذلك أن الصين قد تمكنت من رفع فن

① ((كتاب تانغ الجديد - سجل المناطق الغربية))، مادة (Magadha).

有大都回回药物院和上都回回药物院,掌管回回药事。元朝政府还藏有自阿拉伯传入的医药书籍,《元秘书监志》回回书籍条所载的《忒毕医经》13部即是一例。"忒毕"是Tibb的译音,意为"医学""医经"是译名。

北京图书馆所藏明代《回回药方》(残卷)的抄本中,记载着一些阿拉伯药物。

阿拉伯医药学传入中国后,更加丰富了中国的医药学宝库。明朝大医学家李时珍所作的《本草纲目》里,就有阿拉伯药物和治疗方法。如《本草纲目》说,苏合香油出大食国,气味类笃耨香;大食长老称,人带着诃黎勒,一切病消;椰枣补身体,壮颜色。

制糖法

六朝时期(220—589),中国始用蔗浆制糖。7世纪中叶,唐太宗派人到印度摩伽陀学得熬糖法,制出的糖,色味都较西域为佳。①显然,中国把制糖技术又提高了一步。《马可波

---

①《新唐书·西域传》,摩揭陀条。

تصفية السكر إلى مستوى أعلى. وقد ورد في ((رحلة ماركو بولو)) أن سكان (Unguen) في فوكيان[1] كانوا قبل سيطرة سلطة يوان عليهم لا يعرفون كيفية تصفية السكر، وإنما يكثفون عصير قصب السكر بطريقة الغلي، ويزيلون الأوساخ منه حتى إذا برد حصلوا على قطع السكر ذات اللون الأسمر. ولما خضعوا لحكم يوان، أرسلت السلطة المركزية إليهم رجالا من "بابل"[2] يتقنون فن تكرير السكر ليعلموهم كيفية تصفية السكر باستخدام الرماد النباتي المحتوي على الصودا التي من شأنها أن تبيض السكر الأسمر. وجدير بالذكر أن السكر الأبيض حينذاك لم يكن أبيض كما هو عليه اليوم، وإنما يبدو أبيض نسبيا[3]. وقد أثنى ابن بطوطة على تقدم الصين في تكرير السكر حيث قال: "ببلاد الصين السكر الكثير مما يضاهي المصري، بل يفضله"[4].

الفنون

تركت الفنون العربية بما فيها العمارة والموسيقى والرسم والزي أثرا في الأقليات الصينية الإسلامية بدرجات متفاوتة.

وأثر العمارة والرسم يتمثل بصورة رئيسية في مباني المساجد والجوامع، فمسجد هوايشنغ في كانتون يتميز بالأسلوب المعماري العربي، ومئذنته المسماة برج النور والمنتصبة في شكل أسطواني، تطاول عنان السماء بمسلتها خلافا للبرج الصيني ذي الطوابق المتعددة من الطوب والخشب. وقد ورد في نقش ((نصب إعادة بناء مسجد هوايشنغ)) تعريف يقول: "وتحت السحب البيضاء وفي أحضان الجبال يقوم هذا المبني الديني، وهو من حيث الطراز كأنه منقول من المناطق الغربية، ومن حيث المنظر كأنه صخرة منتصبة، فلا مثيل له في أواسط البلاد." وخلاصة القول إن مسجد هوايشنغ قد بني متأثرا بالهندسة المعمارية الإسلامية، ولم يسبق له نظير في الصين. ومسجد شنغيو

---

① يرجح فنغ تشنغ جيون أن (Unguen) هي يوشي حاليا.

② يرى بعض العلماء أن بابل هنا يقصد بها بغداد، ويرى بعضهم الآخر أنها القاهرة، ولعل القاهرة هي القول الأرجح.

③ راجع جي شيان لين: ((مشكلة Cini)) وهي ورادة في ((محاضرات حول الحضارات الشرقية))، دار هوانغشان، عام ١٩٨٨، ص ١١ ـ ٢٠، و((رحلة ماركو بولو)) الطبعة الصينية، جـ ٢، باب ٨٠.

④ ((رحلة ابن بطوطة))، جـ ٢، ص ٢٤٦.

罗行纪》记述，福建Unguen[①]并入大汗版图前，当地人民不会精炼白糖。他们熬好糖汁，只是去掉其中赃物，冷却后的糖块，仍为黑色。此城归附大汗后，朝廷有几个从巴比伦[②]来的人，精通炼糖术。他们被送到这里，传授用木灰精炼白糖的技术。木灰含碱性，能使黑褐色糖变白。所谓白，是说比较白一点，不能同今天的白糖相比。[③]伊本·白图泰记述了中国制糖技术的进步，说“中国像埃及一样盛产蔗糖，但质量比埃及的好。”[④]

艺术

阿拉伯的建筑、音乐、绘画、服饰等艺术，对中国穆斯林兄弟民族有不同程度的影响。

建筑和绘画的影响，主要表现在清真寺方面。广州的怀圣寺具有阿拉伯建筑风格，寺的光塔成圆柱形，尖形塔顶高耸入云，与砖木结构的中国层塔迥然不同。《重建怀圣寺记》说：“白云之麓，坡山之限，有浮图焉。其制则西域，嵲然石立，中州所未睹。”词语说的就是怀圣寺受阿拉伯——伊斯兰

① 冯承钧认为，似即尤溪。

② 巴比伦，有人说是巴格达，有人说是开罗，开罗较是。

③ 参看季羡林：《Cīnī问题》，载《东方文化知识讲座》，合肥：黄山书社，1988年，第11—20页；《马可波罗行纪》，中册，第80章。

④《伊本·白图泰游记》，第2卷，第246页。

الذي بني في مدينة الزيتون في العام الثاني من فترة داتشونغ شيانغ فو في أسرة سونغ الشمالية (١٠٠٩) متشابه جدا من حيث بوابته وتصاميم سقف قبته والأسلوب المعماري للطريق المبلط المؤدي إلى بنائه الرئيسي مع مباني المساجد التي كانت شائعة في بلاد العرب في القرون الوسطى. والمبنى الرئيسي من مسجد فنغهوانغ بهانغتشو يحاكي في مظهره المساجد العربية، إذ يتوسطه مدخل مقوس على شكل تويج الزهرة، وينتصب على كل جانب منه برج رمزي، وسطحه مسيج بحيطان خفيضة مزخرفة ببتلات اللوتس، وذلك كله يدل على الأسلوب المعماري الإسلامي. أما قاعة الصلاة فيه فـ"تقع في مؤخره بحيث تبدو جبهتها أعظم من عمقها، مثل المساجد التقليدية في غربي آسيا"①. وسقف قبتها منقوش بالأزهار والأعشاب، وهي من الزخارف العربية الزاهية الألوان. ومسجد نيوجيه في بكين يمثل ببنائه وتوزيعه "فنا يجمع بين عمارة القصور الصينية التقليدية والعمارة العربية، بحيث يضفي على التركيب الخشبي من المباني الصينية الزخرفة العربية الصاخبة، فيشكل الطراز الفريد الذي تتميز به العمارة الإسلامية في الصين"②. وعلى الواجهة من البناء الرئيسي من هذا المسجد شبابيك ذات شعرية تحمل زخارف من الكتابات العربية، وفي داخله رواق مكون من واحد وعشرين عقدا فوق ثمانية عشر عمودا رئيسيا مكتوبا عليها آيات قرآنية وتعابير مديح للنبي بالخط العربي النابض بالقوة، وخصوصا الخط الكوفي، و"الزخارف البديعة من أزهار الساعة تعلوها مذهبة أو مبيضة على أرضية حمراء. كما أن سقف القاعة منقوش بعبارات التسبيح وأسماء الله عز وجل"③ فتبدو مشرقة مهيبة. ومسجد هواجيويه في شيآن تتوزع مختلف أقسامه بما فيها قاعة الصلاة والجوسق وقوس البوابة في تناسق تام، و"يجمع بين تقاليد العمارة الصينية وفن العمارة الإسلامية في منظر رائع من التوافق والانسجام"④.

أما في شينجيانغ فإن جامع عيد كاه في كاشغر وبرج سوقونغ في تروبان يتميزان

① يانغ شين بينغ: ((الفن المعماري بمسجد فنغهوانغ في هانغتشو))، ((المسلمون في الصين))، عام ١٩٨٢ عدد ٣.

② شي كون بينغ: ((تعريف موجز بمسجد نيوجيه))، ((المسلمون في الصين))، عام ١٩٨١ عدد ٢.

③ نفس المصدر السابق.

④ جين جينغ كون: ((نوادر عن العلاقات الصينية العربية في التاريخ))، ((العالم العربي))، عام ١٩٨٩ عدد ٣.

建筑的影响,中国没有见过这样的建筑。北宋大中祥符二年(1009)修建的泉州圣友寺,其门楼外形,入门穹顶图案,甬道建筑风格和式样,与中世纪普遍流行的阿拉伯清真寺建筑极为相似。杭州凤凰寺的礼堂,外观仿阿拉伯清真寺式样建筑,正中为一高耸的花瓣形拱门,拱门两侧矗立着一对象征性的小塔楼,房顶四周女墙用莲瓣作装饰,体现了伊斯兰的建筑风格。礼拜殿位于寺的最后,"采横置式的平面格局,面阔大于进深,继承了西亚清真寺的古老传统。"①大殿穹顶的抹灰面上绘有卷草花卉图案,色泽鲜明,属阿拉伯图案装饰。北京牛街清真寺的建筑和布局,"是典型的中国宫殿式和阿拉伯式相结合的手法,在中国传统的木结构形式上带有浓厚的阿拉伯装饰的风格,形成了中国式伊斯兰教建筑的独特形式。"②这座清真寺的主体建筑礼拜殿,有带阿拉伯文图案的窗棂,还有由18根主柱组成的21个拱门,上面写着《古兰经》文和赞圣文句,字体苍劲,库法体更为突出。"柱子上饰有蕃莲图案,皆为红地;沥粉贴金,精巧细致,……殿内天花板上有描绘的赞词和真主的尊名。"③殿内灿烂夺目,十分庄严肃穆。西安的化觉寺,殿堂、亭阁、牌坊,布局得体,优雅壮观。"中国古代建筑的优良传统和伊斯兰建筑艺术相映成趣,组成了一幅协调完美的图案。"④

在新疆,喀什的艾提卡尔礼拜寺和吐鲁番的苏公塔礼拜

---

① 杨新平:《杭州凤凰寺的建筑艺术》,《中国穆斯林》1982年第3期。
② 石昆宾:《牛街礼拜寺简介》,《中国穆斯林》1981年第2期。
③ 同上书。
④ 金景坤:《中阿史话》,《阿拉伯世界》1989年第3期。

كذلك بالأسلوب العربي الإسلامي.

لقد سبق للصين وغربي آسيا أن شهدتا قبل الميلاد تبادلا فنيا في مجال الموسيقى. وفي أواسط القرن العاشر أصبح إسلام الدولة القرخانية نقطة تحول كبرى في تحول شينجيانغ إلى الإسلام، فترك هذا أثرا عميقا في تاريخ الحضارة في شينجيانغ وآسيا الوسطى. فالدولة القرخانية التي كانت تقع على القسم الهام من طريق الحرير قد شهدت ازدهارا في العلوم، وأصبحت ملتقى للحضارات الشرقية والغربية، وقد اشتهرت (Balashagun) وكاشغر - عاصمتاها في فترات متفاوتة - في إرجاء العالم، حيث كانت الحضارة العربية الإسلامية والحضارة التركية ممتزجتين، فتكونت الحضارة التركية الإسلامية. وكانت الموسيقى العربية تلتقي بالموسيقى الويغورية فتقتبس كل من الأخرى، الأمر الذي ساعد على تطور كل منهما، بل أحدث تأثيرات في الموسيقى في أواسط بلاد.

في الآلات الموسيقية[1]: قد ظهرت في مصر قبل ثلاثة آلاف سنة آلة موسيقية تسمى "جونق" أو "هابو"، وقد استعملت هذه الآلة الموسيقية في آشور قبل ألفي سنة قبل الميلاد، وكانت تسمى "سنكا"، ثم نقلت إلى فارس، وسميت "Cănk"، ومن ثم نقلت إلى كوتشار وإلى أواسط بلاد الصين، فسميت "كونغهو"، ومن ثم نقلت إلى كوريا واليابان. و"كونغهو" لفظة محرفة عن"Cănk"، و"بي - با" (اسم مختصرٍ لِبيبا المعوجة العنق) قد انحدرت من بلاد ما بين النهرين، وبدأ استعمالها في فارس في القرن الثامن قبل الميلاد، ثم نقلت إلى كوتشار فيما بين عهدي تشين وهان حيث أدخل عليها تحسين، ومن ثم نقلت ثانية إلى أواسط البلاد. وكان العازف عليها يعتمد على الريشة، ثم ظهر بي شينغ نو أول من عزف عليها بالأصابع بدل الريشة، وكان فنانا من شوله (Shule) في شينجيانغ. والصنج النحاسي الذي يعود أصله إلى آشور قد نقل إلى المناطق الغربية في عهد هان تقريبا، وبدأ استعماله في أواسط البلاد في عهد جين الشرقية (٣١٧ - ٤٢٠). والسنطور آلة موسيقية من ابتكار الآشوريين، وقد نقلت إلى بلاد الصين عبر فارس؛

[1] وفيما يتعلق بالآلات الموسيقية والتبادل الفني الخاص بموسيقى المقامات فيما سيأتي من هذا الفصل، راجعت مؤلف تشو تشينغ باو تحت عنوان ((الفنون الموسيقية على طريق الحرير))، دار الشعب للنشر في شينجيانغ، عام ١٩٨٨.

寺也颇具阿拉伯——伊斯兰建筑风格。

公元前中国就与西亚有了音乐文化交流。10世纪中叶，哈拉汗王朝改奉伊斯兰教成为新疆伊斯兰化的重大转折点，在新疆乃至中亚文化史上产生了深远的影响。地处丝绸之路枢纽地段的哈拉汗王朝，学术繁荣，东西文化荟萃。先后作为王朝首都的巴拉沙衮和喀什噶尔，世界闻名。阿拉伯——伊斯兰文化与突厥文化互相渗透，互相吸收，形成伊斯兰——突厥文化。阿拉伯音乐和维吾尔音乐的汇合交流，促进了各自音乐的发展，且对中原音乐产生了影响。

关于乐器。[①]埃及于公元前3000年就出现了一种叫"琼克"(又叫"哈卜")的弹拨乐器。公元前2000多年亚述使用了这种乐器，叫"桑加"。以后传到波斯，叫"Cănk"。大约西汉时期传入龟兹，进而传入中原，叫竖箜篌。后又传到朝鲜和日本。箜篌为Cănk的音译。琵琶(曲颈琵琶的简称)出自美索不达米亚，公元前8世纪波斯开始使用，秦汉之际传入龟兹，有所改进，复入中原。演奏琵琶，初用拨子。唐贞元间(785—805)，从疏勒来的琵琶能手裴兴奴，始弃拨子而用手指弹拨。铜钹源出亚述，约在汉代传入西域，东晋时期(317-420)中原已开始使用。桑图尔是亚述人创造的一种弦乐器，经波斯传入中国。扬琴即由桑图尔演变而来。维吾尔

① 有关乐器及以后木长姆音乐文化交流部分，参考了周青葆:《丝绸之路的音乐文化》，乌鲁木齐:新疆人民出版社，1988年。

وآلة اليانغ - تشين تطوير لهذه الآلة. والدافو آلة ويغورية يعود أصلها إلى بلاد العرب. والربابة آلة وترية من ابتكار العرب، وكانت أحادية الوتر في البداية، ثم تحولت إلى ربابة رأس الحصان المنغولية ذات الوترين، وإلى الكمنجا الفارسية ذات الوترين. ولما تبناها الويغور، سموها "خرزك". وهي آلة ذات مرنان مستدير ووترين، ويعزف عليها بالقوس. ولما نقلت إلى أواسط البلاد، سميت "الهو - تشين"، ثم تطورت ثانيا إلى "الأرهو"، و"الجينغهو" و"البانهو" و"السيهو". ومن الآلات الويغورية ما يسمى بأسماء الآلات العربية، غير أنها آلات أخرى لا تمت بصلة إلى مسمياتها في البلدان العربية. والطنبور الويغوري ذو الأوتار الخمسة هو ما تطور من العود العربي. أما الطنبور العربي فهو آلة رباعية أو سداسية الأوتار. والربابة الويغورية آلة وترية نقرية، أما الربابة العربية فآلة وترية قوسية. والناي الويغوري مزمار أفقي، أما الناي العربي فمزمار عمودي أطول.

في المقامات: إن "مقامات" لفظة عربية مفردها مقام، ومدلولها الأولى أنها أسلوب من أساليب الأدب العربي يتضمن قصة قصيرة مسجوعة، ثم تحولت في القرن الثالث عشر إلى اصطلاح موسيقي يمثل اثني عشر سلما أساسيا من الموسيقى العربية الإسلامية التي أبدعها الفيلسوف والموسيقار ابن سينا التاجكي (٩٨٠ - ١٠٣٧)، ثم شهدت تطورا متكررا خلال فترات تاريخية طويلة، فظهرت لدى الشعوب الإسلامية مقامات متباينة الأساليب. والمقامات الويغورية تمثل مجموعات تقليدية من الألحان التي تجمع بين "لحن الغناء"، و"لحن الرقص"، و"لحن الجواب" وهو لحن سريع يأتي غالبا في ختام اللحن الغنائي. وظل الويغوريون يحتفظون في مقاماتهم بمجموعات الألحان الثلاث (Lake) و(Wushake) و(Wuzale) - (الرقة والعشاق والعذال) - التي أبدعها الفيلسوف والموسيقار العربي الفارابي التركي الأصل (٨٧٠ - ٩٥٠)، هذا إلى جانب المصطلحات الموسيقية العربية والألفاظ والتعابير العربية التي أدخلوها عليها أو الآثار التي تركتها الأوزان والقوافي العربية فيها.

的膜鸣乐器达夫来自阿拉伯。拉巴卜是阿拉伯人发明的拉弦乐器，一弦，以后发展为蒙古人的二弦马头琴和波斯人的二弦卡曼恰。维吾尔接受卡曼恰后，称为"哈尔扎克"。卡曼恰的共鸣体为圆形，二弦，用弓拉奏。传入中原称为"胡琴"，复演为二胡、京胡、板胡和四胡。维吾尔乐器，有借用阿拉伯乐器名称而形制实异者。维吾尔的弹拨尔是据阿拉伯的乌德改制的，5弦，而阿拉伯的弹拨尔是4弦或6弦。维吾尔的喇巴卜（又称拉巴卜或热瓦甫）是一种弹拨乐器，而阿拉伯的拉巴卜为弓弦乐器。维吾尔的耐依为横笛，而阿拉伯的耐依为竖吹的长笛。

关于木卡姆。木卡姆一词来自阿拉伯语的"麦噶麦"（Maqāmah，多数为 Maqāmāt），原指一种由韵文和曲调组成的戏剧性故事新文学体裁。这个词成为音乐术语在13世纪，用以指当时阿拉伯—伊斯兰音乐的12个主要调式。这12个调式是木卡姆音乐的基础，它的创作者为阿拉伯-伊斯兰医学家、哲学家和音乐家伊本·西纳（980—1037，塔吉克人）。经过长期发展，在伊斯兰世界各民族中形成风格互异的木卡姆。维吾尔人的木卡姆是他们的传统套曲。这种套曲由"歌曲""舞曲""解曲"组成。解曲为乐器演奏的快速曲调，往往用作歌曲的结束。阿拉伯哲学家和音乐家法拉比（870—950，突厥人）创作的"拉克""乌夏克""乌扎勒"三种套曲，迄今仍保留在维吾尔木卡姆中。此外，维吾尔木卡姆还引进了一些阿拉伯音乐术语，歌词中有许多阿拉伯词语，韵律也受到阿拉伯韵律的影响。

اللغة

دخلت اللغة العربية إلى الصين مع دخول الإسلام إليها. ومعروف أن كثيرا من المسلمين يتعلمون اللغة العربية منذ نعومة أظفارهم، ويقرأون ((القرآن الكريم)) باللغة العربية، وأن الويغور والقازاق وغيرهما من الأقليات التي تنطق لغات الترك، ظلت تكتب لغاتها بالأبجدية العربية، وتبنت عددا كبيرا من المفردات العربية، بينما اتخذت اللغة العربية هي الأخرى عددا من المفردات من لغات الترك. وقد بدأت الأبجدية العربية تحل محل الأبجدية الويغورية الكلاسيكية في زمن الدولة القرخانية، كما أن اللغة العربية كانت لغة متداولة في كاشغر. وقد وضع كتابان ضخمان معروفان في العالم في زمن الدولة القرخانية: ((ديوان لغات الترك)) و((الحكمة مفتاح السعادة)) اللذان بقيا درتين مشرقتين في تاريخ الحضارة الويغورية وتحفتين في تراث حضارة الأمة الصينية، وقد ألقى العرب ظلالهم على كل منهما من حيث اللغة والأدب.

إن ((ديوان لغات الترك)) قاموس للتركية - العربية، والتركية كلها مكتوبة فيه بالأبجدية العربية. ومؤلفه محمود الكاشغري المنتسب إلى الويغور في كاشغر، وكان متقنا للغة العربية، وقد أمضى في شينجيانغ وآسيا الوسطى وكبتشاك بضع عشرة سنة في دراسة التاريخ واللغة والأدب والفلك والخغرافيا والملامح الطوبوغرافية والنوادر والنقوش والنباتات والحيوانات والطيور والحشرات والعادات والتقاليد والأزياء والأدوات.. الخ. ووصل إلى بغداد في نهاية الستينات من القرن الحادي عشر، وقدم إلى الخليفة العباسي المقتضي أول قاموس في العالم للغتين التركية والعربية، وقد ألفه استجابة لرغبة العرب في دراسة لغات الترك، وقد ضم بين دفتيه ما يزيد على سبعة آلاف مادة لغوية (وألحقت به خريطة للعالم)، ويعتبر أول موسوعة خاصة بشينجيانغ وآسيا الوسطى لوفرة ما فيه من مواد. هذا وقد أدرج فيه أكثر من مئتي أغنية شعبية وأكثر من مئتي مثل أو حكمة من الويغور وغيرها من القبائل التركية، وكلها ذات قيمة أدبية كبيرة. والنسخة المخطوطة الوحيدة لهذا القاموس لا تزال محفوظة الآن في المكتبة الوطنية في تركيا.

وديوان ((الحكمة مفتاح السعادة)) ("علم السعادة" بالترجمة الحرفية) ليوسف

语言文字

阿拉伯语言文学随伊斯兰教传入中国。中国穆斯林很多人从小就学习阿拉伯语文和《古兰经》。他们礼拜时，都用阿拉伯语的祈祷词。突厥语系的维吾尔、哈萨克等兄弟民族，用阿拉伯字母来拼写他们的语言，并吸收了大量阿拉伯词语（阿拉伯语也吸收了一些突厥语词语）。维吾尔人用阿拉伯字母取代回鹘文字母，始于哈拉汗王朝，喀什还曾通用过阿拉伯语。哈拉汗王朝产生了两部世界闻名的巨著《突厥语大词典》和《福乐智慧》。这两颗维吾尔文化史上的璀璨明珠，中华民族文化宝库中的瑰宝，就其语言和文学来说，都有阿拉伯的影响。

《突厥语大词典》是一部用阿拉伯语注释突厥语词的词典，突厥语完全用阿拉伯字母拼写。作者马赫木德·喀什噶里，维吾尔族，喀什噶尔人，精通阿拉伯文。喀什噶里在新疆、中亚、钦察考察历史、语言、文学、天文、地理、山川形势、轶闻掌故、金石草木、鸟兽虫豸、风土人情、衣服器用，历时10余年；11世纪60年代末到巴格达。喀什噶里根据阿拉伯人学习突厥语的实际需要，利用他搜集和考察所得的材料，编纂了世界上第一部突厥语——阿拉伯词词典，把它献给阿拔斯朝哈里发穆格台迪。辞典收词7000多条（附一幅世界地图），内容丰富，堪称有关新疆和中亚的一部百科全书。词典还收录了维吾尔族及其他突厥族的民歌200多首，谚语、格言200多条，颇有文学价值。词典对突厥语和阿拉伯语的比较研究具有重要意义。词典唯一的手抄本，现存土耳其国民图书馆。

خاص حاجب من مواليد (Balashagun)، وكان قوي الإيمان وشاعرا نابغا وفيلسوفا ومفكرا. وقد تم نظم هذا الديوان عام ١٠٧٠، وضم بين دفتيه ثلاثة عشر ألف بيت أو أكثر من القصائد القصصية، ويعتبر أول عمل أدبي ضخم باللغة الويغورية الكلاسيكية (من العلماء من يرى أن صياغته الأولية كانت باللغة الويغورية المكتوبة بالأبجدية العربية، ثم نسخ بعد ذلك باللغة الويغورية الكلاسيكية)، والقصائد فيه تسبيح لله وتمجيد للرسول ونصائح للحكام بأن يتمسكوا بالعدل والحكمة والقناعة حيث رسم لاستقرار الدولة القرخانية مشروعا من ثلاث نقاط ليلتزم به الحكام والرعية على حد سواء. وهذه النقاط هي الاستفادة من العلم لأحياء الضمير لدى الإنسان، والاستعانة بالأخلاق للحد من التصرفات الشخصية، واللجوء إلى القانون لصيانة سلطة الحكم. وهكذا مثلت هذه القصائد رغبة أبناء الشعب في الاستقامة والعدل والأمن والاستقرار إلى حد معين، ومزج فيها بين الحضارة القومية والحضارة الواردة في وحدة متكاملة بأسلوب بديع وحكم غنية، فبقي ديوانه هذا عملا خالدا في تاريخ الأدب الويغوري. لقد تبنى الشاعر أوزان الشعر العربي التقليدي في قصائده وصاغها صياغة ثنائية، لذلك كانت قصائده أول منظومات ثنائية موزونة في تاريخ الأدب الويغوري. ولديوان ((الحكمة مفتاح السعادة)) ثلاث نسخ مخطوطة، نسخة بالويغورية الكلاسيكية محفوظة إلى الآن في مكتبة فيينا، ونسختان بالويغورية المكتوبة بالأبجدية العربية، إحداهما محفوظة في مركز البحوث الشرقية التابع لأكاديمية العلوم في أوزبكستان، والأخرى قد سبق لها أن حفظت في مكتبة الخديوي بالقاهرة.

٢ - إسهامات الحضارة الصينية في الحضارة العربية

لقد شرع العرب يعجبون بالحضارة الصينية في زمن مبكر جدا، فقد قدم العلماء من الأندلس إلى الصين طلبا للعلم رغم مشقات السفر الطويل[1]. وكان العلماء العرب

[1] راجع العباس أحمد بن محمد المقري (١٥٩١ - ١٦٣١): ((نفح الطيب من غصن الأندلس الرطيب)) ليدن، ١٨٥٥، جـ ١، ص ١٤٤، و((تاريخ العرب)) ص ٥٧٨.

《福乐智慧》(直译为《带来幸福的知识》)作者玉素甫·哈斯·哈吉甫,巴拉沙滚人,笃信伊斯兰教,是一位杰出的诗人、哲学家和思想家。《福乐智慧》1069—1070年成书,为1.3万多行的叙事长诗,是第一部大型的回鹘文文学作品(有人说,初用阿拉伯字母拼写的维吾尔文写成,以后才抄成回鹘文本)。长诗赞美安拉和先知,规劝统治者公正、睿智、知足。作者在长诗中为哈拉汗王朝的长治久安构想了一幅蓝图:用知识激发人们的良知,以道德规范个人的行为,靠法律维护国家的统治。这三者不仅用来约束老百姓,而且应该用来约束统治者。长诗在一定程度上反映了人民追求社会公正、平等和安定的愿望。长诗把本民族的传统文化和外来文化融为一体,文词优美,富于哲理,是维吾尔文学史上的一座丰碑。长诗借阿拉伯诗歌韵律,采两行体形式,开维吾尔古诗韵律两行体的先河。《福乐智慧》现存3个抄本:1个回鹘文本,存维也纳图书馆;由阿拉伯字母拼写的两个维吾尔文抄本,分别存于乌兹别克科学院东方研究所和埃及开罗原赫德威图书馆。

二、中国文化对阿拉伯文化的贡献

阿拉伯很早就向往中国文化,西班牙穆斯林学者不远万里来中国寻求知识。[①]阿拉伯学者对中国的科学技术赞誉备

[①] 麦盖里:《安达鲁斯嫩枝的芳香》(Maqqari: *Nafh al-Tibmin Ghusn al-Andalus al-Ratib*, Leyen,1855),第1卷,第144页。转引自《阿拉伯通史》,第578页。

يكيلون للعلوم والتقنية الصينية آيات المديح، إذ أثنوا على ذكاء الصينيين ومهاراتهم اليدوية، ورأوا أن بين أعمال الفنون الجميلة الصينية ما لا يضاهيه شيء من فنون العالم المماثلة، كان كثير من هذه الفنون الصينية تبدو تحت ريشتهم وكأنها ضرب من السحر والخيال. وكان العرب يعجبون بالسلع الواردة من الصين، فيلحقون لفظة "صينية" بكثير منها إشارة إلى موطنها وتأكيدا على حسن جودتها وإتقان صناعتها.

الحرير وفن نسجه

وبما أن الصين هي الدولة التي اخترعت الحرير فقد سبق لها أن سميت في الغرب بدولة الحرير. وقد بدأت تنتج الحرير بكميات هائلة، وتصبغه ألوانا مختلفة فيما بين القرن الثاني والثالث. وكان الحرير باعتباره رمزا للحضارة الصينية أقدم وأجمل هدية تقدم إلى العرب.

"كم من جلاجل تنساب نحو الصحراء الغربية
وكم من أباعر نحوها تتهادى
وأحمالها معبّأة بشلل بيضاء"[1]

من خلال هذه الأشطر الشعرية يتضح لنا أن القوافل كانت تجتاز الصحراء الشاسعة وسط جلجلة الأجراس لتنقل حرير الصين الجميل الناعم إلى شينجيانغ، ومن شينجيانغ تنقله إلى بلاد العرب، ومن ثم إلى أوربا.

كان الحرير الصيني في البداية مقتصرا على الطبقات العليا في بلاد العرب، وقد سبق للعلماء أن اكتشفوا بعض الحرير الصيني الخام في قبر بتدمر بني عام ٨٣ للميلاد[2]. كما اكتشفوا في قبور أخرى في هذا البلد بعض المنسوجات الحريرية التي تماثل من حيث الأسلوب الفني والصناعة بقايا الأنسجة الحريرية التي اكتشفها ستاين في لولان شرقي بحر بوتشانغ (بحيرة لوب نور اليوم)، وما يزال متحف تدمر إلى اليوم يحتفظ بجزء من بقايا الأنسجة الحريرية الصينية هذه. واكتشفت في الحفريات المصرية

① تشانغ جي: ((كلمات في ليانغتشو)) من ((أشعار تانغ الكاملة))، جـ ٢٧.
② ب ٠ ك ٠ هيتي: ((تاريخ سوريا)) ، ١٩٥١، ص ٣٨٨ ـ ٣٨٩.

至,他们称赞中国人心灵手巧,制作的工艺美术品,举世莫及。他们笔下的中国东西,有时具有神奇功能。阿拉伯人很喜欢中国产品,在不少中国产品名称后面附加"中国的"一词,以示该产品来自中国,质地优良,制作精美。

丝绸及丝织技术

中国是发明蚕丝的国家,古代的西方把中国称为丝国。公元2-3世纪,中国丝绸已大量生产,色彩齐全。作为中国古代文明象征之一的丝绸,是中国人民送给阿拉伯人民最早而又最美的礼物。"无数铃声遥过碛,应驮白练到安西。"①一支又一支的驼队,响起清越的铃声,穿过浩瀚的沙漠,把中国美丽柔软的丝绸运到新疆,再转运到阿拉伯,进而运至欧洲。

中国丝绸,初为阿拉伯上层享用,后成日常生活用品。在帕尔米拉一座公元83年的坟墓中,曾发现中国的生丝。②在该地一些坟地里,曾发掘出中国的丝织物。这些织物与斯坦因在新疆蒲昌海东面楼兰发现的丝物残片在艺术风格和制作技术上有相似之处。帕尔米拉博物馆还藏有中国丝绸

---

① 张籍:《凉州词》,《全唐诗》卷二十七,《杂曲歌辞》。
② 希提:《叙利亚史》(P.K.Hitti: *History of Syria*, London, 1951),第388-389页。

كذلك منسوجات من الحرير الصيني في القرن الرابع للميلاد. وكان في بغداد في القرن الثامن للميلاد سوق خاصة ببيع الأنسجة الحريرية الصينية وأواني الخزف الصيني.

كان العرب يعتقدون أن الثياب الحريرية تقي الإنسان من الأمراض الجلدية وتحفظه من القمل والبراغيث والبق، لذلك أحبوا الحرير الصيني وأعجبوا به كل الإعجاب. وقد ورد في ((أخبار الصين والهند)) حكاية تشيد بالحرير الصيني، جاء فيها أن أصحاب المعالي والأشراف لا يلبسون إلا الحرائر الفاخرة. وذات يوم ذهب تاجر عربي غني لمقابلة موظف صيني بعثه الإمبراطور إلى كانتون ليختار له ما يحتاج إليه من سلع عربية، فتراءت للتاجر شامة سوداء على نحر الموظف الصيني من خلف ثيابه الحريرية، فدهش من رقة الحرير الصيني حيث قدر أن الموظف كان يلبس قطعتين من الثياب، لكنه في الواقع كان لابسا خمس قطع. و"هذا النوع من الأقمشة يعتبر من أجود الحرائر المنسوجة من الحرير الخام غير المبيض"، أما الحرير الذي يلبسه حاكم البلد فهو أعلى جودة وأكثر بهاء"[①]. وكثيرا ما كان العرب ينسبون الحرائر الصينية إلى أسماء المدن التي جاءت منها للتأكيد على أنها سلع صينية خالصة. فمدينة هانغتشو كانت تسمى عند العرب "هانشا"، فسموا الحرائر التي تنتج فيها "الهانشاوية"، أي من إنتاج هانغتشو؛ ومدينة تشيوانتشو كانت تسمى عندهم "الزيتون"، فسموا الأطلس (الساتان) الذي ينتج في تشيوانتشو "الزيتوني"، أي من إنتاج تشيوانتشو، ثم تحولت لفظة "الزيتوني" إلى لفظة (Setuni) في اللغة الكاستيلية (إحدى اللهجات الأسبانية التي بقيت أساسا للغة الأسبانية النموذجية)، وإلى لفظة (Satin) في الفرنسية والإنجليزية، ومدلول كل من هذه الألفاظ واحد، وهو الأطلس (الساتان).

وكان حرير الصين مصدرا هاما للمواد الخام المستخدمة في صناعة الغزل والنسيج في سوريا ومصر في العصور القديمة. والحرير الذي نسجت به بردة كليوباتره كان مستوردا من الصين. وقد سبق للرومان في الأسكندرية وتير (صور اليوم) وسدوم وغزة وغيرها من المدن التي تقع على الشاطئ الشرقي من البحر الأبيض أن أنتجوا

① ((أخبار الصين والهند))، الطبعة الصينية ص ١٠١.

的碎片。埃及考古发现4世纪用中国丝织成的丝织物。8世纪时,巴格达有专门销售中国丝绸和瓷器的市场。

阿拉伯人认为,穿丝绸衣服可以预防皮肤病,防止虱子、跳蚤、臭虫侵害人体。他们十分喜爱中国丝绸,非常赞美中国丝绸。《中国印度见闻录》中有一段称道中国丝绸的记载:中国显宦高官穿的都是豪华的丝绸衣服。一天,一位阿拉伯富商去拜会一个宦官。这个宦官是皇帝派到广州来的,他的使命是首先挑选皇帝所需的阿拉伯商品。商人透过宦官身上的绸衣见到宦官胸口上长着一粒黑痣,颇为中国绸衣之薄感到惊奇。他推测,宦官至少穿了两件衣服,实际上他穿了5件。"这类最好的丝绸,是未经漂白的生丝。总督穿的丝绸,比这还更精美,更出色。"①阿拉伯人每以中国著名产丝城市的名称来为当地的丝绸命名,表明它是地道中国货。阿拉伯称杭州为"Hansha",把杭州产的丝绸叫做"al-Hanshawīyah",意为"杭州的"("杭州货")。阿拉伯人称泉州为"Zay-tun",把泉州产的缎子叫做"zaytuni",意为"泉州的"("泉州货")。这个词后演变为卡斯提语(西班牙方言,标准西班牙语的基础)的setuni,法语和英语的satin,均指缎子。

中国丝曾是古代叙利亚、埃及等地纺织业的重要原料。埃及女王克娄巴特拉(前69—前30)丝袍所用的丝就来自中国。罗马人在亚历山大和地中海东岸的提尔、西顿和加沙等

---

① 《中国印度见闻录》,第101页。

أقمشة حريرية باستخدام حرير الصين، أو فكوا ما يسمى "الجيانسو" من النسيج الصيني للحصول على الألياف الحريرية التي ينسجون بها الحرير الشامي البنفسجي اللون لسد حاجات الأرستقراطيين. وفي غضون القرن الخامس أصبحت بيزنطة ومصر وسوريا ثلاثة مراكز لصناعة الغزل والنسيج في الإمبراطورية الرومانية الشرقية، وكانت صناعة غزل الحرير ونسجه تعتبر أهم مورد عندهم. إذ ذاك كان فن غزل الحرير ونسجه قد انتقل من الصين إلى مصر، فوجد فيها نوع من القماش البديع الذي تختلط فيه الرياش الدقيقة، ومن الأرجح أن فن نسج هذا القماش قد انتقل إليها من الصين مباشرة أو عبر فارس[1]. ولما فتح العرب مصر وغربي آسيا استغلوا الظروف المناخية الصالحة والأيدي الماهرة والمعدات الجاهزة الجيدة لينشروا صناعة غزل الحرير ونسجه على نطاق واسع، فأصبحت بلادهم الدولة الثانية بعد الصين في انتاج الحرير. وفي عام ٧٥١ حدث أن وقع عدد من الجنود الصينيين أسرى في يد العرب خلال حملة طراز، وكانوا من عمال غزل الحرير ونسجه، فانتقلوا بفنهم إلى بلاد العرب، وساعدوا العرب على رفع مستواهم في هذه الصناعة. وخلال القرن الثامن شهدت بيزنطة ركودا في الاقتصاد وتدهورا في هذه الصناعة، فلم تلبث سوريا والعراق وفارس أن احتكرت تجارة الحرير مع أوربا. وكانت الأقمشة الحريرية التي تنتجها هذه البلدان زاهية الألوان راقية الجودة، فلقيت إقبالا عظيما من الأوربيين. كان (Damask) الساتان المطرز بالخيوط الذهبية الذي راجت سوقه في أوربا من انتاج دمشق؛ و(Samite) القماش المقصب بالخيوط الذهبية والفضية من المنتجات الشامية؛ و(Baldaquins) الساتان المزركش بالذهب من صادرات بغداد[2].

وكان للدولة العباسية، شأنها شأن الدولة البيزنطية، معمل خاص بالبلاط لخياطة ما يلزم الخليفة من برود ذات شارات إمبراطورية. وهذا النوع من البرود كان غاية في دقة الصنع وجودة القماش، وذا قيمة عظيمة جدا. والبردة التي أهداها هارون الرشيد إلى

---

① لوسي بولنويف (Luce Boulnoif): ((طريق الحرير))، ترجمة قنغ شنغ، دار الشعب للنشر في شينجيانغ، عام ١٩٨٢، ص ١٣٥.

② (Baldaquins) يعود أصلها إلى (Bagdad).

城市，利用中国生丝，生产丝织品；或拆散中国的缣素，织成更薄的紫色花纹绫子，供贵族享用。5世纪，拜占庭、埃及、叙利亚成为东罗马帝国的3个纺织业中心，丝织业是其牟取暴利的主要来源。这时，中国丝织技术已输入埃及；一种混有细小羽毛的绝妙织物，其技术可能是直接从中国或通过波斯传入的。①

阿拉伯人据有埃及和西亚后，利用气候适宜、工人熟练和设备完好等有利条件，大力发展丝织业，成为仅次于中国的世界丝绸生产大国。751的怛逻斯战役中被俘的中国丝织工人，把中国的丝织技术带到阿拉伯，有助于提高当地的丝织业水平。8世纪，拜占庭经济萧条，丝业衰落，叙利亚、伊拉克和波斯很快便垄断了对欧洲的丝绸贸易。这些地区生产的绸缎，色彩绚丽，质量上乘，深受欧洲人欢迎。畅销欧洲的金线刺绣绸缎 damask，产于大马士革；织有金银钱的锦绣 samite，为叙利亚产品②；饰金锦缎 baldaquins，来自巴格达。③

和拜占庭一样，阿拉伯帝国也有专为哈里发缝制带有题记丝袍的宫廷作坊。题记丝袍，做工精细，用料考究，价格昂

---

① 布尔努瓦：《丝绸之路》，耿昇译，乌鲁木齐：新疆人民出版社，1982年，第135页。
② 叙利亚古名 Sham（沙牧）。
③ baldaquins 由 Baqdad（巴格达）演变而来。

شارلمان (٧٤٢ - ٨١٤) ملك الإفرنج وإمبراطور الغرب، كانت من الحرير الأحمر الثخين ومزركشة بخيوط ذهبية وبتصاميم نسر وأفراخ سنونو. ويرجح أن هذه البردة قد تمت خياطتها في المعمل الخاص ببلاط الخليفة؛ إذ ذاك كان العرب قد شهدوا تقدما عظيما في صناعة غزل الحرير ونسجه.

نقل العرب صناعة الغزل والنسيج من الحرير إلى الأندلس وجزيرة صقلية، فتعلمها الطليان من صقلية، وأقاموا الصناعة الخاصة بهم في الغزل والنسيج من الحرير، ومن ثم صارت صقلية قاعدة لنقل صناعة الغزل والنسيج من الحرير إلى أوربا في النصف الثاني من القرن الثاني عشر[1].

الأواني الخزفية وصناعة الخزف الصيني

كانت أواني الخزف الصيني تعد نوعا ثانيا من الصادرات الصينية بكميات هائلة بعد الحرير. وبما أن النقل البحري أكثر سلامة من النقل البري بالنسبة إلى أواني الخزف الصيني القابلة للكسر، كانت تنقل إلى الغرب بحرا في غالب الأحيان، وهذا ما جعل بعض الناس يسمى طريق الحرير البحري "طريق الخزف الصيني".

لقد اخترعت الصين الفخار قبل عشرة آلاف سنة، واستطاعت قبل ستة آلاف سنة أن تصنع أواني فخارية اتصفت بأنها عملية وذات مظهر جمالي؛ وفي عهد شانغ وتشو (١٦٠٠ ق.م - ٢٥٦ ق.م) ظهرت في الصين أواني الخزف البدائي؛ وفي فترة هان الشرقية (٢٥ - ٢٢٠) اجتازت الصين مرحلة انتقالية من الخزف الصيني البدائي إلى الخزف الصيني العادي؛ وفي فترة ما بين عهد الممالك الثلاث وعهدي أسرة جين الغربية وأسرة جين الشرقية (٢٢٠ - ٤٢٠) استطاعت الصين أن تصنع أواني الخزف الصيني الأخضر أو الأسود البديعة في جيانغسو وتشجيانغ؛ وخلال الفترة التاريخية الطويلة الممتدة بين أسرتي تانغ ومينغ لم تكف صناعة الخزف الصيني عن التقدم، حتى إنها انتزعت إعجاب مختلف الأمم وذاع صيتها في أرجاء الدنيا، وكانت ألسنة العرب

---

[1] ((مدخل تاريخ العلوم))، ج ٢، ص ٥٦ - ٥٧.

贵。哈里发哈伦·赖世德(786—890在位)送给法兰克国王查理曼(742—814)的无袖长袍,用很厚的红绸缎做成,缀以金丝,饰有山鹰和乳燕图形。这件礼物很可能就是哈里发宫廷作坊制作的。这时,阿拉伯的丝织技术已很先进了。

阿拉伯人把丝织技术传入穆斯林的西班牙和西西里岛。意大利人从西西里学到丝织技术,并发展了丝织业。12世纪下半叶,西西里岛成为向欧洲传播丝织业的基地。[①]

瓷器及造瓷技术

瓷器是中国继丝绸之后向阿拉伯出口的另一大宗商品。行船远较走车平稳,瓷器易碎,主要从海路西运,因而有人把海上丝绸之路称作"瓷器之路"。

中国被誉为"瓷器之母",早在1万年前,中国便发明了陶器。6000年前烧制的陶器,既实用,又美观。商周(前1600—前256)出现原始瓷器。东汉(25—220)完成从原始瓷器到普通瓷器的过渡。三国两晋(220—420)江浙所出青

①《科学史入门》,第2卷,第56-57页。

تلهج بالثناء عليها، فقد ورد في ((أخبار الصين والهند)) قول بأن أقداح الخزف الصيني الناعم صافية نقية كالزجاج بحيث يستطيع المرء أن يرى من خارجها ما في داخلها من الماء[1]، لذلك وصفه ابن بطوطة بأنه "أبدع أنواع الفخار"[2]؛ وقال لي تشاو في ((تكملة تاريخ تانغ)) أيضا إن "الخزف الصيني لازوردي كلون السماء، ورقيق كأنه الورق، وله رنين كرنين الجرس". وذلك كله يدل على أن العرب لم يكونوا مبالغين في إطرائهم للخزف الصيني. وكانوا لشدة إعجابهم به، يدعونه "الصيني" نسبة إلى الصين، ثم أصبحت هذه اللفظة فيما بعد تطلق على كل نوع من الأواني الخزفية. لقد كانت أواني الخزف المصنوعة في الصين تعتبر في نظر العرب من النفائس؛ فوالي مصر اختار منها أربعين قطعة ليرسلها هدية إلى والي دمشق عام ١١٧١، وقيل في بعض الأماكن إن طبق الخزف الصيني الأخضر يكشف ما إذا كان الطعام يحتوي سما.

كانت أواني الخزف الصيني في عهد أسرة تانغ تنقل إلى بلاد العرب وتباع في أسواقها، وكان من بين الهدايا التي قدمها حاكم خراسان إلى هارون الرشيد أوان بديعة من الخزف الصيني، وقد قيل إنها يعود إلى النوع الذي استخدم في البلاط الصيني. وبعد عهد تانغ صارت أواني الخزف الصيني تصدر إلى بلاد العرب بكميات هائلة، وقد اكتشفت بين حفريات الكثير من الأقطار العربية كسارات من أواني الخزف الصيني من عهود مختلفة[3].

ففي العراق اكتشفت في حفريات سامراء شمالي بغداد كسارات من الصيني الأبيض والخزف الصيني الأخضر، منها ما يعود إلى خزف لونغتشيوان الأخضر من عهدي سونغ الجنوبية ويوان المنغولية، وسامراء هذه قد سبق لها أن كانت عاصمة الدولة العباسية في الفترة الممتدة من عام ٨٣٦ إلى عام ٨٩٢. وفي أطلال طيشفون على بعد خمسة وثلاثين كيلومترا جنوبي بغداد عثر بين حفرياتها على كثير من كسارات خزف لونغتشيوان الأخضر الذي يعود زمنه إلى ما بين القرن الثاني عشر والقرن الثالث

① ((أخبار الصين والهند))، الطبعة الصينية، ص ١٥.

② ((رحلة ابن بطوطة))، جـ ٢، ص ٢٤٧.

③ راجع مكامي جينان: ((طريق الخزف الصيني))، ترجمة لي شي جينغ وقاو شان مي، دار الآثار للنشر عام ١٩٨٤.

瓷、黑瓷相当精美。自唐迄明，瓷器制作不断发展，巧夺天工，驰誉中外。阿拉伯人对中国瓷器赞不绝口。《中国印度见闻录》说，中国精美的瓷碗，如玻璃杯那样晶莹，隔着碗也可以看见里面的水。[①]伊本·白图泰说，中国瓷器是世界上最好的。[②]李肇《唐国史补》也说中国瓷器“青如天，明如镜，薄如纸，声如磬。”可见阿拉伯人对中国瓷器的称赞，绝非过甚其词。阿拉伯人很喜欢中国瓷器，亲切地把它叫做“al-ṣīni”，意为“中国的”，后遂用以指所有瓷器。阿拉伯人把中国精瓷视为珍品，1171年埃及国王挑选40件中国瓷器，作为礼品送给大马士革国王。有的地方传说，中国青瓷大盘可以鉴别食物有无毒性。

唐代，中国瓷器远销阿拉伯。呼罗珊总督向哈里发哈伦·赖世德奉献的物品中，就有传说是中国皇帝用过的精美瓷器。唐代以后，中国出口到阿拉伯的瓷器更多，不少阿拉伯国家都发掘出中国各代碎瓷。[③]

伊拉克：巴格达北面的萨马腊（836—892年为阿拨斯朝首都）发现中国白瓷、青瓷片和南宋及元代的龙泉青瓷。巴格达南面库特东南的瓦西特遗址出土南宋及元代的青瓷碎

①《中国印度见闻录》，第15页。
②《伊本·白图泰游记》，第2卷，第247页。
③ 参看三上次男：《陶瓷之路》，李锡经、高善美译，北京：文物出版社，1984年。

عشر. وفي عبرتا على بعد ستين كيلومترا جنوب شرقي بغداد وما يجاورها من منطقة ديالى اكتشفت بالحفر كسارات من الخزف الصيني البني اللون الذي تم إحراقه في أتون يويتشو الشهير ما بين القرن التاسع والعاشر، وكسارات من الخزف الصيني الأبيض المصنوع في جنوبي الصين في الفترة الزمنية ذاتها. وفي البصرة وأطلال الحيرة والأبلة اكتشفت كسارات من خزف لونغتشيوان الأخضر.

وفي سوريا اكتشفت في حفريات حماة كسرات آنية من الخزف الصيني الأبيض وقصعة من الخزف الصيني الأخضر عليها نقوش نافرة من عود الصليب، وهما مما صنع في عهد أسرة سونغ الجنوبية، وكذلك كسرات أوان من الخزف الصيني مما صنع في عهد أسرة يوان بما فيه النوع الأبيض والنوع الأخضر والنوع الأزرق والأبيض.

وفي لبنان اكتشفت بالحفر في بعلبك كسرات من خزف لونغتشيوان الأخضر المزخرف بتصاميم اللوتس والذي تم إحراقه في عهد أسرة سونغ، وكسرات طاسات من الخزف الصيني الأخضر والأبيض المزخرف بتصاميم الأزهار والأعشاب والذي تم إحراقه في عهد أسرة يوان.

وفي عمان اكتشفت في الموقع القديم لمدينة صحار كسرات من الخزف الصيني الأخضر، والخزف الصيني الأزرق والأبيض من عهد أسرة مينغ.

وفي البحرين اكتشفت قطع من خزف لونغتشيوان الأخضر من أوائل عهد أسرة مينغ.

وفي اليمن اكتشفت في عدن وبعض الأماكن القريبة منها كسرات من الخزف الصيني. وفي (Zahlan) اكتشفت كسرات من خزف لونغتشيوان الأخضر من عهد أسرة سونغ، وكسرات من الخزف الصيني الأبيض والأزرق من عهد أسرة يوان.

وفي السودان اكتشفت في موقع عيذاب الأثري كسرات من الخزف الصيني الأخضر يعود تاريخه إلى ما قبل أواسط عهد أسرة مينغ، وفيها قطعة عليها نقوش باغسبوية[1].

① هي رموز منغولية جديدة مكتوبة بالأبجدية التبتية من ابتكار باغسبا أستاذ الإمبراطور في عهد أسرة يوان، وقد ألغيت هذه الرموز بعد انقراض أسرة يوان.

片。巴格达南35公里的泰西封废墟,有不少12—13世纪的龙泉青瓷片。巴格达东南60公里的阿比尔塔及其附近的迪亚拉,发现9—10世纪的褐色越窑瓷片及华南白瓷片。在巴士拉及希拉及希拉俄波拉遗址,出现龙泉青瓷片。

叙利亚:哈马发掘出南宋白瓷和牡丹浮纹青瓷钵碎片,元代白瓷、青瓷和青花瓷片。

黎巴嫩:巴勒贝克发现有莲花瓣花纹的宋代龙泉青瓷片,有花草图案的元代青花瓷碗碎片。

阿曼:苏哈尔旧址出土中国青瓷及明代青花瓷碎片。

巴林:出土明代初期的龙泉青瓷。

也门:亚丁及其附近有中国瓷片出土。扎赫兰发现宋代龙泉青瓷和元代青花瓷片。

苏丹:艾达卜遗址出土明代中期以前的中国青瓷片,其中一片青瓷上有八思巴文字。[①]

[①] 元朝国师八思巴用藏文字母创造的蒙古新字,元亡后不用。

وفي الصومال اكتشفت بين حفرياتها كسرات من خزف جينغدتشن في الصين.

وفي مصر بدأت أواني الخزف الصيني تدخلها منذ القرن التاسع عن طريق ميناء عيذاب السوداني، حيث كانت تنقل إلى المناطق الداخلية في السودان، وإلى الفسطاط[1] المحطة الهامة لتجميع ونقل أواني الخزف الصيني في العصور الوسطى، ومن ثم تنقل مرة أخرى إلى إيطاليا وصقلية وأسبانيا وبلاد المغرب. وبين الآلاف المؤلفة من كسرات الخزف الصيني التي عثر عليها في حفريات موقع الفسطاط الأثري ما يعود إلى عهد أسرة تانغ من الخزف الصيني الأخضر والخزف الصيني الأبيض؛ وما يعود إلى عهد أسرة سونغ من الخزف الصيني اللازوردي، وخزف لونغتشيوان الأخضر - وهو في الغالب سلطانيات مزخرفة بتصاميم اللتوس أو بتصاميم عروق السحب، وأطباق مزخرفة بتصاميم العنقاء، ومغاسل كل منها مزخرفة بتصميم سمكتين[2]؛ وما يعود إلى عهد أسرة يوان من سلطانيات مزخرفة بتصاميم اللوتس وأطباق أو صحون مزخرفة بتصاميم عود الصليب، وأطباق مزخرفة بتصاميم التنينين المتنافسين على الدرة، وأطباق مؤبلكة بتصاميم السمكتين، بالاضافة إلى الأوعية والأفران والكؤوس..الخ. وأخيرا منها ما يعود إلى عهد أسرة مينغ من الخزف الصيني الأزرق والأبيض.

ومن أواني الخزف الصيني القديم التي اكتشفت في حفريات الأقطار العربية ما هو محفوظ في المتاحف بالبلدان الغربية، ومنها ما هو محفوظ في المتاحف بالأقطار العربية. ففي قصر العظم بدمشق أوان من الخزف الصيني القديم، وفي متحف بغداد مزهريات صينية من الخزف الصيني الأخضر، وفي المتحف المصري بعض أواني الخزف الصيني أيضا. وهذه المعروضات تحظى ببالغ الاهتمام لدى العرب باعتبارها دلائل أثرية على الاتصالات الودية التي قامت بين الصين وبلادهم في العصور القديمة.

انتقلت صناعة الخزف الصيني إلى بلاد العرب في القرن الحادي عشر، وعلى يد

① هي مدينة تاريخية أنشأها العرب بعد أن فتحوا مصر عام ٦٤١، ثم عفت عليها الأيام، ولم يبق منها إلا موقعها الأثري في الجزء الجنوبي من القاهرة حاليا.

② راجع شيا ناي: ((أواني الخزف الصيني التي بقيت دلائل أثرية على الاتصالات القائمة بين الصين وأفريقيا في العصور القديمة))، ((الآثار التاريخية)) عام ١٩٦٣، عدد ١.

索马里：发现中国景德镇瓷片。

埃及：9世纪，中国瓷器开始输入埃及。苏丹的艾达卜曾是中国瓷器的进口港。中国瓷器由此分别运入苏丹内地和埃及的富斯塔特。[①]富斯塔特是中古时期中国瓷器的重要转运站，中国瓷器从这里运往意大利、西西里、西班牙和马格里布诸国。富斯塔特遗址出土的中国瓷片数以万计；有唐代的青瓷和白瓷；宋代的影青及龙泉青瓷，龙泉青瓷以荷花碗、竖卷云纹碗、凤鸟大盘和双鱼洗等较多见[②]；元代的莲瓣纹碗、菊瓣大小盘、龙珠纹大盘、贴花双鱼大盘及罐、炉、小杯等器物；明代的青花瓷。

阿拉伯国家出土的中国古瓷，有些被收藏在西方国家的博物馆，有些陈列在阿拉伯国家的博物馆。大马士革阿泽姆宫有中国古瓷，巴格达博物馆有中国青瓷花瓶，埃及博物馆也有中国瓷器。这些陈列品，作为古代中阿友好往来的历史见证，阿拉伯人民非常重视。

中国造瓷技术于11世纪传入阿拉伯。1470年又由阿拉

---

① 641年阿拉伯人攻入埃及后新建的一座城市，已湮没，遗址在今开罗南部。
② 参看夏鼐：《作为古代中非交通关系证据的瓷器》，《文物》1963年第1期。

العرب انتقلت إلى البندقية عام ١٤٧٠، ومنذ تلك الفترة بالذات بدأت أوربا إنتاج الخزف الصيني[1]. وأخذت مصر في أيام الفاطميين تصنع أواني الخزف على غرار الخزف الصيني ابتداء من الخزف الصيني الأخضر، ثم الأزرق والأبيض، وقد فعلت ذلك من حيث الأشكال والتصاميم أولا، ثم شكلت المميزات الخاصة بها تدريجيا، وبلغت مستوى عاليا جدا في صناعة الخزف في غضون النصف الأول من القرن الحادي عشر، حيث كانت خزفياتها "تبدو في غاية الجمال والشفافية حتى إن المرء يستطيع أن يرى يده من ورائها"[2].

الفنون

حدث لكثير من الفنون الصينية كالرسم الصيني والموسيقى الصينية وخيال الظل وغيرها أن انتقلت إلى الأقطار العربية عبر التاريخ، فتركت أثرها في العرب. وقد أثنى الأديب والمؤرخ العربي الثعالبي (٩٦١ ـ ١٠٣٨) على براعة أهل الصين في صنع التماثيل والنحت والحفر والرسم، فقال إن صور الأشخاص تحت ريشة الرسام الصيني تنبض بالحيوية حتى لتكاد تنطق، برغم خلوها من الروح. كان الرسامون الصينيون يستطيعون أن يصوروا مختلف تعابير الوجه كالبسمة المصطنعة والبسمة الطبيعية والبسمة الصفراء والضحكة من أعماق القلب وضحكة التهكم[3]. وقد علق ابن بطوطة على الرسم الصيني قائلا: "إن لهم فيه اقتدارا عظيما، فلا يجاريهم في أحكامه أحد من الروم ولا من سواهم."[4] وفي غضون القرن الثامن نقل الرسامان فان شو وليو تسي فن الرسم الصيني إلى بلاد العرب[5]. وحينما بدأ الخليفة المعتصم إنشاء مدينة سامرّاء، عام

① هونغ قوانغ تشو: ((أواني الخزف الصيني المشهور في أرجاء العالم))، راجع ((إنجازات الصين في العصور القديمة في مجالات العلوم والتقنية)).

② ((تاريخ العرب))، ص ٦٣١.

③ راجع زكي محمد حسن: ((ثناء العلماء المسلمين على الفنون الصينية))، ترجمة ما جي قاو، في مجلة ((المسلمون في الصين)) عام ١٩٨٣، عدد ٢.

④ ((رحلة ابن بطوطة))، جـ ٢، ص ٢٤٩.

⑤ ((موسوعة الأنظمة))، جـ ١٩٣، مادة داشي، اقتباسا من ((مذكرات في ديار الغربة)).

伯传到意大利的威尼斯,从此欧洲才开始生产瓷器。①埃及在法特梅朝时期仿造中国瓷器。初仿青瓷,后仿青花瓷。初从形制到花纹一概仿制,后来逐渐具有自己的特色。11世纪上半叶,埃及的瓷器工艺已达很高水平,制出的瓷器"十分美妙和透明,以至一个人能透过瓷器看见自己的手。"②

艺术

中国的绘画,音乐和皮影戏等艺术传入阿拉伯,产生了一定的影响。

阿拉伯文学家、历史学家撒阿利比(961—1038)称赞中国人长于塑像、雕刻和绘画。他说,中国画家笔下的人物非常生动,除去没有灵魂外,一切都很逼真。他们能画出苦笑、微笑、冷笑、欢笑和嘲笑等不同的笑容。③伊本·白图泰说,中国绘画艺术高妙,无与伦比。④8世纪时,中国画师樊淑、刘泚把中国绘画艺术带到阿拉伯。⑤836年,哈里发穆耳台绥木

---

① 洪光柱:《驰名世界的中国瓷器》,见《中国古代科技成就》。
② 《阿拉伯通史》,第631页。
③ 参看扎基·穆罕默德·哈桑:《穆斯林学者盛赞中国艺术》,马继高译,《中国穆斯林》1983年第2期。
④ 《伊本·白图泰游记》,第2卷,第249页。
⑤ 《通典》,卷一九三,大食条,引《经行记》。

٨٦٣ استخدم عددا كبيرا من الفنانين الصينيين، فتركوا في الرسوم الجدارية في سامرّاء آثار الرسم الصيني إلى جانب آثار الرسم اليوناني والفارسي①.

وكانت في كوتشار في الزمن القديم آلة نفخية تسمى "بيلي". ولما نقلت هذه الآلة إلى بلاد العرب وفارس، سميت "بالامان" (Balaman)، فهجر الويغوريون اسمها الأصلي، وسموها هذه التسمية الجديدة تبعا للعرب. والسونة كانت هي الآلة الأخرى التي وجدت في كوتشار بدليل الرسوم الجدارية من القرن الثالث في جروبتويف في كيزيل (Kizil,Groptoif)، وقد سماها الفارابي "السورنة"، ولعل هذه اللفظة من لغات الترك. ولما نقلت السونة إلى بلاد العرب، نقلت منها إلى أوربا أيضا. وقد شهدت كوتشار في القرن الرابع البيبا الخماسية الأوتار. وكان العود العربي ذا أربعة أوتار فقط، وفي القرن العاشر أضاف الفارابي وترا إليه، فصار خماسي الأوتار. ولعل ذلك بتأثير من البيبا الخماسية الأوتار في كوتشار. وقد ترك لحن الجواب الويغوري أثرا إيجابيا في تطور الموسيقى العربية الإسلامية أيضا.

أما خيال الظل فكان ظهوره الأولى في الصين في عهد تانغ، ثم ما لبث أن عم الصين كلها مع حلول عهد سونغ، وأصبح يعرض في المعسكرات في عهد أسرة يوان المنغولية بحيث صارت مشاهدات خيال الظل من أهم نشاطات التسلية لدى العساكر. ولما نقله المنغول إلى البلاد العربية لقي إقبالا عظيما لدى العرب.

الطب والصيدلة

ورد في كتاب ((رحلات بحرية على امتداد شواطئ البحر الأحمر)) أن القرفة الصينية قد نقلت إلى بلاد العرب في غضون القرن الأول②، فسماها العرب "دار صيني" أي "شجرة الصين" تبعا للفرس للتأكد من أنها واردة من الصين. ولم تكن القرفة تستخدم في الطب فحسب، بل ظلت أهم مادة خام في صناعة كريم الوجه والعطور. وكان تجار الترانزيت يبيعون القرفة للتجار اليونان والرومان دون أن يفوهوا بحرف

---

① خالد الجادري: ((لمحة عن الفن العراقي))، ترجمة ناجون، دار النشر لفنون الشعب، عام ١٩٦٢، ص ١٨ – ١٩.
② نقلا عن ((طريق الحرير))، ص ٥١.

兴建萨马腊城时,从中国雇用了大批艺术家。萨马腊壁画除受希腊、波斯绘画的影响外,也受到中国绘画的影响。①

古代龟兹乐中的乐器筚篥传到阿拉伯和波斯,被称为"巴拉曼",后来维吾尔人也采用了这个名称。唢呐也是一种龟兹乐器,见于3世纪的克孜尔千佛洞壁画。法拉比把它叫做"苏尔奈",可能是一个突厥语词汇。唢呐传到阿拉伯后,又由阿拉伯传给欧洲。龟兹于4世纪时已使用5弦琵琶。阿拉伯琵琶乌德只有4弦,10世纪时法拉比为乌德加了一弦,成为5弦。龟兹的5弦琵琶可能对乌德增加一弦有影响。维吾尔解曲对阿拉伯——伊斯兰音乐结构的发展,起过促进作用。

唐代,中国已有皮影戏雏形。宋时皮影戏盛行社会。元蒙时期,皮影戏曾在军中流动演出,成为士兵的主要文娱活动。蒙古人把这种影子戏传到阿拉伯,深受阿拉伯人民喜爱。

医药学

据《红海周航记》,1世纪中国肉桂就已贩运到阿拉伯。②阿拉伯人沿用波斯人的称法,把肉桂叫做"达尔绥尼",意为"中国树",说明来自中国。肉桂不仅药用,而且是制造香脂、香膏、香精的主要原料。阿拉伯转口商把肉桂卖给希腊、罗马商人,而对其产地讳莫如深。很长一段时期,希腊、罗马人还以为肉桂产于阿拉伯半岛。中国樟脑出口到阿拉

---

① 哈立德·迦底尔:《伊拉克美术简介》,纳忠译,北京:人民美术出版社,1962年,第18-19页。
② 转引自《丝绸之路》,第51页。

عن موطنها، فظن اليونان والرومان لفترة طويلة من التاريخ أن جزيرة العرب هي موطن القرفة. وكان الكافور الصيني يصدر إلى بلاد العرب، ويستخدم فيها كمادة طبية أو شرابا مرطبا. وكان المسك وعود الند وزنجبيل قاوليانغ مدرجة هي الأخرى في العقاقير الطبية الصادرة إلى البلاد العرب①.

والطب الصيني التقليدي هو التراث الآخر الذي نقل إلى بلاد العرب، والطريقة الصينية التقليدية في جس النبض واضحة الأثر في كتاب ((القانون في الطب)) لعلامة الطب العربي ابن سينا②.

الورق والطباعة والبوصلة والبارود

إن الورق والطباعة والبوصلة والبارود هي المخترعات الصينية الأربعة التي ملأت شهرتها أصقاع المعمورة، وتعتبر أعظم إسهامات قدمتها العلوم والتقنية الصينية للحضارة العالمية.

والورق من اختراع تساي لون الصيني عام ١٠٥ الذي يصادف العام الأول من فترة شينغ يوان من عهد أسرة هان الشرقية في الصين. وقد نقل إلى آسيا الوسطى من شينجيانغ في أواسط القرن السابع③. ولعل مطلع القرن الخامس هو بدء تاريخ صناعة الورق في شينجيانغ التي كانت أول محطة في نقل الورق إلى الغرب، ووصل الورق إلى بلاد العرب في أيام بني أمية.

وفي عام ٧٥١ أسر العرب في حملة طرّاز بعض الجنود الصينيين الماهرين في صناعة الورق، فنقلوا هذه الصناعة إليهم. وقد ذكر هذا الحدث في كل من كتاب ((رحلة إلى الويغور)) الذي ألفه الكاتب العربي تميم بن بحر (Tamim Ibn Bahr) في النصف الأول من القرن التاسع، وكتاب ((لطائف المعارف)) للثعالبي، وكتاب ((تاريخ الهند))

---

① ((الممالك والمسالك)) ص ٦٩ - ٧٠.

② راجع ما تشان ون: ((جسّ النبض ومراقبة الخفقان – أحد المنجزات البارزة للطب الصيني التقليدي في العصور القديمة)) المنشورة في ((منجزات الصين في مجالات العلوم والتقنية في العصور القديمة)).

③ لوفير: ((الصين وإيران)) ، ١٩١٩، ترجمة لين جيون ين، دار الشؤون التجارية للنشر عام ١٩٦٤، الطبعة الصينية ص ٣٩٣.

伯,既作药材,又作饮料中的清凉剂。输往阿拉伯的药物还有麝香、沉香、高良姜等。①

中国医学也传入了阿拉伯。阿拉伯医学家伊本·西那《医典》中的切脉部分,明显受到中国脉学的影响。②

造纸、印刷术、指南针和火药

纸、印刷术、指南针和火药是闻名世界的中国四大发明,是中国科学技术对世界文明做出的伟大贡献。

105年(东汉和帝元兴元年)蔡伦发明造纸方法。纸的西传始自新疆。大概5世纪初新疆开始造纸。7世纪中叶纸传到中亚。③倭马亚朝时期,中国纸输入阿拉伯。

751年怛逻斯之役,阿拉伯人俘虏了一些擅长造纸的中国士兵,这些人把造纸技术传入阿拉伯。这件事,阿拉伯著作家塔米木(9世纪上半叶)的《回鹘纪行》、撒阿利比的《趣

---

① 《道程及郡国志》,第69-70页。
② 参看马堪温:《中国古代医学的突出成绩之一——脉诊》,见《中国古代科技成就》。
③ 劳费尔:《中国伊朗编》(B.Laufer: *Sino-Iranica*, Chicago, 1919),林筠因译,商务印书版,1964年,第393页。

للبيروني (٩٧٣ - ١٠٥٠).

أنشأ العرب مصنع الورق في سمرقند قبل أي مكان آخر[1]. وفي عامي ٧٩٣ و٧٩٤ أنشأ هارون الرشيد أول مصنع ورق في بغداد، ثم تتابع إنشاء مصانع الورق واحدا بعد الآخر في تهامة ودمشق وطرابلس وحماة وغيرها من الأماكن. وكان الورق المصنوع في سمرقند يتمتع بشهرة عظيمة لجماله وخفة وزنه، لذلك ظل من أهم صادراتها إلى أوربا طيلة عدة قرون. وكان الورق الدمشقي جيد النوعية، وسمي في أوربا "Charta damascena"[2].

لقد هيأ العرب بإنشائهم مصانع الورق الظروف الملائمة لتعميم استعماله. وقد أصدر جعفر بن يحيى البرمكي وزير هارون الرشيد أمرا لجميع الدواوين الحكومية باستعمال الورق بدل القراطيس البردية والرقوق. ومع انتهاء القرن العاشر، كان الورق قد تعمم، وحل محل القراطيس البردية والرقوق في العالم الإسلامي كله بسبب ثقل وزنها وتعذر الكتابة عليها أولا وحفظها ثانيا. وأقدم المخطوطات العربية المكتوبة على الأوراق والتي لا تزال محفوظة إلى اليوم هي ((غريب الحديث)) الذي ألفه أبو عبيد الهروي، القاسم بن سلام في القرن التاسع، وهي محفوظة الآن في مكتبة جامعة ليدن[3].

نقلت صناعة الورق إلى أوربا عبر الشمال الإفريقي والقسطنطينية. وكان مصنع الورق في مصر قد أنشئ عام ٩٠٠ تقريبا، ثم أنشئ في المغرب عام ١١٠٠، وفي الأندلس عام ١١٥٠. وبعدها أنشئت مصانع الورق في مختلف الدول الأوربية. وأول مصنع ورق شهده العالم المسيحي هو ما أنشأه جان مونغولفير الفرنسي في فيدالون عام ١١٥٧، وقد سبق لهذا الرجل أن وقع أسيرا في يد العرب، وتعلم صناعة الورق في دمشق[4].

والطباعة الوثيقة الارتباط بصناعة الورق هي من الاختراعات الصينية العظيمة

---

① راجع ((الفهرست)) ص ٣٢، وراجع أيضا، ١٩٢٨، ص. ٢٣٦ – ٢٣٧.

② T. F. Carter: *The Invention of Printing in China and Its Spread Westward*, New York, 1955. P.135.

③ ((تاريخ العرب))، ص ٣٤٧.

④ ((اختراع الطباعة في الصين ونقلها إلى الغرب))، ص ١٣٦.

事珍闻》和比鲁尼(973—1050)的《印度志》,都有记述。

阿拉伯人首先在撒马尔罕建立厂造纸。①793—794年哈伦·赖世德在首都巴格达建立第一所造纸厂。以后,在阿拉伯半岛的贴哈麦、大马士革、的黎波里和哈马等地,也相继开办了造纸厂。撒马尔罕纸漂亮轻便,非常有名,不仅满足当地需要,而且是重要出口商品。大马士革是阿拉伯的造纸中心,在几个世纪中,为欧洲用纸的主要供应地。大马士革纸质地精良,欧洲把它叫做Charta damascena。阿拉伯人建厂造纸,为纸的广泛应用创造了条件。②哲耳法尔任哈伦·赖世德大臣时,下令政府机关一律用纸张代替纸草纸和羊皮纸。10世纪末,整个伊斯兰世界都使用纸张,纸张完全取代了形体笨重、传抄不便和难于保存的纸草纸和羊皮纸。保存至今的写在纸张上的最古老的阿拉伯文献手稿,是9世纪时伊本·赛拉木的著作《奇异的圣训》。这部手稿现藏莱登大学图学馆。③

造纸术经北非和君士坦丁堡传到欧洲。900年左右,埃及建厂造纸。1100年和1150年,摩洛哥和西班牙先后创办造纸厂。以后,欧洲各国也建立了造纸厂。见诸记录的第一个基督教世界造纸厂是让·蒙戈尔费埃于1157年兴办的,纸厂在法国的维达隆。蒙戈尔费埃曾被阿拉伯人俘虏,在大马士革学到造纸技术。④

---

① 参看《书目》第32页。巴托德:《蒙古侵略前的突厥斯坦》(W.Barthold: *Turkestan down to the Mongol Invasion*, Oxford, 1928),第236—237页。
② 卡特:《中国印刷术的发明及其西传》(T.F.Carter: *The Invention of Printing in China and Its Spread Westward*, New York, 1955),第135页。
③ 《阿拉伯通史》,第347页。
④ 《中国印刷术的发明及其西传》,第136页。

أيضا، وقد انتقلت إلى أوربا عبر غربي آسيا، وربما انتقلت إلى مصر في غضون القرن العاشر.

إن نقل صناعة الورق والطباعة من الصين إلى الغرب قد مهد الطريق لنشر العلوم والحضارات وتبادلها، ودفع تطور الحضارات العربية إلى الأمام بقوة عظيمة، وأسهم إسهاما عظيما في نشوء نهضة أوربا في الفنون والأدب.

لقد ابتكرت الصين "جهاز عباد الجنوب" من الحديد المغناطيسي في القرن الثالث قبل الميلاد. وفي عهد أسرة سونغ الشمالية الموافق للقرن الحادي عشر للميلاد استطاعت أن تصنع بوصلة على صورة سمكة (صفيحة حديدية ممغنطة على صورة سمكة) أو على صورة إبرة، واستخدمتها في الملاحة. وقد ورد ذكر استخدام البوصلة في الملاحة في كل من ((أحاديث بينغتشو)) بقلم تشو يو، و((رحلتي إلى كوريا عند بعثي رسولا إليها في فترة شيوان خه)) بقلم شيوي جينغ. وما بين أواخر القرن الثاني عشر وأوائل القرن الثالث عشر نقلت البوصلة إلى بلاد العرب، فسموها "حلقة الإبرة" أو "بيت الإبرة"، حيث كانوا يضعون الإبرة المغناطيسية فوق شريحة خشب عائمة على وجه الماء، للاستدلال بها على الاتجاهات.

وفي عام ١١٨٠ نقلت البوصلة من بلاد العرب إلى أوربا.

وقد فتحت البوصلة صفحة جديدة كل الجدة في تاريخ ملاحة العالم، فقد يسّرت ملاحة العرب إلى حد بعيد، كما ساعدت على ظهور عصر الملاحة. وقد حدث في التاريخ أن بحث الأوربيون عن خط بحري جديد، وقد كان كل من اكتشاف كريستوف كولومبس أرض أمريكا عام ١٤٩٢، ونجاح فرديناند ماجلان في رحلته حول العالم في القرن السادس عشر، متوقفة على استعمال البوصلة.

والبارود من اختراع الصين في عهد أسرة تانغ. وقد استخدمته الصين في صناعة السلاح الناري في عهد أسرة سونغ، وحققت مزيدا من التقدم في صناعته في عهد أسرة يوان. أما العرب فكان لهم نوع آخر من السلاح الناري على شكل وعاء محشو بوقود غير البارود يدعى "النار اليونانية". وفي النصف الأول من القرن الثالث عشر نقلت صناعة البارود إلى بلاد العرب على يد التجار عبر الهند. وكان العرب يسمون الملح

与造纸术密切相关的是印刷术。印刷术也是中国的伟大发明。中国印刷术经西亚传入欧洲;可能于10世纪传入埃及。

造纸术和印刷术的西传,大大便利了科学文化的传播和交流,对阿拉伯文化的发展和欧洲文艺复兴的产生起了很大的促进作用。

公元前3世纪,中国就发明了“司南”磁铁指南仪器。11世纪北宋时代已制造出指南鱼(磁化的鱼形铁片)和指南针,并用于航海。朱彧《萍洲可谈》和徐竞《宣和奉使高丽图经》都有用指南针导航的记载。12世纪末至13世纪初,指南针传入阿拉伯,阿拉伯人把它叫做“针圈”或“针房”。他们用水上木片托浮磁针,或用磁鱼浮在水面指示方向。

1180年指南针从阿拉伯传欧洲。

指南针在航海中的应用,是航海技术划时代的变革。指南针极大地便利了阿拉伯人的航海事业,并促成了航海时代的到来。欧洲人寻求海上新航路,1492年哥伦布发现美洲新大陆,16世纪麦哲伦环航世界成功,都有赖于指南针的使用。

火药发明于唐代,宋时用以制造作战火器,迄元火器进一步发展。阿拉伯人原来也有一种叫做“希腊火”的瓶装燃料火器,但用的不是火药。13世纪上半叶,火药通过商人,经印度传到阿拉伯。阿拉伯人把制造火药的主要原料火硝叫

الصخري – المادة الأساسية في البارود – "الثلج الصيني" للدلالة على أنه وارد من الصين. وقد استفادت القوات المنغولية من السلاح الناري استفادة عظيمة في الحملة الغربية التي شنها هولاكو، إذ كانت تفتح به المدن وتستولي على الأراضي إلى أن أسقطت بغداد عام ١٢٥٨. ونقل المنغوليون السلاح البارودي وفن صناعته إلى بلاد العرب، فتعلم الأوربيون وفي مقدمتهم الأسبان صناعة البارود والسلاح البارودي وطريقة استعماله من العرب①، فدكوا به حصون الأرياف الأوربية، ودقوا جرس نعي الإقطاعية الأوربية، الأمر الذي عجل التقدم الاجتماعي الأوربي.

إن العرب، إذ تقدمت في مسيرة تطور حضارتها المميزة وراء تقديم إسهامات عظيمة للعالم، ساعدت الصينيين على نقل اختراعاتهم الثلاثة إلى أوربا، فلم تلبث أن تحولت إلى وسائل لازمة لنهضة العلوم ودافع جبار لتطور القيم الأدبية. إن المسيرة التاريخية التي قطعتها الأمتان الصينية والعربية في تنمية علاقة الصداقة بينهما هي نفس المسيرة المشرقة التي قدمتا عبرها إسهامات عظيمة في تقدم الحضارة البشرية جمعاء.

① تشو جيا هو: ((البارود والسلاح البارودي))، راجع ((منجزات الصين في مجالات العلوم والتقنية في العصور القديمة)).

"中国雪",说明它来自中国。旭烈兀西征,蒙古军攻城略地,力克巴格达(1258),火药武器起了巨大作用。蒙古人把火药武器及其制造技术带到阿拉伯。欧洲人,首先是西班牙,又从阿拉伯那里学会火药和火药武器的制造,去摧毁欧洲的庄园堡垒,敲响欧洲封建主义的丧钟,从而加速了欧洲社会发展的进程。

阿拉伯人在发展自己的文明为世界做出巨大贡献的同时,帮助中国人将三大发明传至欧洲,使之成为科学复兴的必要前提和精神文明发展的强大杠杆。中阿两大民族发展友好关系的历史进程正是他们对整个人类文明进步做出伟大贡献的光辉历程。

جدول زمني للتاريخ الصيني

شيا	حوالي ٢٠٧٠ - ١٦٠٠ ق.م	
شانغ	١٦٠٠ - ١٠٤٦ ق.م	
تشو الغربية	١٠٤٦ - ٧٧١ ق.م	
تشو الشرقية	فترة الربيع والخريف	٧٧٠ - ٤٧٦ ق.م
	فترة الممالك المتحاربة	٤٧٥ - ٢٥٦ ق.م
تشين	٢٢١ - ٢٠٧ ق.م	
هان الغربية	٢٠٦ ق.م - ٢٥ م	
هان الشرقية	٢٥ - ٢٢٠	
الممالك الثلاث (وي، شو، وو)	٢٢٠ - ٢٨٠	
جين الغربية	٢٦٥ - ٣١٧	
جين الشرقية	٣١٧ - ٤٢٠	
الأسر الجنوبية والشمالية	٤٢٠ - ٥٨٩	
سوي	٥٨١ - ٦١٨	
تانغ	٦١٨ - ٩٠٧	
الأسر الخمس	٩٠٧ - ٩٦٠	
سونغ (سونغ الشمالية وسونغ الجنوبية)	٩٦٠ - ١٢٧٩	
لياو	٩٠٧ - ١١٢٥	
جين	١١١٥ - ١٢٣٤	
يوان	١٢٠٦ - ١٣٦٨	
مينغ	١٣٦٨ - ١٦٤٤	
تشينغ	١٦٤٤ - ١٩١١	
جمهورية الصين	١٩١٢ - ١٩٤٩	

أهم المصادر الصينية

(من القرن الثاني قبل الميلاد إلى الأزمنة الحديثة)

مختارات المصادر	册府元龟
مجموعة تشانغلي	昌黎集
سجل تشانغبينغ	昌平州志
سجل التوقف عن الزراعة	辍耕录
أخبار المناطق الغربية من تانغ الكبرى	大唐西域记
تحقيق وتفسير لمحة عن البلدان والجزر	岛夷志略校译
مجموعة كتابات دونغ بو في الشؤون الخارجية	东坡外制集
مجموعة الأعمال في مكتبة قوي تشاي	圭斋集
كتاب هان الغربية – سيرة تشانغ تشيان	汉书·张骞传
كتاب هان الأخيرة – أخبار المناطق الغربية	后汉书·西域传
مواصلات الصين الأمبراطورية مع البلدان الأخرى	皇华四达记
السجل الرسمي لرسائل أباطرة مينغ	皇明世法录
أصل هوي	回回元来
أحداث هامة بعد مطلع سونغ الجنوبية	建炎以来系年要录
مذكرات في ديار الغربة	经行记
تاريخ تانغ القديم – سجل داشي	旧唐书·大食传
كتاب تانغ القديم – سيرة لوجيون	旧唐书·卢钧传
كتاب تانغ القديم – سيرة الإمبراطور سو تسون	旧唐书·肃宗本纪
كتاب تانغ القديم – سجل الإمارات الغربية	旧唐书·西戎传

辽史·圣宗本纪	تاريخ لياو – سيرة شنغ تسونغ
辽史·天祚本纪	تاريخ لياو – سيرة تيان تسوه
麟原文集	مجموعة أعمال لينغ يوان
岭外代答	دليل ما وراء الجبال الجنوبية
陆宣公集	مجموعة أعمال لو شوان قونغ
闽书	كتاب فوجيان
明成祖实录	سجل أعمال الأمبراطور تشنغ تسو بأسرة مينغ
明史·记事本末	الوقائع الكبرى في عهد مينغ
明史·默德那传	تاريخ مينغ – أخبار المدينة المنورة
明史·婆罗传	تاريخ أسرة مينغ – سجلات بورنيو
明史·外国传	تاريخ أسرة مينغ – سجلات البلدان الأجنبية
明史·西戎传	تاريخ مينغ – سجلات البلدان الغربية
明宣宗实录	سجل أعمال الإمبراطور شوان تسونغ من أسرة مينغ
萍洲可谈	أحاديث بينغتشو
钦定四库全书·礼部集	جمهرة الخزائن الأربع بإقرار الإمبراطور - قسم الطقوس والمراسم
秋涧先生大全集	الأعمال الكاملة للأستاذ تشيو جيان
全唐诗	المجمموعة الكاملة لأشعار تانغ
全唐文	المجموعة الكاملة لمقالات أسرة تانغ
泉州府记	سجلات مدينة الزيتون
三国志	رواية الممالك الثلاث
拾遗记	سجل الاستدراكات
史记·大宛传	الأخبار التاريخية – سجل داوان
宋会要辑稿	مجموعة المهمات الرئيسية في أسرة سونغ
宋史·大食传	تاريخ أسرة سونغ – سجل داشي

宋史・杜纯传	تاريخ سونغ – سيرة دو تشون
宋史・食货志	تاريخ سونغ – الاقتصاديات
宋史・职官志	تاريخ سونغ – سجلّ الوظائف
宋书・蛮夷传	كتاب سونغ – سجلات الشعوب
送郑尚书序	فاتحة الخطاب إلى الوزير تشنغ
太平广记	مجموعة النوادر
唐大和向东征传	الحملة الشرقية في فترة داخه من عهد أسرة تانغ
唐六典	أركان تانغ الستة
天方正学	العقيدة الصحيحة في مكة المكرمة
天妃之神灵应记碑	نصب استجابات الحورية السماوية
天下郡国利病书	كتاب المحاسن والمساوئ في الأقطار العالمية
桯史	خواطر عما في البلاط وبين الرعايا منذ مطلع أسرة سونغ
通典	موسوعة الأنظمة
通鉴	استدراك وتكملة موسوعة التاريخ
通制条格	Tongzhi Tiaoge
魏略	لمحة عن أسرة وي
吴文正公集	مجموعة أعمال وو ون تشنغ
西洋番国志	سجلات البلدان في المحيط الهندي
新唐书・大食传	تاريخ تانغ الجديد – سجل داشي
新唐书・邓景山传	كتاب تانغ الجديد – سيرة دنغ جينغ شان
新唐书・地理志	كتاب تانغ الجديد – سجلات الجغرافيا
新唐书・南蛮传	كتاب تانغ الجديد – سجلات البلدان الجنوبية
新唐书・西域传	كتاب تانغ الجديد – سجل المناطق الغربية
新元史	تاريخ يوان الجديد
星搓胜览	تجولات في أقاصي الأرض

تتمة الدراسات العامة للوثائق	续文献通考
رحلتي إلى كوريا عند بعثي رسولا إليها في فترة شوان خه	宣和奉使高丽图经
مفتاح الكتب البوذية	一切经音义
مشاهدات رائعة وراء البحار الشاسعة	瀛涯胜览
تتمة المتفرقات في يويانغ	酉阳杂俎续集
أنظمة يوان	元典章
تاريخ يوان	元史
تاريخ يوان – سجل الوظائف	元史 • 百官志
تاريخ يوان – سيرة شمس الدين	元史 • 赛典赤 • 瞻思丁传
تاريخ يوان – الاقتصاديات	元史 • 食货志
تاريخ يوان – سيرة الإمبراطور شي تسو	元史 • 世祖本纪
محاضر جمرك كانتون	粤海关志
مخزونات مكتبة المعوزين	知不足斋丛书
مجموعة تشي تشنغ	至正集
المواصلات بين الصين والعرب في العصور القديمة	中国古代与阿拉伯之交通
مرجع الكتبة	中书备对
مجموعة مصادر تاريخ العلاقات بين الصين والمناطق الغربية	中西交通史资料汇编
سجلات البلدان الأجنبية	诸蕃志